本书受兰州大学"双一流"建设经费资助出版

刑法总论
判例教程

马卫军　陈婧◎编著

中国社会科学出版社

图书在版编目(CIP)数据

刑法总论判例教程 / 马卫军，陈婧编著. —北京：中国社会科学出版社，2023.3
ISBN 978-7-5227-1551-3

Ⅰ.①刑…　Ⅱ.①马…②陈…　Ⅲ.①刑法—中国—高等学校—教材　Ⅳ.①D924

中国国家版本馆 CIP 数据核字(2023)第 039163 号

出 版 人	赵剑英
责任编辑	梁剑琴
责任校对	周　昊
责任印制	郝美娜

出　　版	中国社会科学出版社
社　　址	北京鼓楼西大街甲 158 号
邮　　编	100720
网　　址	http://www.cssphw.cn
发 行 部	010-84083685
门 市 部	010-84029450
经　　销	新华书店及其他书店
印刷装订	北京市十月印刷有限公司
版　　次	2023 年 3 月第 1 版
印　　次	2023 年 3 月第 1 次印刷
开　　本	710×1000　1/16
印　　张	16.5
插　　页	2
字　　数	267 千字
定　　价	98.00 元

凡购买中国社会科学出版社图书，如有质量问题请与本社营销中心联系调换
电话：010-84083683
版权所有　侵权必究

前　　言

　　法学是一门知识性和实践性很强的学科，法学教育一方面要培养知识性法律人才，另一方面肩负着实用型人才的培养重担。在我国，刑法教学有课堂教学与实践教学。课堂教学解决的是学生对于刑法学理论的框架性与结构性知识的掌握，以及相关法律条文背后的法理。而在课堂教学活动中，鉴于课时所限，课堂教学案例往往都是经过加工，以满足"短平快"课堂教学需要，这在对应相关知识点方面，具有不可替代的作用。但是，在面对一个个实际问题时，经典教学案例的短板就会凸显出来。因为，生活中的事实包罗万象，刑法实施的过程，凝结在一个个具体的司法判例中。司法裁判的理由、结论和裁判的逻辑，在经典教学案例中是没办法体现出来的。实践教学正是解决这一问题的。当前，刑法的实践教学有两种，一种是课内方式，即通过案例教学、模拟法庭等方式来进行；一种是课外方式，通过法律咨询、法律诊所、实习和组织学生到实务部门观摩学习等形式来完成。

　　2010年，最高人民法院、最高人民检察院发布了相关文件，案例指导制度在我国得以建立。作为司法裁判规则与裁判逻辑来源之一的指导性案例，在司法活动中起到了很好的指导性作用。在这种背景下，案例教学法日渐受到法学教育的重视。以往案例作为一种辅助性教学手段，可能需要改变。这也是编写本书的初衷。

　　本书根据刑法总论的体系，对刑法总论的基本问题，用司法实务中的判例形式呈现。本书共8个专题，设计为8章，内容涉及刑法总论中的罪刑法定原则、不作为犯、刑法因果关系、犯罪故意与过失、犯罪未完成形态、正当防卫与紧急避险、共犯论和竞合论。每章开篇先简要介绍本章的基本理论，然后选取司法实务中的案例，进行解析。书中每个案例，都来自真实案例，案例来源主要是《刑事审判参考》《人民法院案例选》、北大法宝和中国裁判文书网，选取的标准为：该案例的核心问题，在刑法总论相应的问题上，具有一定的代表性。书中对每个案例的讨论都由以下几个部分组成。

1. 事实。包括基本案情与诉讼过程。对于基本案情，编写者进行了必要的加工处理，删除了与案件核心事实无关的部分。对于诉讼过程，本书并没有省略，而是做了简明交代。作为案件处理进程的诉讼过程，若越复杂，就有可能说明在事实或者法律上存在越大的争议，对于核心争议及主张，本书都做了简要概括。

2. 判旨。浓缩了本案法院的裁判理由。通过裁判理由，我们大体上能够发现裁判者（法官或者审判委员会）的心路历程，究竟是如何理解法律、适用法律，并把裁判者的价值观附着于其上的。

3. 法条。对适用于本案的相关法律条文，包括刑法条文、立法解释、司法解释进行罗列。方便阅读时查阅。

4. 评释。这一部分先归纳本案的焦点问题，然后针对这些问题进行论述。对于理论争议不大的，尽量用较简明的方式。对于争议较大的问题，则着墨较多，尽量把问题说透。在评释的过程中，原则上尊重法院的结论，并用相应的理论进行说明，但在个别地方，也表达了编写者个人对本案的看法。

目 录

第一章 罪刑法定原则的判例 …………………………………… (1)

案例1-1 胡某某拒不执行法院判决案
——判决、裁定的范围及拒不执行的边界 ………… (2)

案例1-2 李某职务侵占案
——禁止类推 …………………………………………… (14)

案例1-3 李某组织卖淫案
——刑法解释不能依靠辞典 …………………………… (17)

案例1-4 王某某收购玉米案
——兜底性条款应当具有同类型性 …………………… (24)

案例1-5 王某非法出售珍贵、濒危野生动物案
——法益指导下的实质解释 …………………………… (30)

第二章 不作为犯的判例 …………………………………… (45)

案例2-1 龙某某拒不执行判决案
——作为义务履行能力的判断 ………………………… (48)

案例2-2 刘某某故意杀人案
——作为义务不以被害人行为而消除 ………………… (55)

案例2-3 李某某等盗窃案
——不作为与作为可构成共同正犯 …………………… (60)

案例2-4 颜某某、廖某某、韩某某故意杀人案
——先行行为产生的作为义务 ………………………… (64)

案例2-5 韩某某故意杀人案
——先行行为：如何准确判断交通肇事逃逸致人死亡
与不作为故意杀人罪 ………………………………… (67)

第三章　因果关系与客观归责的判例 (72)

案例 3-1　陈某某投放危险物质案
　　——被害人特异体质、医院误诊等介入因素因果关系的
　　　判断 (82)

案例 3-2　穆某某被控过失致人死亡案
　　——意外事件：排除对行为人的客观归责 (84)

案例 3-3　韩某过失致人死亡案
　　——证据不足，不能将结果归责于行为人 (86)

案例 3-4　罗某故意伤害案
　　——介入因素不异常，不阻却客观归责 (89)

案例 3-5　王某某盗窃、强奸案
　　——仅有事实上的因果关系不是结果加重犯的充要
　　　条件 (91)

案例 3-6　刘某某等故意杀人案
　　——先行行为阻却被害人自我答责 (99)

案例 3-7　刘某某抢劫、强奸案
　　——同一因果不能双重评价 (102)

案例 3-8　刘某某过失致人死亡案
　　——客观归责的实践运用 (105)

第四章　故意与过失的判例 (110)

案例 4-1　官某某故意杀人案
　　——综合考量认识因素与意志因素 (111)

案例 4-2　李某故意伤害案
　　——对加重结果的认识可能性 (114)

案例 4-3　李某某故意杀人案
　　——间接故意与过于自信过失的认定 (117)

案例 4-4　应某某等人走私废物案
　　——走私罪中故意的判断 (122)

案例 4-5　汪某洗钱案
　　——洗钱罪中的"明知" (128)

案例 4-6　杨某某、曹某某等骗取出口退税案
　　——骗取出口退税罪中故意的认定 (131)

案例 4-7　卞某某等盗掘古墓葬案
　　　　　——盗掘古墓葬罪不要求对古墓葬价值的认识 ……（135）

案例 4-8　沈某某盗窃案
　　　　　——数额认识错误的意义 ………………………（138）

案例 4-9　蒋某、李某过失致人死亡案
　　　　　——过失的同时犯 ………………………………（141）

第五章　正当防卫与紧急避险的判例 ………………………（144）

案例 5-1　叶某某故意杀人案
　　　　　——无过当防卫 …………………………………（145）

案例 5-2　吴某某故意伤害案
　　　　　——无过当防卫中"行凶"的含义 ………………（152）

案例 5-3　张某某拉故意伤害案
　　　　　——无过当防卫中不法侵害的综合判断 …………（155）

案例 5-4　李某某故意伤害案
　　　　　——先前行为对正当防卫的影响 ………………（160）

案例 5-5　申某故意伤害案
　　　　　——正当防卫成立的综合判断 …………………（163）

案例 5-6　李某故意伤害案
　　　　　——携带防范性工具不能否定防卫的性质 ………（166）

案例 5-7　于某故意伤害案
　　　　　——持续性侵害与正当防卫 ……………………（169）

案例 5-8　牟某 1 等故意伤害案
　　　　　——防卫过当的判断 ……………………………（174）

案例 5-9　王某某过失致人死亡案
　　　　　——假想防卫阻却故意 …………………………（178）

案例 5-10　何某等聚众斗殴案
　　　　　——斗殴无防卫 …………………………………（180）

案例 5-11　王某故意伤害致人重伤案
　　　　　——"明显超过必要限度，造成重大损害"的
　　　　　　　认定 …………………………………………（184）

案例 5-12　王某某故意伤害案
　　　　　——事后防卫不是正当防卫 ……………………（187）

案例 5-13　陈某某危险驾驶案
　　　　　　——紧急避险的判断 …………………………………（189）

第六章　犯罪未完成形态的判例 ………………………………（194）

案例 6-1　黄某等抢劫（预备）案
　　　　　　——犯罪预备阶段的中止也须具备"自动性" ……（195）

案例 6-2　肖某某等代替考试案
　　　　　　——代替考试罪实行着手的认定 …………………（199）

案例 6-3　胡某、张某某等故意杀人—运输毒品（未遂）案
　　　　　　——误认"尸块"为毒品的意义 …………………（203）

案例 6-4　朱某某强奸、故意杀人案
　　　　　　——没有造成刑法意义损害，对中止犯应免除处罚
　　　　　　　………………………………………………………（209）

案例 6-5　王某某、邵某某抢劫、故意杀人案
　　　　　　——共同犯罪中，各行为人的犯罪形态未必一致
　　　　　　　………………………………………………………（211）

案例 6-6　黄某某等故意伤害案
　　　　　　——如何认定教唆犯的犯罪中止 …………………（213）

第七章　共同犯罪的判例 …………………………………………（217）

案例 7-1　乌某某某、吐某某故意伤害案
　　　　　　——无意思联络，不构成共同犯罪 ………………（218）

案例 7-2　郭某某等抢劫案
　　　　　　——认识到同案犯有"过限行为"，对结果仍应
　　　　　　　负责 ………………………………………………（221）

案例 7-3　侯某某、匡某某、何某某抢劫案
　　　　　　——事先明知他人抢劫，事中参与的，构成
　　　　　　　抢劫罪 ……………………………………………（225）

案例 7-4　龙某某、吴某某故意杀人、抢劫案
　　　　　　——共同正犯中作用大小的判断 …………………（229）

案例 7-5　王某某、韩某、王某央故意伤害案
　　　　　　——事先未明确禁止，对同案犯"实行过限"仍应
　　　　　　　负责 ………………………………………………（232）

第八章 竞合论的判例 ……………………………………………（235）

案例 8-1 李某某招摇撞骗、诈骗案
——招摇撞骗罪与诈骗罪的竞合 ……………………（236）

案例 8-2 冯某某破坏电力设备、盗窃案
——盗割正在使用中的光铝线，构成破坏电力设备罪
与盗窃罪的想象竞合 ……………………………（239）

案例 8-3 杨某某、马某某盗窃机动车号牌案
——盗窃机动车号牌后敲诈钱财，构成盗窃罪与敲诈
勒索罪的竞合 ……………………………………（243）

案例 8-4 黄某某滥用职权、受贿案
——除有特别规定外，滥用职权又收受贿赂，应当数罪
并罚 ………………………………………………（247）

参考文献 ……………………………………………………………（250）

第一章　罪刑法定原则的判例

　　刑法，是规定犯罪及其法律效果的法律。罪刑法定原则，是刑法的"帝王条款"。① 一般认为，罪刑法定原则的最先来源是1215年英国的《大宪章》第39条的规定。罪刑法定原则的基本含义是"法无明文规定不为罪，法无明文规定不处罚"。罪刑法定原则不仅是刑法原则，也是宪法原则。② 在中世纪，刑事司法表现出干涉性、恣意性、身份性、残酷性，因此，罪刑法定原则最初是用来限制司法权的，防止司法权的随意发动。后来也逐渐扩张到对立法权的限制。③

　　罪刑法定原则是为了保障规则之治的法治立场得到贯彻，而在刑法上所作出的制度性设计。在形式上，处罚特定的行为，必须有法律的明文规定，无刑法规定，即便行为极端恶劣，也不得以刑法作出负面评价。此外，处罚的种类、轻重要有刑法明确规定。但是，仅仅从形式上来理解罪刑法定原则是不够的，在制定和适用刑法之时，必须在实质上考虑是否有必要动用刑法。

　　在形式上，罪刑法定原则强调立法权至上，以限制司法权。在形式上，法律主义、禁止事后法、禁止类推、禁止不定期刑就成为罪刑法定原则的应有之义。在实质上，罪刑法定原则反对恶法亦法。罪刑法定原则之实质法治不仅主张所有人都应当在法律之下，而且强调，应当按照以实质正义的标准而不是实在法条文表面文字的意思为标准来检测、衡量法律。

---

① 我国《刑法》第3条规定了该原则。
② 张明楷：《刑法学》（第6版），法律出版社2021年版，第54页。
③ 周光权：《刑法总论》，中国人民大学出版社2021年版，第48页。

案例 1-1　胡某某拒不执行法院判决案[①]
——判决、裁定的范围及拒不执行的边界

一　事实

2001年6月20日被告人胡某某注册成立了某房地产开发有限公司（以下简称宏某公司），任法定代表人、董事长。2007年宏某公司在开发建设某市某某小区项目期间，与某水泥公司签订了水泥买卖合同，定购了32.5号和42.5号水泥各5000吨。某水泥公司按合同规定供应水泥履行合同。宏某公司支付部分水泥货款后，尚欠水泥款412351.75元。因宏某公司不支付剩余货款，某水泥公司将宏某公司起诉至某区人民法院。2008年7月29日，经某区人民法院主持，某水泥公司与宏某公司达成调解协议：由宏某公司分三次偿付某水泥公司水泥款412351.75元。后某区人民法院给双方送达了〔2008〕城民商初字第30号民事调解书。因宏某公司不履行调解协议，某水泥公司于2008年10月15日申请法院强制执行。在执行过程中，宏某公司仅于2008年11月14日给付水泥款50000.00元，再未执行。

2007年，宏某公司在开发建设某市某某小区项目期间，与某热力公司签订供用热力合同。施工结束后，宏某公司支付了部分接暖入网费、工程费，对剩余的640687.60元未予支付。某热力公司将宏某公司起诉至原某市城区人民法院。原某市城区人民法院于2008年7月29日判决宏某公司偿付某热力公司供热入网配套费640687.60元，利息43871.08元，共计684558.68元。宏某公司不服，上诉至某市中级人民法院。某市中级人民法院判决驳回上诉，维持原判。中级人民法院判决生效后，宏某公司未履行判决。某热力公司于同年向法院申请强制执行，法院立案后向宏某公司送达了执行通知书。宏某公司向某高级人民法院申请再审，某高级人民

[①] 中国裁判文书网：https://wenshu.court.gov.cn/website/wenshu/181107ANFZ0BXSK4/index.html?docId=rnZKb0y5gfz21rLMQ/jKICaSC4Nw+tEeoEkPgW7fVeMr3X1Kn8LbZ5O3qNaLMqsJJ4-Jy/PeFEbkso4ipGFF/h0Ve4lJyHcq8eJOqeLvkNBG3Ras9OejW/GocTC9UGU3s，最后访问日期：2021年10月25日。

法院裁定驳回宏某公司的再审申请。

在该案一审审理期间,某热力公司于2008年4月17日向法院提出申请对宏某公司坐落在某市城区某某街某某小区2号楼第4、7、9、10、11、12、13号共计七套营业房及1号商住楼二单元401、402室财产保全,法院于同年5月7日作出〔2008〕城民执字第443号民事裁定对上述房屋予以查封,并于同年5月14日予以公告。

2009年3月4日,宏某公司的法定代表人胡某某与某热力公司的负责人刘某1在法院主持下达成执行和解协议:宏某公司于2009年3月20日付某热力公司案件款的一半。若到期不能偿付,愿以被查封的六套营业房以双方商定的协议价每平方米1200元抵偿给某热力公司,下剩部分于同年4月底全部付清。胡某某表示保证按协议履行。

后宏某公司一直没有履行承诺,法院于2009年5月15日作出〔2008〕某法执字第32号民事裁定书、2009年7月28日作出〔2008〕某法执字第32-2号执行裁定书,将查封的宏某公司所有的位于某市城区某某小区2号楼第9、10、11、13号共四套营业房(查封的其他房屋宏某公司已销售)以每平方米1200元的价格,共价值229968元抵偿给某热力公司。

以上两案在执行期间,被告人胡某某于2009年3月4日承诺履行调解书和判决书确定的还款义务。但在3月5日,宏某公司即向某饭店发出通知称:因公司经营的原因,将某高级人民法院于2007年5月8日作出的民事判决书确定的该公司的到期债权全部转让给胡某2(系胡某某堂弟)以偿还胡某2的借款,通知某饭店向胡某2履行判决义务。

2009年3月11日,宏某公司法定代表人胡某某与胡某2签订债权转让协议书中约定,"宏某公司自愿将某高级人民法院〔2007〕宁民终字第29号民事判决书中所判决的到期债权(目前正在法院执行阶段)全部转让给胡某2以抵偿宏某公司所欠胡某2的债务。目前该判决债权某饭店已支付100万元,剩余未执行回的债权合计为2854614.07元,以及某饭店承担未按判决指定的期间履行给付义务,承担加倍支付迟延履行期间的债务利息"。

同日,胡某某委托其女儿胡某3将上述债权转让协议事项与胡某2在某市国安公证处进行公证。在公证过程中,隐瞒了宏某公司对外负有债务及胡某与胡某2系堂兄弟的事实。同日,胡某2向某市中级人民法院递交了变更执行申请人申请书，请求将宏某公司申请执行某饭店执行案件的申请人变更为胡某2。同年3月13日，胡某2向某市中级人民法院申请强制执行。胡某2于2011年5月27日在某市中级人民法院将此案执行款的1504129.07元领走。胡某某还于2009年3月25日与其朋友章某1签订股份转让协议，将其在宏某公司96.15%的股份625万元全部无偿转让给章某1，将宏某公司的债权债务全部无偿转让给章某1，并办理了公司法定代表人变更登记，将公司法定代表人变更为章某1。

一审法院认定被告人胡某某犯拒不执行判决、裁定罪。宣判后，被告人胡某某不服，提出上诉。某中级人民法院裁定驳回上诉，维持原判。胡某某不服，向某高级人民法院申诉被驳回。胡某某向某市人民检察院申诉，请求提出抗诉。该市人民检察院决定不予提请抗诉。胡某某又向上一级（省级）人民检察院申诉，该级人民检察院向某高级人民法院提出抗诉。高级人民法院指令某市中级人民法院另行组成合议庭再审。该院再审判决，撤销一审判决、二审裁定，认定胡某某犯拒不执行判决、裁定罪，判处有期徒刑一年，缓刑二年（缓刑考验期限已届满）。胡某某不服，再次向某高级人民法院申诉被驳回。后胡某某之子胡某1向最高人民法院申诉，最高人民法院决定不对该案提起再审。2020年6月2日，某高级人民法院经审判委员会讨论决定作出再审决定，提审本案。最终判决维持某中级人民法院再审刑事判决。

二 判旨

被告人胡某某明知某水泥公司和某热力公司诉宏某公司货款和供热工程款的法院调解书、判决书已发生法律效力，在法院送达执行通知执行期间，拒不执行调解书、判决书所确定的义务而将其公司的某饭店债权隐瞒转移给其堂弟；将其公司的股权625万元虚假无偿转让给章某1，致使法院的判决、裁定无法执行。

三 法条

《刑法》

第三条 法律明文规定为犯罪行为的，依照法律定罪处刑；法律没有明文规定为犯罪行为的，不得定罪处刑。

第三百一十三条　对人民法院的判决、裁定有能力执行而拒不执行，情节严重的，处三年以下有期徒刑、拘役或者罚金；情节特别严重的，处三年以上七年以下有期徒刑，并处罚金。

单位犯前款罪的，对单位判处罚金，并对其直接负责的主管人员和其他直接责任人员，依照前款的规定处罚。

《全国人民代表大会常务委员会关于〈中华人民共和国刑法〉第三百一十三条的解释》

全国人民代表大会常务委员会讨论了刑法第三百一十三条规定的"对人民法院的判决、裁定有能力执行而拒不执行，情节严重"的含义问题，解释如下：

刑法第三百一十三条规定的"人民法院的判决、裁定"，是指人民法院依法作出的具有执行内容并已发生法律效力的判决、裁定。人民法院为依法执行支付令、生效的调解书、仲裁裁决、公证债权文书等所作的裁定属于该条规定的裁定。

下列情形属于刑法第三百一十三条规定的"有能力执行而拒不执行，情节严重"的情形：

（一）被执行人隐藏、转移、故意毁损财产或者无偿转让财产、以明显不合理的低价转让财产，致使判决、裁定无法执行的；

（二）担保人或者被执行人隐藏、转移、故意毁损或者转让已向人民法院提供担保的财产，致使判决、裁定无法执行的；

（三）协助执行义务人接到人民法院协助执行通知书后，拒不协助执行，致使判决、裁定无法执行的；

（四）被执行人、担保人、协助执行义务人与国家机关工作人员通谋，利用国家机关工作人员的职权妨害执行，致使判决、裁定无法执行的；

（五）其他有能力执行而拒不执行，情节严重的情形。

国家机关工作人员有上述第四项行为的，以拒不执行判决、裁定罪的共犯追究刑事责任。国家机关工作人员收受贿赂或者滥用职权，有上述第四项行为的，同时又构成刑法第三百八十五条、第三百九十七条规定之罪的，依照处罚较重的规定定罪处罚。

《最高人民法院、最高人民检察院、公安部关于依法严肃查处拒不执行判决、裁定和暴力抗拒法院执行犯罪行为有关问题的通知（法发〔2007〕29号）》

各省、自治区、直辖市高级人民法院、人民检察院、公安厅（局），新疆维吾尔自治区高级人民法院生产建设兵团分院，新疆生产建设兵团人民检察院、公安局：

近年来，在人民法院强制执行生效法律文书过程中，一些地方单位、企业和个人拒不执行或以暴力手段抗拒人民法院执行的事件时有发生且呈逐年上升的势头。这种违法犯罪行为性质恶劣，社会危害大，严重影响了法律的尊严和执法机关的权威，已经引起了党中央的高度重视。中央政法委在《关于切实解决人民法院执行难问题的通知》（政法〔2005〕52号文件）中，特别提出公、检、法机关应当统一执法思想，加强协作配合，完善法律制度，依法严厉打击暴力抗拒法院执行的犯罪行为。为贯彻中央政法委指示精神，加大对拒不执行判决、裁定和暴力抗拒执行犯罪行为的惩处力度，依据《中华人民共和国刑法》、《中华人民共和国刑事诉讼法》、全国人大常委会《关于〈中华人民共和国刑法〉第三百一十三条的解释》等规定，现就有关问题通知如下：

一、对下列拒不执行判决、裁定的行为，依照刑法第三百一十三条的规定，以拒不执行判决、裁定罪论处。

（一）被执行人隐藏、转移、故意毁损财产或者无偿转让财产、以明显不合理的低价转让财产，致使判决、裁定无法执行的；

（二）担保人或者被执行人隐藏、转移、故意毁损或者转让已向人民法院提供担保的财产，致使判决、裁定无法执行的；

（三）协助执行义务人接到人民法院协助执行通知书后，拒不协助执行，致使判决、裁定无法执行的；

（四）被执行人、担保人、协助执行义务人与国家机关工作人员通谋，利用国家机关工作人员的职权妨害执行，致使判决、裁定无法执行的；

（五）其他有能力执行而拒不执行，情节严重的情形。

二、对下列暴力抗拒执行的行为，依照刑法第二百七十七条的规定，以妨害公务罪论处。

(一) 聚众哄闹、冲击执行现场，围困、扣押、殴打执行人员，致使执行工作无法进行的；

(二) 毁损、抢夺执行案件材料、执行公务车辆和其他执行器械、执行人员服装以及执行公务证件，造成严重后果的；

(三) 其他以暴力、威胁方法妨害或者抗拒执行，致使执行工作无法进行的。

三、负有执行人民法院判决、裁定义务的单位直接负责的主管人员和其他直接责任人员，为了本单位的利益实施本《通知》第一条、第二条所列行为之一的，对该主管人员和其他直接责任人员，依照刑法第三百一十三条和第二百七十七条的规定，分别以拒不执行判决、裁定罪和妨害公务罪论处。

四、国家机关工作人员有本《通知》第一条第四项行为的，以拒不执行判决、裁定罪的共犯追究刑事责任。

国家机关工作人员收受贿赂或者滥用职权，有本《通知》第一条第四项行为的，同时又构成刑法第三百八十五条、第三百九十七条规定罪的，依照处罚较重的规定定罪处罚。

五、拒不执行判决、裁定案件由犯罪行为发生地的公安机关、人民检察院、人民法院管辖。如果由犯罪嫌疑人、被告人居住地的人民法院管辖更为适宜的，可以由犯罪嫌疑人、被告人居住地的公安机关、人民检察院、人民法院管辖。

六、以暴力、威胁方法妨害或者抗拒执行的，公安机关接到报警后，应当立即出警，依法处置。

七、人民法院在执行判决、裁定过程中，对拒不执行判决、裁定情节严重的人，可以先行司法拘留；拒不执行判决、裁定的行为人涉嫌犯罪的，应当将案件依法移送有管辖权的公安机关立案侦查。

八、人民法院、人民检察院和公安机关在办理拒不执行判决、裁定和妨害公务案件过程中，应当密切配合、加强协作。对于人民法院移送的涉嫌拒不执行判决、裁定罪和妨害公务罪的案件，公安机关应当及时立案侦查，检察机关应当及时提起公诉，人民法院应当及时审判。

在办理拒不执行判决、裁定和妨害公务案件过程中，应当根据案件的具体情况，正确区分罪与非罪的界限，认真贯彻"宽严相济"的刑事政策。

九、人民法院认为公安机关应当立案侦查而不立案侦查的，可提请人民检察院予以监督。人民检察院认为需要立案侦查的，应当要求公安机关说明不立案的理由。人民检察院认为公安机关不立案理由不能成立的，应当通知公安机关立案，公安机关接到通知后应当立案。

十、公安机关侦查终结后移送人民检察院审查起诉的拒不执行判决、裁定和妨害公务案件，人民检察院决定不起诉，公安机关认为不起诉决定有错误的，可以要求复议；如果意见不被接受，可以向上一级人民检察院提请复核。

十一、公安司法人员在办理拒不执行判决、裁定和妨害公务案件中，消极履行法定职责，造成严重后果的，应当依法依纪追究直接责任人责任直至追究刑事责任。

十二、本通知自印发之日起执行，执行中遇到的情况和问题，请分别报告最高人民法院、最高人民检察院、公安部。

四　评释

本案的焦点问题有三个：

1. 某区人民法院〔2008〕城民商初字第30号民事调解书，是否属于拒不执行判决、裁定罪中的"判决、裁定"？

2. 宏某公司自愿将某高级人民法院民事判决书中所判决的到期债权（目前正在法院执行阶段）全部转让给胡某2以抵偿宏某公司所欠胡某2的债务的行为，胡某将其在宏某公司96.15%的股份625万元全部无偿转让给章某1，将宏某公司的债权债务全部无偿转让给章某1的行为，是否属于"拒不执行"？

3. 即便虚假转让行为存在，若公司有其他可供执行的财产，是否构成拒不执行判决、裁定罪？

拒不执行判决、裁定罪，是指对已经发生法律效力的人民法院作出的判决、裁定，有能力执行而拒不执行，情节严重的行为。负有履行生效判决、裁定所确定的义务的自然人，拒不履行该义务，就可成为本罪的适格主体，本罪也可以由单位构成。

1. 关于民事调解书是否属于拒不执行判决、裁定罪中的"判决、裁定"的问题。对于本罪中的"判决、裁定"，全国人大常委会在《关于〈中华人民共和国刑法〉第三百一十三条的解释》第1款做了明确规定：

(1) 人民法院依法作出；(2) 具有执行内容；(3) 已生效。此外，为依法执行支付令、生效的调解书、仲裁裁决、公证债权文书等，人民法院所作出的"裁定"，也属于本罪的"判决、裁定"。本案中，在执行某水泥公司与宏某公司达成调解协议的〔2008〕城民商初字第 30 号民事调解书过程中，执行法院没有依据民事调解书作出具有执行内容的裁定。因此，认为已经生效的民事调解书属于已经发生法律效力的判决、裁定的解释结论，势必涉及罪刑法定原则。

根据罪刑法定原则的要求，某行为要被认定为犯罪，并对该行为予以相应刑法后果，必须由立法机关制定的刑法予以明确规定。但是，由于刑法条文具有抽象性特点，因此，对刑法条文作出解释，使刑法条文适应社会发展，是不可避免的。在对刑法的解释中，立法解释和司法解释属于有权解释。全国人大常委会的解释，属于立法解释，在法律效力上与刑法等同。在罪刑法定的语境之下，文义解释享有不可置疑的优先地位。这意味着文义解释是为其他解释方法提供作为解释对象的、可供选择的各种可能的文字含义。"文义解释其实就是在为其他解释方法划定一个有边界的舞台，并且作为边裁，时刻监督着各种解释方法不得出界。"[1] 根据立法解释，本罪中的"判决、裁定"，不包括支付令、调解书、仲裁裁决书、公证文书等，即便是人民法院制作的生效调解书，也是如此。需要指出的是，在民事程序法中，从广义上来讲，人民法院生效的判决、裁定包括了判决书、裁定书、调解书以及其他相关文书在内的具有确定权利义务关系的一切文书。但是，民事程序法上对于判决、裁定的理解，并不必然反射到刑法领域。本案中，对于已经生效的〔2008〕某民商初字第 30 号民事调解书，法院在执行的过程中，并没有依据该调解书制作具有执行内容的相应裁定，根据立法解释，单独民事调解书，并不能够被评价为是本罪中的"判决、裁定"，因此，某中级人民法院的再审判决和某高级人民法院的裁定，采纳辩护律师关于民事调解书不属于本罪"判决、裁定"的范畴的辩护意见，是妥当的。

2. 关于《刑法》第 313 条中"对人民法院的判决、裁定有能力执行而拒不执行，情节严重"的含义问题。全国人大常委会在《关于〈中华

---

[1] 陈兴良主编：《案例刑法研究（总论·上卷）》，中国人民大学出版社 2020 年版，第 73 页。

人民共和国刑法〉第三百一十三条的解释》作出了立法解释。包括：（1）被执行人隐藏、转移、故意毁损财产或者无偿转让财产、以明显不合理的低价转让财产；（2）担保人或者被执行人隐藏、转移、故意毁损或者转让已向人民法院提供担保的财产；（3）协助执行义务人接到人民法院协助执行通知书后，拒不协助执行；（4）被执行人、担保人、协助执行义务人与国家机关工作人员通谋，利用国家机关工作人员的职权妨害执行；（5）其他有能力执行而拒不执行，情节严重的情形。

本案中，转让财产权的行为有两个。一个是宏某公司将判决书所确认的到期债权（正在法院执行阶段）全部转让给胡某2的行为。另一个是对于自己在宏某公司的股份，胡某某无偿转让给章某1的行为。

（1）关于宏某公司转让财产的行为。抗诉机关、某市人民检察院出庭检察人员、原审上诉人胡某某、辩护人提出宏某公司的债权转让给胡某2抵偿债务，系正常的清偿债务行为，不违反法律禁止性规定。涉案判决并无优先权，执行法院也未采取查封、保全等限制措施。原审裁判将胡某某的上述行为定性为"拒不执行"的情形，与事实不符，于法无据。

在以财产为执行标的的民事执行中，被执行人的财产状况，直接决定着最终的执行结果。被执行人的财产状况包括属于被执行人的财产和财产权利状况、哪些财产可供执行、哪些财产不可执行、可供执行的财产所在地点等。查明债务人财产状况的方法有三种：（1）申请人提供。（2）被执行人报告。（3）执行机关依职权调查。在民事执行程序中，接到执行通知后，被执行人就有义务向执行机关主动说明和如实报告财产状况。被执行人拒绝履行这一义务，就有可能符合"拒不执行判决、裁定罪"。胡某某和辩护人提出，在执行中，执行法院未将执行通知书送达给公司法定代表人或者负责收发文件之人，而是送达给了该公司的技术人员，送达程序违法。鉴于胡某某和宏某公司并没有向执行机关主动说明和如实报告财产状况，该辩护意见旨在通过否定收到执行通知，进而否定胡某某及宏某公司的财产说明义务。但是，执行法院办案人员根据民事诉讼法和执行工作相关规定，将执行通知书直接送达给宏某公司工作人员签收，在程序上并无不当。且在后续执行中，宏某公司对执行通知书的送达问题并未提出异议。因此，该辩护意见并不成立。此外，证人胡某2（胡某某堂弟）的证言、胡某某的供述和陈述、执行笔录、某饭店债权转让协议书等证据能够证实在人民法院的判决发生法律效力后，作为被执行人宏某公司法定代表人,胡某某虽于 2009 年 3 月 4 日在法院主持下与某热力公司达成执行和解协议,但为规避执行,与胡某 2 串通,在其尚未与胡某 2 签订债权转让协议的情况下,便于次日即 2009 年 3 月 5 日向某饭店发出通知,要求某饭店向胡某 2 履行债务,2009 年 3 月 11 日签订债权转让协议并隐瞒真实情况予以公证,将宏某公司享有的某饭店债权转移给胡某 2。胡某 2 于 2011 年 5 月 27 日将此案执行款的 1504129.07 元领走。该行为,有可能使得生效的判决裁定无法执行,在形式上是符合拒不执行判决、裁定罪的。将宏某公司的债权转让给胡某 2 抵偿债务系正常的清偿债务行为的辩解,若最终生效判决、裁定没有执行,当然是不成立的。事实上,从法院的判决书认定的事实来看,的确没有执行。在某高级人民法院再审之时,胡某某及其辩护人提出执行法院并未向胡某某发出报告财产令,也未穷尽方法调查胡某某的资产,故造成胡某某未能履行法院判决是法院未尽职责所致。根据我国《民事诉讼法》第 247—249 条的规定,在执行员接到执行申请或者通知书后,会向被执行人发出执行通知书,被执行人应当按照执行通知书的要求,履行确定的义务。如果没有履行,就应当报告当前财产状况和收到执行通知之日前一年的财产情况。所以,只要执行员向被执行人下发执行通知书即可,不要求下发被执行人报告财产令,更无须在下发执行通知后,还要穷尽一切方法调查被执行人的财产状况。根据最高人民法院《关于人民法院执行工作若干问题的规定(试行)》第 22 条,执行通知的内容包括:(1) 责令被执行人履行法律文书确定的义务;(2) 通知被执行人承担《民事诉讼法》第 253 条(现《民事诉讼法》第 260 条)规定的迟延履行利息或者迟延履行金。因此,辩护人的辩解,并不成立。

此外,在某高级人民法院再审本案期间,检察机关出示了某市某区人民法院〔2011〕某民初字第 497 号民事判决书、某某市中级人民法院〔2012〕某民终字第 175 号民事判决书、关于〔2009〕某证字第 2621 号《债权转让协议书》公证书的答复,证实法院判决认定宏某公司与胡某 2 签订的债权转让协议书无效。公证处答复称宏某公司与胡某 2 在该处申请公证时,隐瞒了胡某 2 与胡某某亲属关系的事实,将其对饭店的全部债权转给胡某 2,违反公平、诚实信用原则。从而证实宏某公司与胡某 2 之间的债权转让行为系恶意串通。辩护人则认为宏某公司与胡某 2 存在真实的债权债务关系。宏某公司与胡某 2 系债权转让,而非债权转移,属于债权偿付。胡某2债权同样属于法院生效裁定确定的义务，胡某某不存在隐瞒转移债权的情况。对于检察机关出示的某某市中级人民法院〔2012〕某民终字第175号民事判决书，法院认为，符合证据的形式要件。但在民事诉讼中对证据采信的标准与刑事诉讼并不一致，在民事诉讼中，对于待证事实是否存在，只要根据相关证据，满足具有高度盖然性这一条件，那么，在法律上，就应当认定该事实是存在的。相反，在刑事诉讼中，所认定的事实必须足以排除合理怀疑，故该民事判决查明的事实不能直接作为刑事案件认定事实的依据。但最终法院认定这一转让债权的行为，属于本罪中的拒不执行判决、裁定，显然，法院的关注焦点在于在接到执行通知后，胡某某这一转让债权行为，对于法院已生效的判决、裁定而言，是否实质性地无法执行这一问题上，至于宏某公司与胡某2有无真实的债权债务关系，并非所问。

（2）关于胡某某将自己在无偿转让宏某公司的股份的行为。辩护人认为，涉案股权转让是处分私人股权的个人行为，且不违反法律禁止性规定，因此，胡某某的行为，不构成犯罪。民事执行，属于一种国家公权力的行使，应当严格遵循相关原则要求。[①] 执行活动只能针对债务人的财产和行为，同时，在执行财产时，也有一定的限制。本案被告单位是有限责任公司，根据《公司法》第3条，该公司应以其全部财产对公司的债务承担责任，股东则以其认缴的出资额为限对公司承担责任。《公司法》第71条规定，公司股东有权向其他股东或者非股东转让自己的股份。如果该转让行为，并没有使得公司财产减少，在实质上就没有使已生效判决、裁定无法执行的问题。而根据法院最终查明的事实是：胡某某与章某1在2009年3月25日签订协议，将自己在公司的625万元股权虚假无偿转让给章某1，办理公司变更登记时，虚假填写法定代表人章某1的联系电话。在公安机关、法院、检察机关询问、讯问胡某某时，胡某某对章某1的身份和转让股权的原因、目的前后陈述、供述矛盾，亦与查明的客观事实不符。既然是虚假转让，关键的问题就是该虚假转让行为，是否有隐瞒公司财产、减损公司财产，使得法院判决、裁定无法执行。如果没有这些可能，则该虚假转让在刑法上就没有意义。如果仅据此就认为胡某某构成拒不执行判决、裁定罪，无疑就是通过分析胡某某故

---

① 这些原则有：（1）依法执行原则；（2）执行标的有限原则；（3）全面保护当事人合法权益原则；（4）强制与说服教育相结合原则；（5）执行效益原则。

意隐瞒章某1身份和股权转让的原因及目的，得出胡某某主观上具有规避和拒不执行法院判决的动机、目的和故意而已。

3. 若公司有足够的财产，能够履行生效判决、裁定的内容，被告人转让财产，是否构成拒不执行判决、裁定罪？倘若被告人即便实施了转让财产的行为，但公司有足够的财产，并按照执行通知的要求，履行了生效判决、裁定的内容，这就属于有能力执行，且事实上执行了生效判决、裁定，当然就不存在成立本罪的问题。

在某高级人民法院再审期间，胡某某和辩护人提出宏某公司有足额可供执行的财产，由于执行法院没有采取相应的执行措施或者错误采取执行措施，致使涉案民事判决未能及时执行完毕。本案不符合拒不执行判决、裁定罪的要求，起诉书的指控与事实、法律不符。对此，法院认为，在涉案判决执行中，宏某公司虽有其他财产，但胡某某并没有按照判决确定的内容履行义务，而是实施了拒不执行判决的行为，导致人民法院的生效判决未能执行完毕，胡某某应当承担相应的法律责任。

根据《民事诉讼法》第248条，在接到执行通知后，被执行人未履行执行通知所确定的义务，就应当向执行机关作出如下报告：（1）当前的财产状况。（2）自收到执行通知之日起，前一年的财产情况。如果被执行人拒绝报告或者虚假报告，就可以根据具体情节的轻重，由人民法院对被执行人或者相关责任人员采取罚款、拘留等措施，而无论是否有可供执行的财产。从判决书所确认的事实来看，至少，胡某某在接到执行通知后，没有任何履行报告义务的行为，显属违法。及时、主动履行人民法院生效判决、裁定，当然属于被执行人的法定义务，在人民法院发出执行通知之后，被执行人就应当主动履行判决、裁定，而不得将最终判决、裁定没有履行推诿于法院是否采取相应的执行措施，除非法院因重大失误致使判决、裁定没有得以执行。需要注意的是：全国人大常委会《关于〈中华人民共和国刑法〉第三百一十三条的解释》中，明确规定了五种拒不执行判决、裁定情形，其中最后一种属于兜底性条款，法条表述为"其他有能力执行而拒不执行，情节严重的情形"，与前四种情形相比较，没有"致使判决、裁定无法执行的"文字表述。对于这种情形，可以作出如下理解，法院发出执行通知后，如果被执行人没有履行报告义务，而人民法院又按照通常的财产查询方式，无法查清被执行人财产的情况，致使生效判决、裁定没有得到执行，就属于第五种情形，执行义务人构成拒不执行判决、裁定罪。

案例 1-2　李某职务侵占案[①]
——禁止类推

一　事实

被告人李某系某运输公司驾驶员，朱某某、熊某某系搬运工。2008年1月12日下午，按照某运输公司的指令，被告人李某与朱某某、熊某某三人将一批货物从公司仓库运至上海浦东国际机场。三人分工如下：李某负责驾驶车辆、清点货物、按单交接并办理空运托运手续，熊某某、朱某某负责搬运货物。在运输途中，三人合谋，从货车内取出一箱品名为"纪念品"的货物，窃得30枚梅花鼠年纪念金币，价值人民币16万余元。后在某运输公司的追问下，李某和朱某某、熊某某将物品退至某运输公司，由某运输公司退还给托运人。

上海市长宁区人民检察院认为被告人李某犯盗窃罪。辩护人认为本案应定性为职务侵占罪。2008年9月3日，长宁区人民法院认定被告人李某犯职务侵占罪。上海市长宁区人民检察院提出抗诉。上海市第一中级人民法院裁定驳回抗诉，维持原判。

二　判旨

普通货物运输承运人（货物运输公司）负有两个义务：第一，将货物安全及时地送达目的地；第二，运输途中，妥善保管货物。这两个义务，是通过货运驾驶员来履行的，因此，在运输途中，货运驾驶员占有货物，倘若将货物据为己有，就构成职务侵占罪。

三　法条

《刑法》

第二百六十四条　盗窃公私财物，数额较大的，或者多次盗窃、入户

[①] 《最高人民法院公报》2009年第8期（总第154期）。

盗窃、携带凶器盗窃、扒窃的，处三年以下有期徒刑、拘役或者管制，并处或者单处罚金；数额巨大或者有其他严重情节的，处三年以上十年以下有期徒刑，并处罚金；数额特别巨大或者有其他特别严重情节的，处十年以上有期徒刑或者无期徒刑，并处罚金或者没收财产。

第二百七十一条　公司、企业或者其他单位的工作人员，利用职务上的便利，将本单位财物非法占为己有，数额较大的，处三年以下有期徒刑或者拘役，并处罚金；数额巨大的，处三年以上十年以下有期徒刑，并处罚金；数额特别巨大的，处十年以上有期徒刑或者无期徒刑，并处罚金。

国有公司、企业或者其他国有单位中从事公务的人员和国有公司、企业或者其他国有单位委派到非国有公司、企业以及其他单位从事公务的人员有前款行为的，依照本法第三百八十二条、第三百八十三条的规定定罪处罚。

第二百五十三条　邮政工作人员私自开拆或者隐匿、毁弃邮件、电报的，处二年以下有期徒刑或者拘役。

犯前款罪而窃取财物的，依照本法第二百六十四条的规定定罪从重处罚。

四　评释

本案的焦点问题是：

1. 涉案财物被托运人封存，能否认定为包装物、封缄物？
2. 货运驾驶人在运输途中将货物据为己有，如何定性？

职务侵占罪与盗窃罪的主要区别是：（1）作为犯罪对象的财物，究竟是由何人占有？（2）是否有"利用职务上的便利"？盗窃罪为移转财物占有，职务侵占罪则是变占有为所有，在实施职务侵占犯罪时，正因为是自己占有该财物，才会涉及"利用职务上的便利"的问题。

在财产犯罪中，财物由何人占有的问题是非常重要的。在占有中，会涉及包装物、封缄物的问题。

封缄物显然不同于非封缄物，既然存在委托人对包装物上锁、封口等事实，就不能不说，内容物应当归委托人占有，由委托人支配，而受托人类似于占有辅助人的地位，或者说是委托人支配内容物的一种手段。如果说整个封缄物仍然归委托人支配的话，显然，是将占有抽象化、观念化了，并不妥当。据此，针对内容物，委托人与受托人，并无高度信任关系，故而，内容物仍然归委托人占有。如此一来，受托人侵吞整个封缄物的，其行为就有两个刑法上的意义：其一，对封缄物的侵占；其二，对内容物的盗窃。但是，鉴于仅仅存在一个行为，就不应当认定为数罪，因此，本案中，侵占为盗窃所吸收，二者是想象竞合关系，故行为人成立盗窃罪。

所以，本案的问题就在于托运人采取的包装措施，究竟是普通的运送货物中必需的防止货物在运送途中安全保障措施，还是宣示了托运人对于包装内财物的观念占有？对此，一审法院认为，该措施是常规的运送货物所必要的一种手段，主要起到防止货物散落作用，所以，对于该货物的占有属于承运货物的某运输公司，在运输途中，被告人李某伙同他人开启封存箱，将运送的货物拿走的行为，是利用职务便利，将本单位占有的财物据为己有的行为，因此，符合职务侵占罪。

相反的，公诉机关认为本案涉案物品为封缄物。理由是：第一，封存箱中货物的占有者是托运人任某。在托运时，货物没有保险，同时，任某也没有说明货物价值多少、品种为何，而只是封存好了货物箱，按一般货物予以托运，这就说明，对托运的货物，任某仍宣示了自己的控制权。第二，从收费和赔偿标准看，在货物缺损时，某运输公司也不会全额赔偿，这说明，对封存箱中货物，某运输公司和司机李某并没有直接、具体的保管职责。第三，既然货物已经封存，意味着李某无权打开封存箱，其职责仅限于谨慎行事，以保证封存箱完好、不丢失。这样，李某等人打开封存箱，是利用工作便利，而非利用职务便利，其拿走财物的行为是超越职权的。第四，某运输公司的营业性质属于货运服务，在承运货件业务上，实际上与邮政局并没有本质性不同。故而，本案就可以类比"邮政工作人员私自开拆或者隐匿、毁弃邮件、电报而窃取财物"的规定，对李某等人的行为依照盗窃罪从重处罚。所以，对李某等人以盗窃罪定罪处罚，也是符合立法精神的。第五，在司法实践中，对于驾驶员盗窃所驾车辆集装箱内物资的，都是按照盗窃罪来定罪处罚的。同理，本案也应以盗窃罪处罚。

本案托运物为金币等货物，金币需要一定的容器盛装，是生活常识。在将金币等货物用纸箱盛装后，用胶带予以封缄，以防止金币脱落，这是常规的手段，并不意外。在一定程度上，托运人的包装措施，的确也有宣示不愿他人打开封存箱的意思，但是，根据一般人的生活经验，用胶带封装纸箱，所起到的作用更大的是防止货物散落，因此，将通常的包装措施解释为封缄物，明显的，有过分之嫌。

毫无疑问，李某无权私自拆开货物封箱，但不能反向来推，仅以李某无权私自开拆封箱，就认为涉案财物属于封缄物，这种推理，有些想当然了。作为通常包装的形式，胶条封箱，并不是特别地宣示该封箱属于封缄物。

本单位财物，一方面，包括了本单位享有所有权的财物；另一方面，也包括了本单位占有、控制的他人财物。李某等人拿走的货物，系托运人任某委托某运输公司运输的财物，在运输过程中，单位通过驾驶员李某等人来保管该财物，该财物当然就为本单位所占有，应视为运输公司的财物。需要指出的是，检察机关以一旦货物发生损毁灭失，某运输公司也不会全额赔偿为由，认定涉案物品属于封缄物，并不妥当。民事案件赔偿责任的有无、大小，与刑事案件定罪无关。此外，借用邮政人员盗窃罪的特殊规定，来说明本案也属于盗窃的方法，是类推适用。因为，邮政工作人员，是一种特殊主体身份，《刑法》第253条第2款专门对具有这等身份的人员的特定行为，作出了不同于其他主体的特殊规定，这属于特别规定（法律拟制），不能推而广之。因此，对于非邮政单位的承运人，司机将运输途中的一般包装物打开，拿走其中财物的，不能类推适用这些规定，否则，就会违背罪刑法定的原则。

案例1-3 李某组织卖淫案[①]
——刑法解释不能依靠辞典

一 事实

2003年1—8月，李某为营利，与刘某、冷某某等人预谋，采取张贴广告、登报的方式招聘男青年做"公关人员"。李某等人制定了《公关人员管理制度》，规定了收费情况及相关制度。收费情况是："公关人员"台费每次80元，包间费每人50元（由客人付），包房过夜费每人100元；

[①] 陈兴良、张军、胡云腾主编：《人民法院刑事指导案例裁判要旨通纂》（下卷），北京大学出版社2013年版，第1021页。

最低出场费每人 200 元，客人将"公关人员"带离工作场地超过 30 分钟，"公关人员"可索要出场费并交纳 80 元。管理方式是：客人投诉某一"公关人员"超过 3 次，除对该人员罚款外，还立即除名；"公关人员"上岗前需交纳管理费 200 元和身份证原件，上岗后需交纳押金 300 元；符合管理规定，离店时押金全部退还；离店需提前 15 天书面申请，否则不退押金；"公关人员"上岗前须经检查、培训，服务前自备用具；必须服从领导，外出 30 分钟必须向经理请假，经经理或管理人员同意后方可外出，违者罚款 80 元；出场后，次日下午 2：00 前必须报到，每天下午 2：00、晚 7：30、夜 3：00 点名，点名不到罚款 80 元，等等。受李某的指使，刘某和冷某某管理"公关先生"。李某在自己经营的"金麒麟""廊桥"及"正麒"酒吧内，给多名男性顾客多次介绍了多名"公关先生"，将"公关人员"带出从事同性卖淫活动。

被告人李某及其辩护人辩称，李某的行为不构成犯罪。

南京市秦淮区人民法院判决李某的行为构成组织卖淫罪。

一审判决后，被告人李某不服，提出上诉。

南京市中级人民法院裁定驳回上诉，维持原判。

二　判旨

组织卖淫罪中的"卖淫者"，无论男女。只要组织他人进行卖淫活动的，无论组织向异性卖淫，还是组织同性进行性交易活动，都构成组织卖淫罪。

三　法条

《刑法》

第三百五十八条　组织、强迫他人卖淫的，处五年以上十年以下有期徒刑，并处罚金；情节严重的，处十年以上有期徒刑或者无期徒刑，并处罚金或者没收财产。

组织、强迫未成年人卖淫的，依照前款的规定从重处罚。

犯前两款罪，并有杀害、伤害、强奸、绑架等犯罪行为的，依照数罪并罚的规定处罚。

为组织卖淫的人招募、运送人员或者有其他协助组织他人卖淫行为的，处五年以下有期徒刑，并处罚金；情节严重的，处五年以上十年以下有期徒刑，并处罚金。

《公安部关于对同性之间以钱财为媒介的性行为定性处理问题的批复（公复字〔2001〕4号）》

广西壮族自治区公安厅：

你厅《关于对以金钱为媒介的同性之间的性行为如何定性的请示》（桂公传发〔2001〕35号）收悉。现批复如下：

根据《中华人民共和国治安管理处罚条例》和全国人大常委会《关于严禁卖淫嫖娼的决定》的规定，不特定的异性之间或者同性之间以金钱、财物为媒介发生不正当性关系的行为，包括口淫、手淫、鸡奸等行为，都属于卖淫嫖娼行为，对行为人应当依法处理。

自本批复下发之日起，《公安部关于对以营利为目的的手淫、口淫等行为定性处理问题的批复》（公复字〔1995〕6号）同时废止。

国务院法制办公室对浙江省人民政府法制办公室《关于转送审查处理公安部公复字〔2001〕4号批复的请示》的复函（国法函〔2003〕155号 自公布之日起施行）

浙江省人民政府法制办公室：

你办《关于转送审查处理公安部公复字〔2001〕4号批复的请示》（浙府法〔2003〕5号）收悉。我们征求了全国人大常委会法工委意见，他们认为，公安部对卖淫嫖娼的含义进行解释符合法律规定的权限，公安部公复字〔2001〕4号批复的内容与法律的规定是一致的，卖淫嫖娼是指通过金钱交易一方向另一方提供性服务，以满足对方性欲的行为，至于具体性行为采用什么方式，不影响对卖淫嫖娼行为的认定。据此，公安部公复字〔2001〕4号批复的规定是合法的。

四 评释

本案的核心问题是组织男性从事同性之间的性交易，是否构成组织卖淫罪？

这一问题，涉及对本罪中"卖淫"一词的理解。人们所理解的卖淫，通常情况下，就是女性向男性提供有偿的性服务，这似乎成了当然。但是，男性向女性、女性向女性或者男性向男性提供有偿的性服务，是否为"卖淫"，鉴于在社会生活中不太常见，人们的认识不一，存在一定的争议。表面上看，本案是对"卖淫"一词内涵如何界定的问题，但是，将本案的意义与价值仅仅局限于这个层次上，有些肤浅，其实，在深层次上，本案涉及的问题，关乎在坚持罪刑法定原则下的刑法解释方法这一问题。

被告人李某辩称自己的行为，不构成犯罪。辩护人也提出，对同性之间的性交易，是否属于卖淫行为，《刑法》及相关司法解释并没有作出明文规定。而相关辞典对于"卖淫"的定义，就是指"妇女出卖肉体"，而非其他。因此，根据辞典的定义和描述，组织男性从事同性卖淫活动，显然就不属于组织"卖淫"，依照罪刑法定原则，李某无罪。

法院意见则不同。法院认为，《刑法》第358条规定的是组织"他人"卖淫的，是组织卖淫罪。而"他人"，从语言的含义上来看，当然既包括女性，也包括男性。既然法律条文表述为组织"他人"卖淫，并没有刻意表述为组织"妇女"卖淫，因此，从文字表述上，组织男性从事同性交易，并没有被明确排除在本罪之外，当然也属于组织"卖淫"，尽管实务中本罪多为组织"妇女"进行卖淫活动，但是，也不能绝对排除组织"男性"的情形，将"男性"排除在"他人"之外，是不当限缩。李某，组织"公关人员"从事金钱与性的交易活动，对于社会治安管理秩序当然有损害，也破坏了良好的社会风尚，因此，构成组织卖淫罪。

从常态上来看，日常社会中的"卖淫"，多是女性向男性从事有偿性交易的行为。但是，将"卖淫"限于女性向男性提供有偿性服务，也是不合时宜的。随着时代的发展、社会生活状况的变化，除了女性与不特定男性从事有偿性交易之外，也出现了男性向女性、女性向女性、男性向男性的有偿性交易，对于异性之间——尤其是女性向男性的有偿性交易，是"卖淫"，同时，女性相互之间、男性相互之间的有偿性交易，也应当是"卖淫"（即"同性卖淫"）。所以，在对立法中的"卖淫"一词，除非法律明文规定为特定性别，比如强奸罪中的被害人是女性。但是，组织卖淫罪中，对于被组织者，立法语言并没有限定为"女性"，更没有将"卖淫"行为，限定为"女性向男性提供有偿性服务"，所以，只要从事有偿性交易，无论异性之间，还是同性之间，都应当是"卖淫"。对"卖淫"作如上界定，是坚持了语言含义与时代的同步性，并不违背罪刑法定原则，也不违反刑法解释的基本原理。进言之：

第一，形式上，"卖淫"也包括同性卖淫，这种结论，与《刑法》和相关立法解释并不抵触，至少，从形式上来看，并不违背罪刑法定原则。

第二，对刑法用语的理解，不能依赖辞典的定义。遇到刑法用语不明时，借助辞典来对刑法用语进行解释，有时会得出不妥当的结论。比如，在辞典中，"抢劫"一词，被解释为"用暴力把别人的东西夺过来，据为己有"。而《刑法》第263条所规定的"抢劫"，则是指以暴力、胁迫或者其他方法，压制住被害人反抗或者使被害人陷入不能反抗的境地，进而获取财物的行为。如果我们仅按照辞典的解释，来认定"抢劫"，就会不当限缩抢劫罪的成立范围，使得"胁迫"行为与"其他方法"（比如为了获取被害人的财物，将被害人灌醉酒之后，取走财物的）不能纳入抢劫罪的范围，同时，如果严格按照辞典的定义，来解释"抢劫"，也会模糊抢劫行为与抢夺行为之间的界限，出现不当定性的问题。因此，辞典对某行为的定义与描述，绝对不能成为我们办理具体案件时的唯一依据。有时，辞典的定义与描述，符合刑法某个词的含义，此时按照词典来理解该词语，解释该词语的含义，未尝不可，但是，如果辞典的定义，与法律条文中的词语的含义并不一致时，就不能依靠辞典来解释该词语。因此，辞典有时会有助于我们对某一个法律用语的理解，所起到的作用只能是辅助性的，绝对不能成为决定性的。就组织卖淫罪而言，有关辞典将"卖淫"解释为"妇女出卖肉体"，但是，这已经与时代不符，也与相关立法产生了抵牾。1991年，全国人大常委会《关于严禁卖淫嫖娼的决定》作出后，最高人民法院、最高人民检察院印发了《关于执行〈全国人民代表大会常务委员会关于严禁卖淫嫖娼的决定〉的若干问题的解答》的通知，在第9条规定："组织、协助组织、强迫、引诱、容留、介绍他人卖淫中的'他人'，主要是指女人，也包括男人。"这是妥当的。刑法中的"卖淫"，已明显不只限于妇女出卖肉体，也包括男性出卖肉体。既包括异性之间的性交易，也包括同性之间的性交易。我们必须清楚地认识到，不能以辞典对某行为含义的描述取代对刑法用语的法规范解释。刑法的用语，断然不能依靠查辞典的方式来阐释，而是要在罪刑法定原则的指引下，心中充满正义，综合运用各种解释理由和技巧，作出妥当的理解。

第三，从立法沿革上来看，组织卖淫罪中的被组织者，不应当限定为女性，"卖淫"行为，也不应当只限于女性向男性提供有偿性服务。在《关于执行（全国人民代表大会常务委员会关于严禁卖淫嫖娼的决定）的若干问题的解答》第2条中，对于"组织"，描述为以招募、雇佣、强迫、引诱、容留等手段，控制多人从事卖淫的行为。而对于"组织"的对象，描述为"人"，这里的"人"与"他人"是同义词，不限于"女性"。所以，考察立法沿革，我们不难得出如下结论：《刑法》第358条中的"他人"，应当既包括女性，也包括男性。

第四，从立法精神来看，刑法有关卖淫嫖娼犯罪的规定，意在保护社会道德规范和管理秩序。本质上，"卖淫"就是性交易。至于参与性交易者是男是女，是异性还是同性，均在非所问。无论是女性卖淫还是男性卖淫，也无论是向异性卖淫还是向同性卖淫，并没有任何本质性的不同。

第五，法律文本具有开放性，应当对刑法用语，作出与当今时代的一般观念相符合、和刑法精神相契合的解释。语词的内容，会随着生活的变化而产生一定程度的变化，也会随着新的事实而被赋予了新的含义。在刑法解释时，不能将"典型"视为"一般"，不能混淆"熟悉"与"必须"。更不能曲解"法无明文规定"，将之偷偷替换为"法无明确规定"。要准确领会刑法的基本精神，对刑法条文中的语词含义，通过科学运用刑法解释原理，作出妥当的解释。

罪刑法定原则并不排斥刑法解释，认为刑法条文的含义已经明确无疑，法官仅仅是"说出法律的嘴巴"，只需要将法律条文照搬使用即可的观点，是不合时宜的，有些过分理想化了。对罪刑法定原则，刑法明文规定，加以法定化，这是该原则现实化的前提，但是，这并不当然地意味着罪刑法定原则的现实化。将法律规定落实到具体的案件处理之中，刑法学者当然需要加强理论探讨，司法工作人员也需要克服不敢解释刑法的思想障碍。事实上，就某个具体条文或者某个具体案件，人们往往会出现有罪与无罪、罪重与罪轻的不同看法，这是正常的。但是，在出现争议时或者分歧时，不能抽象地去讨论某个或者某些结论是否违反罪刑法定原则，而是应当围绕争议的焦点问题，就特定犯罪的构成要件进行阐释。在对法律语言表述进行解释之时，需要结合行为规范的保护法益，妥当考量以下因素进行：（1）刑法条文的规范保护目的。（2）处罚必要性。（3）国民预测可能性。（4）刑法条文体系协调性。（5）解释结论妥当性。（6）距离语言文字的核心含义的远近。①

需要指出的是，罪刑法定原则具有指引、约束对刑法条文解释功能，这就意味着对于刑法条文的解释，最终得出的结论应当在语言文字的含义之内，但这并不是说仅仅依靠法律条文的字面含义来理解和适用刑法。这种做法，无助于发现刑法的真实含义。司法人员不能因为罪刑法定原则的约束，就只对刑法条文做文字字面含义的解释，而不去挖掘文字背后的含义。当然，对于文字背后含义的挖掘，一定要坚持在语言文字的含义射程之内，否则，就是类推适用。同时，在解释的李某案件中，对于"卖淫"概念，被告人及其辩护律师是从历史上人们形成的关于"卖淫"的习惯性理解入手的，这是类似于历史解释。历史解释不能被过分强调，进行历史解释，是为了通过历史参考资料和发展脉络寻找法律条文的真实含义，而不是只意味着探讨立法原意。

比如：从历史沿革来看，《刑法》第293条规定的寻衅滋事罪，是对1979年《刑法》流氓罪这一口袋罪解构之后产生的，②对于本条所规定的寻衅滋事行为，比如"随意殴打他人""追逐、拦截、辱骂、恐吓他人""强拿硬要或者任意损毁、占用公私财物"等，可以进行历史解释。但是，历史解释不应当被过分强调。刑法是由语言文字表达出来的。语言文字一方面给解释者传递相关信息，给解释者以启迪；另一方面会对解释者予以限制。但是，法条语言文字自身其实并不能够必然直接显示法条的真实含义。由于社会生活事实在不断发生变化，语言文字的含义也随之发生相应的变化，具有了新的内容和含义，相应的，刑法的真实含义也需要不断地被发现、被挖掘，尤其是那些与社会性评价紧密关联的概念，例如，关于"猥亵行为""流氓行为"与"淫秽物品"的内涵，其核心含义是明确的，但是，在核心含义的周边，究竟什么是"猥亵行为"、什么是"流氓行为"、什么是"淫秽物品"，可能并不是泾渭分明。对于有些行为，会随着社会生活事实的变化而变化，也会随着价值观念的变化而变化。比如，曾经一度，司法实践中将组织他人跳舞的行为，认定为"流

---

① 张明楷：《刑法学》（第6版），法律出版社2021年版，第73页。
② 《刑法》第293条规定的寻衅滋事行为包括：（1）随意殴打他人，情节恶劣的；（2）追逐、拦截、辱骂、恐吓他人，情节恶劣的；（3）强拿硬要或者任意损毁、占用公私财物，情节严重的；（4）在公共场所起哄闹事，造成公共场所秩序严重混乱的。

氓行为",进而定流氓罪,但现在绝对没有这种可能性。同样的,对于"卖淫",历史解释是具有一定价值的,但是,不能局限于历史解释,而忽略掉新时代的新型"卖淫"现象。

总之,法律人应当树立这样一种观念:法律不是固定不变的表述,而应该是活生生的社会现实,法律文本应当具有的开放性,社会生活事实的发展变化,不可避免地带来法律含义的相应变动,唯此,法律才具有生命力。

案例1-4 王某某收购玉米案[①]
——兜底性条款应当具有同类型性

一 事实

2014年11月至2015年1月,王某某未办理粮食收购许可证,未经工商行政管理机关核准登记并颁发营业执照,无证照收购玉米,经营数额218288.6元,获利6000元。

某区人民法院一审认为,被告人王某某的行为构成非法经营罪。宣判后,王某某未上诉,检察机关未抗诉,判决发生法律效力。

最高人民法院于2016年12月16日作出再审决定,指令某中级人民法院对本案进行再审。

再审中,对原审判决认定的事实,各方均无异议,再审查明的事实与原审事实一致。某人民检察院提出王某某的行为具有行政违法性,但不具有社会危害性和刑事处罚必要性,不构成非法经营罪,建议再审依法改判。王某某对原审认定事实及证据无异议,但认为自己无罪。辩护人提出王某某的行为,不具有社会危害性、刑事违法性和应受惩罚性,不符合非法经营罪的构成要件。对之定罪,也不符合刑法谦抑性原则。某中级人民法院再审判决:撤销某区人民法院〔2016〕内0802刑初54号刑事判决,原审被告人王某某无罪。

[①] 北大法宝: https://www.pkulaw.com/pfnl/a6bdb3332ec0adc43ffbb5e502a38558a4c23fe431-36c145bdfb.html? keyword =% E7% 8E% 8B% E5% 8A% 9B% E5% 86% 9B&way = listView,最后访问日期:2022年3月4日。

二　判旨

1. 非法经营罪中的"其他非法经营行为",应当与《刑法》第 225 条前 3 项非法经营行为具有可类比性,是相当的。

2. 违反行政管理的经营行为,倘若未严重扰乱市场秩序,就不构成非法经营罪。

三　法条

《刑法》

第二百二十五条　违反国家规定,有下列非法经营行为之一,扰乱市场秩序,情节严重的,处五年以下有期徒刑或者拘役,并处或者单处违法所得一倍以上五倍以下罚金;情节特别严重的,处五年以上有期徒刑,并处违法所得一倍以上五倍以下罚金或者没收财产:

(一)未经许可经营法律、行政法规规定的专营、专卖物品或者其他限制买卖的物品的;

(二)买卖进出口许可证、进出口原产地证明以及其他法律、行政法规规定的经营许可证或者批准文件的;

(三)未经国家有关主管部门批准非法经营证券、期货、保险业务的,或者非法从事资金支付结算业务的;

(四)其他严重扰乱市场秩序的非法经营行为。

《粮食流通管理条例》(2013 年修订)[①]

第九条　取得粮食收购资格,并依照《中华人民共和国公司登记管理条例》等规定办理登记的经营者,方可从事粮食收购活动。

---

① 本条例已于 2021 年 1 月 4 日国务院第 121 次常务会议修订通过,自 2021 年 4 月 15 日起施行。其中第 9 条已被修改为"第九条　从事粮食收购的经营者(以下简称粮食收购者),应当具备与其收购粮食品种、数量相适应的能力;从事粮食收购的企业(以下简称粮食收购企业),应当向收购地的县级人民政府粮食和储备行政管理部门备案企业名称、地址、负责人以及仓储设施等信息,备案内容发生变化的,应当及时变更备案;县级以上地方人民政府粮食和储备行政管理部门应当加强粮食收购管理和服务,规范粮食收购活动。具体管理办法由省、自治区、直辖市人民政府制定。"

申请从事粮食收购活动,应当向办理工商登记的部门同级的粮食行政管理部门提交书面申请,并提供资金、仓储设施、质量检验和保管能力等证明材料。粮食行政管理部门应当自受理之日起15个工作日内完成审核,对符合本条例第八条规定具体条件的申请者作出许可决定并公示。

第十条 取得粮食行政管理部门粮食收购资格许可的,应当依法向工商行政管理部门办理设立登记,在经营范围中注明粮食收购;已在工商行政管理部门登记的,从事粮食收购活动也应当取得粮食行政管理部门的粮食收购资格许可,并依法向工商行政管理部门办理变更经营范围登记,在经营范围中注明粮食收购。

第十三条 粮食收购者应当向收购地的县级人民政府粮食行政管理部门定期报告粮食收购数量等有关情况。

跨省收购粮食,应当向收购地和粮食收购者所在地的县级人民政府粮食行政管理部门定期报告粮食收购数量等有关情况。

第十四条 从事粮食销售、储存、运输、加工、进出口等经营活动的粮食经营者应当在工商行政管理部门登记。

《最高人民法院关于准确理解和适用刑法中"国家规定"的有关问题的通知》(法发〔2011〕155号)

全国地方各级人民法院、各级军事法院、各铁路运输中级法院和基层法院,新疆生产建设兵团各级法院:

日前,国务院法制办就国务院办公厅文件的有关规定是否可以认定为刑法中的"国家规定"予以统一、规范。为切实做好相关刑事案件审判工作,准确把握刑法有关条文规定的"违反国家规定"的认定标准,依法惩治犯罪,统一法律适用,现就有关问题通知如下:

一、根据刑法第九十六的规定,刑法中的"国家规定"是指,全国人民代表大会及其常务委员会制定的法律和决定,国务院制定的行政法规、规定的行政措施、发布的决定和命令。其中,"国务院规定的行政措施"应当由国务院决定,通常以行政法规或者国务院制发文件的形式加以规定。以国务院办公厅名义制发的文件,符合以下条件的,亦应视为刑法中的"国家规定":(1)有明确的法律依据或者同相关行政法规不相抵触;(2)经国务院常务会议讨论通过或者经国务院批准;(3)在国务院公报上公开发布。

二、各级人民法院在刑事审判工作中，对有关案件所涉及的"违反国家规定"的认定，要依照相关法律、行政法规及司法解释的规定准确把握。对于规定不明确的，要按照本通知的要求审慎认定。对于违反地方性法规、部门规章的行为，不得认定为"违反国家规定"。对被告人的行为是否"违反国家规定"存在争议的，应当作为法律适用问题，逐级向最高人民法院请示。

三、各级人民法院审理非法经营犯罪案件，要依法严格把握刑法第二百二十五条第（四）的适用范围。对被告人的行为是否属于刑法第二百二十五条第（四）规定的"其他严重扰乱市场秩序的非法经营行为"，有关司法解释未作明确规定的，应当作为法律适用问题，逐级向最高人民法院请示。

四 评释

本案的核心问题是：王某某的行为，是否构成非法经营罪？

某区人民法院认为，王某某的行为构成非法经营罪。

收购玉米，属于收购粮食，按照行为当时有效的《粮食流通管理条例》第9条，需要取得粮食收购资格，办理登记之后，方可有权经营。在没有办理行政许可的情况下，王某某的行为，显然具有行政法上的违法性。当然，仅仅具有行政违法性还不足以认定成立刑事犯罪，法院认定王某某的行为成立犯罪，还有一个关键要素，即经营数额达到21万多元。

成立非法经营罪的前提，是要违反"国家规定"。这里的"国家规定"，包括全国人大及其常务委员会制定的法律和决定，国务院制定的行政法规、规定的行政措施、发布的决定和命令等。仔细考察相关国家规定，对于非法经营的对象，包括以下几类：（1）相关物品。即只限于国家专营、专卖的物品或者其他限制买卖的物品。（2）相关文件。即只限于进出口许可证、进出口原产地证明以及其他法律、行政法规规定的经营许可证或者批准文件。（3）相关业务。即只限于证券、期货、保险业务，资金支付结算业务。（4）其他（要与前三项具有可类比性）。

尽管在行为当时，收购玉米需要取得收购资格、办理登记，但是，仔细考察国家专营、专卖物品或者其他限制买卖的物品名类，并没有包括玉米在内。对照《刑法》第225条的规定，显然，若要认定王某某的行为构成犯罪，法律依据只能为该条第4项"其他严重扰乱市场秩序的非法经营行为"。

《刑法》第225条第4项的规定，是为了周密法益保护而规定的兜底性条款。"其他非法经营行为"，鉴于"其他"这一表述，具有模糊性特点，从立法上来讲，必须由有关法律和司法解释予以明文规定。① 从刑法教义学上来讲，按照同类解释的要求，第4项的规定，应当与前3项具有可类比性。因此，需要对"其他非法经营行为"做严格的限定，唯此，才是对罪刑法定原则的坚守。正如所言，设立非法经营罪，是要保护特定的市场经营秩序，而非泛泛的市场秩序。② 该特定的市场秩序，是通过特定许可管理所形成的。从这个意义上来讲，对于兜底性的"其他非法经营行为"的范围和界限，由法律或者司法解释予以明确规定，就具有相当的正当性和合理性。而相关法律或者司法解释对于非法经营行为的明确规定，也呼应了这种主张。比如，在《关于惩治骗购外汇、逃汇和非法买卖外汇犯罪的决定》中，对于那些在国家规定的交易场所之外非法买卖外汇，严重扰乱市场秩序的行为，按照非法经营罪处理。此外，其他相关司法解释将非法买卖食盐、烟草、证券、期货、保险业务、外汇，非法出版、印刷、复制、发行非法出版物，非法经营国际、国内电信业务，危害药品、食品安全的非法经营活动，非法经营、非法使用兴奋剂，非法放贷等行为，也明确规定为非法经营行为。

但是，在法律与司法解释明确规定"其他非法经营行为"之前，对于有些所谓的"非法经营行为"，能否认定为刑法上的非法经营罪，还是要进行实质性的思考。对王某某收购玉米案，最高人民法院认为，王某某收购玉米，在粮农和粮油公司之间，客观上起到了桥梁和纽带作用，使得粮农不再为卖不出粮食忧愁，粮油公司也不再为收不到粮食而苦恼，实际上对于粮食流通的主渠道没有起到任何破坏作用，当然，更谈不上严重扰乱市场秩序。收购玉米，与非法经营罪前三项行为相比较，无论在社会危害性上，还是在刑事处罚必要性上，均不具有相当

---

① 陈兴良：《口授刑法学》，中国人民大学出版社2007年版，第765页。
② 王作富、刘树德：《刑法分则专题研究》，中国人民大学出版社2013年版，第256页。

性，故而，王某某的行为无罪。最高人民法院的意见，就是实质性思考的结果，是妥当的。

那么，在适用《刑法》第 225 条第 4 项时，应当考虑那些因素？

判断一行为是否构成犯罪，首先，需要考虑行为是否违反了刑罚规范所确认的行为规范。王某某在收购玉米时，没有办理相关许可证和营业执照，按照当时《粮食流通管理条例》，王某某的粮食收购活动，确实违反了行政法的规定。但是，违反行政管理的规定并不能必然等同于刑事违法，二者并不具有同质性，在违法性上，具有本质性不同，所以，判断一个行为是否构成犯罪，还是要围绕该行为是否符合特定犯罪的成立条件展开。违反行政法规，仅仅是有可能成立刑事犯罪而已。其次，需要考虑行为是否具有严重的法益侵害性。具有严重侵害法益的特点，是犯罪区别于行政违法和民事侵权的重要标志。非法经营罪中，作为兜底性条款的"其他非法经营行为"，在入罪时，应当坚持"严重扰乱市场秩序"这一要求不动摇，因此，在法益侵害的程度上，应当具有与前 3 项非法经营行为具有相当性。而严重与否，需要从实质危害性上判断，因此，要严格区别"其他非法经营行为"的质与量，通过考量行为情节和危害后果，严加限定。本案原审法院认定构成犯罪，是因为经营数额达到了 21 万多元，但是，仅凭借这一项指标就认定王某某收购玉米构成非法经营罪，还是有些仓促。因为，尽管王某某经营玉米的数额看起来比较大，但是，盈利数额仅仅是 6000 元。从实质上来讲，尽管王某某没有取得行政许可而实施收购玉米的行为，但是，并非低价买进、高价卖出，从而影响了正常的粮食收购。王某某收购玉米，营业额 21 万多，盈利 6000 元，利润率 2.8%左右，明显达不到严重扰乱市场秩序的程度。此外，综合案件情况，考量该行为是否具备刑事处罚的必要性，不难看到，该行为是能够用政策、行政规范调整的，可通过民事、行政法律手段妥善处理的，既然如此，就没有必要使用刑事措施，没有必要施以严厉的刑事处罚。市场经济是相对自由的领域，只要经营范围不为相关法律所禁止，除非特殊时期，原则上采取自由市场模式，自由经营，如此，刑法对那些自由经济领域的介入方式、介入程度，应当保持慎重态度。在对非法经营行为决定是否要启动刑事处罚，司法实践中应当特别慎重，谨慎对待，坚持谦抑性的价值取向，尽量限制和减少刑罚权的适用，不得随意扩大适用范围。

案例 1-5 王某非法出售珍贵、濒危野生动物案[①]
——法益指导下的实质解释

一 事实

从 2014 年 4 月开始，王某就非法收购、繁殖珍贵、濒危的鹦鹉并出售牟利。2016 年 4 月初，王某将其孵化的 2 只小太阳鹦鹉以 500 元/只卖给被告人谢某某。经鉴定，该 2 只鹦鹉系列入《濒危野生动植物种国际贸易公约》（以下简称《公约》）附录Ⅱ的绿颊锥尾鹦鹉（人工变异种）。

2016 年 5 月 10 日，民警在谢某某经营的水族馆中查获 10 只鹦鹉（包括上述 2 只鹦鹉）。同年 5 月 17 日，民警在王某的租住处查获 45 只珍贵、濒危的鹦鹉。经鉴定，该 45 只鹦鹉系 35 只绿颊锥尾鹦鹉（人工变异种）、9 只和尚鹦鹉、1 只非洲灰鹦鹉。上述非洲灰鹦鹉被列入《公约》附录Ⅰ，其余鹦鹉均被列入《公约》附录Ⅱ。

广东省深圳市宝安区人民法院一审认为，被告人王某行为已构成非法收购珍贵、濒危野生动物罪。

一审宣判后，王某提出上诉，希望从宽处罚。

广东省深圳市中级人民法院二审认为，上诉人王某的行为已构成非法收购、出售珍贵、濒危野生动物罪。原判对王某量刑过重，依法予以纠正。

本判决依法层报最高人民法院核准。最高法院依法已予核准。

二 判旨

珍贵、濒危野生动物，包括列入国家重点保护野生动物名录的国家一级、二级保护野生动物，列入《公约》附录Ⅰ、附录Ⅱ的野生动物。驯养繁殖的上述物种，也属于珍贵、濒危野生动物。非法收购、出售人工驯养

[①] 北大法宝：https://www.pkulaw.com/pfnl/a25051f3312b07f3a9cddeaf88a1ae468e4c69b8dd-22fa62bdfb.html?keyword=%E7%8E%8B%E9%B9%8F%20&way=listView，最后访问日期：2022 年 3 月 4 日。

繁殖的野生动物，也构成非法收购、出售珍贵、濒危野生动物罪，但在量刑时应从宽。

三 法条

《刑法》

第三百四十一条 非法猎捕、杀害国家重点保护的珍贵、濒危野生动物的，或者非法收购、运输、出售国家重点保护的珍贵、濒危野生动物及其制品的，处五年以下有期徒刑或者拘役，并处罚金；情节严重的，处五年以上十年以下有期徒刑，并处罚金；情节特别严重的，处十年以上有期徒刑，并处罚金或者没收财产。

违反狩猎法规，在禁猎区、禁猎期或者使用禁用的工具、方法进行狩猎，破坏野生动物资源，情节严重的，处三年以下有期徒刑、拘役、管制或者罚金。

违反野生动物保护管理法规，以食用为目的非法猎捕、收购、运输、出售第一款规定以外的在野外环境自然生长繁殖的陆生野生动物，情节严重的，依照前款的规定处罚。

《全国人民代表大会常务委员会关于〈中华人民共和国刑法〉第三百四十一条、第三百一十二条的解释》

全国人民代表大会常务委员会根据司法实践中遇到的情况，讨论了刑法第三百四十一条第一款规定的非法收购国家重点保护的珍贵、濒危野生动物及其制品的含义和收购刑法第三百四十一条第二款规定的非法狩猎的野生动物如何适用刑法有关规定的问题，解释如下：

知道或者应当知道是国家重点保护的珍贵、濒危野生动物及其制品，为食用或者其他目的而非法购买的，属于刑法第三百四十一条第一款规定的非法收购国家重点保护的珍贵、濒危野生动物及其制品的行为。

知道或者应当知道是刑法第三百四十一条第二款规定的非法狩猎的野生动物而购买的，属于刑法第三百一十二条第一款规定的明知是犯罪所得而收购的行为。

现予公告。

《最高人民检察院、公安部关于印发〈最高人民检察院、公安部关于公安机关管辖的刑事案件立案追诉标准的规定（一）〉的通知》（公通字〔2008〕36号）

第六十四条　［非法猎捕、杀害珍贵、濒危野生动物案（刑法第三百四十一条第一款）］　非法猎捕、杀害国家重点保护的珍贵、濒危野生动物的，应予立案追诉。

本条和本规定第六十五条规定的"珍贵、濒危野生动物"，包括列入《国家重点保护野生动物名录》的国家一、二级保护野生动物、列入《濒危野生动植物种国际贸易公约》附录一、附录二的野生动物以及驯养繁殖的上述物种。

第六十五条　［非法收购、运输、出售珍贵、濒危野生动物、珍贵、濒危野生动物制品案（刑法第三百四十一条第一款）］　非法收购、运输、出售国家重点保护的珍贵、濒危野生动物及其制品的，应予立案追诉。

本条规定的"收购"，包括以营利、自用等为目的的购买行为；"运输"，包括采用携带、邮寄、利用他人、使用交通工具等方法进行运送的行为；"出售"，包括出卖和以营利为目的的加工利用行为。

第六十六条　［非法狩猎案（刑法第三百四十一条第二款）］　违反狩猎法规，在禁猎区、禁猎期或者使用禁用的工具、方法进行狩猎，破坏野生动物资源，涉嫌下列情形之一的，应予立案追诉：

（一）非法狩猎野生动物二十只以上的；

（二）在禁猎区内使用禁用的工具或者禁用的方法狩猎的；

（三）在禁猎期内使用禁用的工具或者禁用的方法狩猎的；

（四）其他情节严重的情形。

《最高人民法院关于审理破坏野生动物资源刑事案件具体应用法律若干问题的解释》（2000年11月17日最高人民法院审判委员会第1141次会议通过　法释〔2000〕37号）

为依法惩处破坏野生动物资源的犯罪活动，根据刑法的有关规定，现就审理这类案件具体应用法律的若干问题解释如下：

第一条　刑法第三百四十一条第一款规定的"珍贵、濒危野生动物"，包括列入国家重点保护野生动物名录的国家一、二级保护野生动物、列入《濒危野生动植物种国际贸易公约》附录一、附录二的野生动物以及驯养繁殖的上述物种。

第二条 刑法第三百四十一条第一款规定的"收购"，包括以营利、自用等为目的的购买行为；"运输"，包括采用携带、邮寄、利用他人、使用交通工具等方法进行运送的行为；"出售"，包括出卖和以营利为目的的加工利用行为。

第三条 非法猎捕、杀害、收购、运输、出售珍贵、濒危野生动物具有下列情形之一的，属于"情节严重"：

（一）达到本解释附表所列相应数量标准的；

（二）非法猎捕、杀害、收购、运输、出售不同种类的珍贵、濒危野生动物，其中两种以上分别达到附表所列"情节严重"数量标准一半以上的。

非法猎捕、杀害、收购、运输、出售珍贵、濒危野生动物具有下列情形之一的，属于"情节特别严重"：

（一）达到本解释附表所列相应数量标准的；

（二）非法猎捕、杀害、收购、运输、出售不同种类的珍贵、濒危野生动物，其中两种以上分别达到附表所列"情节特别严重"数量标准一半以上的。

第四条 非法猎捕、杀害、收购、运输、出售珍贵、濒危野生动物构成犯罪，具有下列情形之一的，可以认定为"情节严重"；非法猎捕、杀害、收购、运输、出售珍贵、濒危野生动物符合本解释第三条第一款的规定，并具有下列情形之一的，可以认定为"情节特别严重"：

（一）犯罪集团的首要分子；

（二）严重影响对野生动物的科研、养殖等工作顺利进行的；

（三）以武装掩护方法实施犯罪的；

（四）使用特种车、军用车等交通工具实施犯罪的；

（五）造成其他重大损失的。

第五条 非法收购、运输、出售珍贵、濒危野生动物制品具有下列情形之一的，属于"情节严重"：

（一）价值在十万元以上的；

（二）非法获利五万元以上的；

（三）具有其他严重情节的。

非法收购、运输、出售珍贵、濒危野生动物制品具有下列情形之一的，属于"情节特别严重"：

（一）价值在二十万元以上的；

（二）非法获利十万元以上的；

（三）具有其他特别严重情节的。

第六条　违反狩猎法规，在禁猎区、禁猎期或者使用禁用的工具、方法狩猎，具有下列情形之一的，属于非法狩猎"情节严重"：

（一）非法狩猎野生动物二十只以上的；

（二）违反狩猎法规，在禁猎区或者禁猎期使用禁用的工具、方法狩猎的；

（三）具有其他严重情节的。

第七条　使用爆炸、投毒、设置电网等危险方法破坏野生动物资源，构成非法猎捕、杀害珍贵、濒危野生动物罪或者非法狩猎罪，同时构成刑法第一百一十四条或者第一百一十五条规定之罪的，依照处罚较重的规定定罪处罚。

第八条　实施刑法第三百四十一条规定的犯罪，又以暴力、威胁方法抗拒查处，构成其他犯罪的，依照数罪并罚的规定处罚。

第九条　伪造、变造、买卖国家机关颁发的野生动物允许进出口证明书、特许猎捕证、狩猎证、驯养繁殖许可证等公文、证件构成犯罪的，依照刑法第二百八十条第一款的规定以伪造、变造、买卖国家机关公文、证件罪定罪处罚。

实施上述行为构成犯罪，同时构成刑法第二百二十五条第二项规定的非法经营罪的，依照处罚较重的规定定罪处罚。

第十条　非法猎捕、杀害、收购、运输、出售《濒危野生动植物种国际贸易公约》附录一、附录二所列的非原产于我国的野生动物"情节严重"、"情节特别严重"的认定标准，参照本解释第三条、第四条以及附表所列与其同属的国家一、二级保护野生动物的认定标准执行；没有与其同属的国家一、二级保护野生动物的，参照与其同科的国家一、二级保护野生动物的认定标准执行。

第十一条　珍贵、濒危野生动物制品的价值，依照国家野生动物保护主管部门的规定核定；核定价值低于实际交易价格的，以实际交易价格认定。

第十二条　单位犯刑法第三百四十一条规定之罪，定罪量刑标准依照本解释的有关规定执行。

《最高人民法院、最高人民检察院、公安部、司法部关于依法惩治非法野生动物交易犯罪的指导意见》

为依法惩治非法野生动物交易犯罪，革除滥食野生动物的陋习，有效防范重大公共卫生风险，切实保障人民群众生命健康安全，根据有关法律、司法解释的规定，结合侦查、起诉、审判实践，制定本意见。

一、依法严厉打击非法猎捕、杀害野生动物的犯罪行为，从源头上防控非法野生动物交易。

非法猎捕、杀害国家重点保护的珍贵、濒危野生动物，符合刑法第三百四十一条第一款规定的，以非法猎捕、杀害珍贵、濒危野生动物罪定罪处罚。

违反狩猎法规，在禁猎区、禁猎期或者使用禁用的工具、方法进行狩猎，破坏野生动物资源，情节严重，符合刑法第三百四十一条第二款规定的，以非法狩猎罪定罪处罚。

违反保护水产资源法规，在禁渔区、禁渔期或者使用禁用的工具、方法捕捞水产品，情节严重，符合刑法第三百四十条规定的，以非法捕捞水产品罪定罪处罚。

二、依法严厉打击非法收购、运输、出售、进出口野生动物及其制品的犯罪行为，切断非法野生动物交易的利益链条。

非法收购、运输、出售国家重点保护的珍贵、濒危野生动物及其制品，符合刑法第三百四十一条第一款规定的，以非法收购、运输、出售珍贵、濒危野生动物、珍贵、濒危野生动物制品罪定罪处罚。

走私国家禁止进出口的珍贵动物及其制品，符合刑法第一百五十一条第二款规定的，以走私珍贵动物、珍贵动物制品罪定罪处罚。

三、依法严厉打击以食用或者其他目的非法购买野生动物的犯罪行为，坚决革除滥食野生动物的陋习。

知道或者应当知道是国家重点保护的珍贵、濒危野生动物及其制品，为食用或者其他目的而非法购买，符合刑法第三百四十一条第一款规定的，以非法收购珍贵、濒危野生动物、珍贵、濒危野生动物制品罪定罪处罚。

四、二次以上实施本意见第一条至第三条规定的行为构成犯罪，依法应当追诉的，或者二年内二次以上实施本意见第一条至第三条规定的行为未经处理的，数量、数额累计计算。

五、明知他人实施非法野生动物交易行为，有下列情形之一的，以共同犯罪论处：

（一）提供贷款、资金、账号、车辆、设备、技术、许可证件的；

（二）提供生产、经营场所或者运输、仓储、保管、快递、邮寄、网络信息交互等便利条件或者其他服务的；

（三）提供广告宣传等帮助行为的。

六、对涉案野生动物及其制品价值，可以根据国务院野生动物保护主管部门制定的价值评估标准和方法核算。对野生动物制品，根据实际情况予以核算，但核算总额不能超过该种野生动物的整体价值。具有特殊利用价值或者导致动物死亡的主要部分，核算方法不明确的，其价值标准最高可以按照该种动物整体价值标准的80%予以折算，其他部分价值标准最高可以按整体价值标准的20%予以折算，但是按照上述方法核算的价值明显不当的，应当根据实际情况妥当予以核算。核算价值低于实际交易价格的，以实际交易价格认定。

根据前款规定难以确定涉案野生动物及其制品价值的，依据下列机构出具的报告，结合其他证据作出认定：

（一）价格认证机构出具的报告；

（二）国务院野生动物保护主管部门、国家濒危物种进出口管理机构、海关总署等指定的机构出具的报告；

（三）地、市级以上人民政府野生动物保护主管部门、国家濒危物种进出口管理机构的派出机构、直属海关等出具的报告。

七、对野生动物及其制品种属类别，非法捕捞、狩猎的工具、方法，以及对野生动物资源的损害程度、食用涉案野生动物对人体健康的危害程度等专门性问题，可以由野生动物保护主管部门、侦查机关或者有专门知识的人依据现场勘验、检查笔录等出具认定意见。难以确定的，依据司法鉴定机构出具的鉴定意见，或者本意见第六条第二款所列机构出具的报告，结合其他证据作出认定。

八、办理非法野生动物交易案件中，行政执法部门依法收集的物证、书证、视听资料、电子数据等证据材料，在刑事诉讼中可以作为证据使用。

对不易保管的涉案野生动物及其制品，在做好拍摄、提取检材或者制作足以反映原物形态特征或者内容的照片、录像等取证工作后，可以移交野生动物保护主管部门及其指定的机构依法处置。对存在或者可能存在疫病的野生动物及其制品，应立即通知野生动物保护主管部门依法处置。

九、实施本意见规定的行为，在认定是否构成犯罪以及裁量刑罚时，应当考虑涉案动物是否系人工繁育、物种的濒危程度、野外存活状况、人工繁育情况、是否列入国务院野生动物保护主管部门制定的人工繁育国家重点保护野生动物名录，以及行为手段、对野生动物资源的损害程度、食用涉案野生动物对人体健康的危害程度等情节，综合评估社会危害性，确保罪责刑相适应。相关定罪量刑标准明显不适宜的，可以根据案件的事实、情节和社会危害程度，依法作出妥当处理。

十、本意见自下发之日起施行。

《最高人民法院研究室关于收购、运输、出售部分人工驯养繁殖技术成熟的野生动物适用法律问题的复函》（法研〔2016〕23号）

国家林业局森林公安局：

贵局《关于商请对非法收购、运输、出售部分人工驯养繁殖的珍贵濒危野生动物适用法律问题予以答复的函》（林公刑便字〔2015〕49号）收悉。经研究并征求我院相关业务庭意见，我室认为：

我院《关于被告人郑喜和非法收购珍贵、濒危野生动物、珍贵、濒危野生动物制品罪请示一案的批复》（〔2011〕刑他字第86号，以下简称《批复》）是根据贵局《关于发布商业性经营利用驯养繁殖技术成熟的梅花鹿等54种陆生野生动物名单的通知》（林护发〔2003〕121号，以下简称《通知》）的精神作出的。虽然《通知》于2012年被废止，但从实践看，《批复》的内容仍符合当前野生动物保护与资源利用实际，即：由于驯养繁殖技术的成熟，对有的珍贵、濒危野生动物的驯养繁殖、商业利用在某些地区已成规模，有关野生动物的数量极大增加，收购、运输、出售这些人工驯养繁殖的野生动物实际已无社会危害性。

来函建议对我院2000年《关于审理破坏野生动物资源刑事案件具体应用法律若干问题的解释》进行修改,提高收购、运输、出售有关人工驯养繁殖的野生动物的定罪量刑标准。此一思路虽能将一些行为出罪,但不能完全解决问题。如将运输人工驯养繁殖梅花鹿行为的入罪标准规定为20只以上后,还会有相当数量的案件符合定罪乃至判处重刑的条件。按此思路修订解释、对相关案件作出判决后,恐仍难保障案件处理的法律与社会效果。

鉴此,我室认为,彻底解决当前困境的办法,或者是尽快启动国家重点保护野生动物名录的修订工作,将一些实际已不再处于濒危状态的动物从名录中及时调整出去,同时将有的已处于濒危状态的动物增列进来;或者是在修订后司法解释中明确,对某些经人工驯养繁殖、数量已大大增多的野生动物,附表所列的定罪量刑数量标准,仅适用于真正意义上的野生动物,而不包括驯养繁殖的。

以上意见供参考。

四 评释

本案的焦点问题是:驯养繁殖的珍贵、濒危野生动物物种,是否属于《刑法》第341条规定的"珍贵、濒危野生动物"?

《刑法》第341条将本罪的对象定为"珍贵、濒危野生动物"。对于本罪对象的范围,最高人民法院在《关于审理破坏野生动物资源刑事案件具体应用法律若干问题的解释》(以下简称《解释》)中规定:珍贵、濒危野生动物,既包括列入国家重点保护野生动物名录的国家一级、二级保护野生动物,列入《公约》附录Ⅰ、附录Ⅱ的野生动物,也包括驯养繁殖的上述物种。从文字的表面含义看,"驯养繁殖的动物"与"野生动物"是不同的。因此,《解释》将两者等同看待,就有是否逾越了《刑法》的规定,是否违反罪刑法定原则的问题。

广东省深圳市宝安区人民法院一审认为,根据《解释》,本案中,人工驯养的鹦鹉,属于珍贵、濒危野生动物。

王某上诉后,辩护人提出,涉案鹦鹉不属于《解释》对应的《公约》附录Ⅰ、Ⅱ的珍贵、濒危野生动物,《解释》超越了《野生动物保护法》,与该法的规定冲突,从而与立法法的规定和精神发生了抵牾。我国《野生动物保护法》和《公约》中，对于野生动物和人工驯养繁殖的动物，都作出了区别对待。王某没有取得行政机关颁发的人工驯养繁殖许可证，违反了行政管理法规，应当定性为行政违法行为。事实上，人工驯养繁殖的物种与野生物种存在根本性不同，将两者同等对待，《解释》的做法超出了一般公众的理解认知，违反了罪刑法定原则。

广东省深圳市中级人民法院认为，王某的行为构成非法收购、出售珍贵、濒危野生动物罪，但社会危害性相对较小。

本案审理期间，引起了舆论的广泛关注。对于人工驯养繁殖的动物，是否为野生动物，存在巨大争议。根据《立法法》第104条第2款，最高人民法院作出的属于审判工作中具体应用法律的解释，是有权解释，能够成为我国司法机关的办案依据。最高人民法院的《解释》明确规定，珍贵、濒危野生动物包括驯养繁殖的物种。本案审理结束后，又有类似案件发生。为此，最高人民法院、最高人民检察院、公安部、司法部印发了《关于依法惩治非法野生动物交易犯罪的指导意见》，对于人工繁殖的动物成为本罪的对象的标准和社会危害性，进行了阐明。[①]

王某、谢某某非法出售珍贵、濒危野生动物案中，一、二审判决的量刑存在明显差异，就是由于不同法院对人工繁育野生动物的量刑意义有不同认识。的确，在客观上，国家重点保护野生动物的野外种群与人工繁殖这些种群有所不同，存在差别，同时，随着科学技术的日渐成熟，对有些水生、陆生野生动物进行驯养繁殖，使其产生商业价值，用于商业性经营，已不再成为难题，从事经营利用性驯养繁殖，在日常生活中，已经颇为常见，因此，不区分野外种群和人工繁殖种群，只要是

---

① 最高人民法院、最高人民检察院、公安部、司法部印发的《关于依法惩治非法野生动物交易犯罪的指导意见》第9条规定：实施本意见规定的行为，在认定是否构成犯罪以及裁量刑罚时，应当考虑涉案动物是否系人工繁育、物种的濒危程度、野外存活状况、人工繁育情况、是否列入国务院野生动物保护主管部门制定的人工繁育国家重点保护野生动物名录，以及行为手段、对野生动物资源的损害程度、食用涉案野生动物对人体健康的危害程度等情节，综合评估社会危害性，确保罪责刑相适应。相关定罪量刑标准明显不适宜的，可以根据案件的事实、情节和社会危害程度，依法作出妥当处理。据此，人工繁殖的动物成为本罪的对象的标准主要指标是：(1) 是否系人工繁育；(2) 物种的濒危程度；(3) 野外存活状况；(4) 人工繁育情况；(5) 是否列入国务院野生动物保护主管部门制定的人工繁育国家重点保护野生动物名录。对于社会危害性，需要综合以下因素予以综合评估：(1) 行为手段；(2) 对野生动物资源的损害程度；(3) 食用涉案野生动物对人体健康的危害程度等。

该种群，在定罪量刑上一概等同对待，并不合适。2003年，随着国家林业局发布《关于商业性经营利用驯养繁殖技术成熟的梅花鹿等54种陆生野生动物名单的通知》，①最高人民法院也改变了以往对非法猎捕、杀害、收购、运输、出售人工繁育重点保护野生动物一概构成犯罪的态度，将人工养殖的可以进行商业性经营利用的梅花鹿等54种陆生野生动物排除在本罪对象之外。②此后，最高人民法院政策研究室在相关文件中再次进行了强调。③

根据《野生动物保护法》第25条、第28条第2款的规定，人工繁育国家重点保护野生动物，若用于科研之外，实行许可制度。对人工繁育技术成熟稳定野生动物的人工种群，不再列入国家重点保护野生动物名录。而在《国家重点保护野生动物名录》中，梅花鹿、貉、乌龟、虎纹蛙等64种珍贵野生动物"仅限野外种群"，这些动物的人工驯养繁育种群不再属于国家重点保护野生动物范围。之所以对少量重点保护野生动物仅保护野外种群，主要是这些珍贵野生动物的野外种群仍处于濒危、稀少状况，应当予以重点保护，但是，由于人工繁育技术成熟，繁育种群达到较大规模，所以，人工繁育种群没有必要再被纳入重点保护范围，不必再按照国家重点野生动物进行管理。在这64种珍贵野生动物中，有鸡尾鹦鹉、虎皮鹦鹉、费氏牡丹鹦鹉、桃脸牡丹鹦鹉、黄领牡丹鹦鹉。而王某、谢某某非法出售的鹦鹉是小太阳鹦鹉（绿颊锥尾鹦鹉），还有被列入《公约》附录Ⅱ的45只和尚鹦鹉、非洲灰鹦鹉等一些受保护鹦鹉。所以，不能绝对地排除在本案行为对象之外。

---

① 该通知现已失效。

② 在《关于被告人郑喜和非法收购珍贵、濒危野生动物、珍贵、濒危野生动物制品罪请示一案的批复》中，明确指出，人工养殖的国家林业局规定可以进行商业性利用的梅花鹿等54种陆生野生动物不属于《刑法》第341条第1款规定的犯罪对象。被告人郑喜和无证收购他人基于商业经营利用目的而人工养殖的虎纹蛙的行为不构成非法收购珍贵、濒危野生动物罪。

③ 最高人民法院研究室在《关于收购、运输、出售部分人工驯养繁殖技术成熟的野生动物适用法律问题的复函》中强调，《关于被告人郑喜和非法收购珍贵、濒危野生动物、珍贵、濒危野生动物制品罪请示一案的批复》，是根据国家林业总局《关于发布商业性经营利用驯养繁殖技术成熟的梅花鹿等54种陆生野生动物名单的通知》的精神作出的。虽然该通知于2012年被废止，但从实践看，上述批复的内容仍符合当前野生动物保护与资源利用实际，即由于驯养繁殖技术的成熟，对有的珍贵、濒危野生动物的驯养繁殖、商业利用在某些地区已成规模，有关野生动物的数量极大增加，收购、运输、出售这些人工驯养繁殖的野生动物实际已无社会危害性。

本案中，的确有人工驯养的鹦鹉，但是，第一，对野生动物的人工繁育需经评估与许可，而不是随意就可以驯养的。我国对养殖者进行技术、条件等方面有严格的评估，对物种的人工繁育成功与否也有科学的评估方法和标准，当条件满足后，方由相关行政主管机关核发驯养繁殖许可证。第二，只有那些人工繁育技术相对成熟、相对稳定的物种，在客观上，才有可能实现规模化生产性养殖，而不是只要人工繁育，就一定能够实现规模化生产性养殖。所以，具体到个案中，倘若所谓的养殖者一没有成熟、稳定的技术，二没有相应的设施和场所，当然就无法形成规模化养殖，这样，所谓的养殖实际上是不可能的。本案就是如此。第三，未列入允许商业化养殖的物种名单的物种，任何人不得开展商业化养殖，哪怕技术已经相对成熟。本案中，绿颊锥尾鹦鹉、和尚鹦鹉、非洲灰鹦鹉，属于不得人工繁育的物种，① 即便技术相对成熟，也不得养殖，更何况事实上王某等人在养殖技术上存在疑问，更没有专门的设施与场所。考察辩护人关于被告人无罪的辩护，理由无非是：这些野生动物通过人工繁育，并没有什么危害，反而增加了数量，使物种得到保护。但是，这个辩护观点在自然科学上是根本站不住脚的。从生物学上来讲，强行对那些无法实现生产性养殖的物种进行人工繁育，可能会打破原有的生物链，反而会造成相反的效果，这种"好心办坏事"的做法，会直接对资源造成无法弥补的破坏。因此，本案辩护人无罪的论断及理由可能有些仓促。

综上，可以得出：对于人工驯养繁育且已不在国家重点保护野生动物范围的64种动物，猎捕、收购、运输、出售的，不构成本罪。若对其他同时保护野外种群、人工繁育种群的国家重点保护野生动物实施危害行为的，仍应以本罪追究刑事责任。如果行为对象属于人工繁育的珍贵、濒危野生动物，可以将这种情况作为酌定的量刑情节予以考虑。如果在量刑时认为依然较重，就可以根据《刑法》第63条第2款特别量刑的规定，按照法定程序，层报最高人民法院核准予以特殊减轻处罚。

那么，对于同时保护的对象是人工繁育的野生动物如何准确定罪量

---

① 本案涉及的绿颊锥尾鹦鹉、和尚鹦鹉、非洲灰鹦鹉的人工繁育是否成功未经科学评估，也未列入《商业性经营利用驯养繁殖技术成熟的陆生野生动物名单》以及《人工繁育国家重点保护陆生野生动物名录（第一批）》。因此，不得人工繁殖驯养。

刑，成为问题。在解某某非法出售珍贵、濒危野生动物案中，① 就是否追究刑事责任以及如何量刑，刑事审判参考案例指导意见提出，应当结合案件具体情况，综合考量以下相关因素，依法准确定罪量刑，以确保罪责刑相适应：

1. 涉案动物的濒危程度和野外种群状况。根据野生动物的濒危程度等因素，我国《野生动物保护法》和《公约》将需要重点保护的野生动物分为一、二级保护野生动物和附录Ⅰ、Ⅱ规定的物种。野生动物的濒危程度越高，保护等级也就越高，相应犯罪的法益侵害程度也就越大，这样，原则上，涉案动物的保护等级规定了相应的定罪量刑标准。但是，即便在同一等级，还是要根据实际情况，作出差异性量刑。比如，解某某非法出售珍贵、濒危野生动物案中，涉案灰鹦鹉属于国家一级保护动物，而大熊猫也是国家一级保护动物，从保持司法的统一性上来看，对两者的侵害，在量刑时不宜差别过大。表面看来，这种观点有道理，但是，如果观察实际情况，就不难得出，针对大熊猫的侵害，量刑应该重于灰鹦鹉。因为，目前大熊猫野外种群数量仅为 2000 只左右，人工繁育数量也只有 600 只左右。相反，灰鹦鹉野外种群数量尽管有下降，也被列入《公约》附录Ⅰ，属于国家一级保护野生动物，但相对于大熊猫，现存野外种群规模仍较大，并且人工繁育的规模也相对较大。因此，虽然从保护级别上来看，两者居于同一层次，均属于国家一级保护动物，但是，野外种群状况和人工繁育情况差别甚大，简单地以保护等级相当为由，将两者在定罪量刑时相提并论，有机械司法的嫌疑。

---

① 本案案情：被告人解某某的丈夫满某某于 2017 年注册成立临沂轩雅繁殖有限公司，经营范围为鹦鹉驯养、繁殖、展览、出租、出售。当年年底，该公司向山东省林业厅申请并获取非洲灰鹦鹉、蓝黄金刚鹦鹉、金头鹦鹉、太阳锥尾鹦鹉和蓝和尚鹦鹉等 14 种国家一、二级保护野生动物的人工繁育许可证，后经山东省林业厅批准，从泰安爱尔鸟类物种保育有限公司购买了 118 只鹦鹉用于人工繁育。2018 年 5—12 月，被告人解某某在未取得合法转让许可证的情况下，将 6 只人工繁育的非洲灰鹦鹉、蓝黄金刚鹦鹉、金头鹦鹉、太阳锥尾鹦鹉和蓝和尚鹦鹉，以人民币 22950 元（以下未标明币种均为人民币）的价格，出售给山东省临沂市兰山区春园花鸟市场"百鸟争鸣"宠物店主尹某某（另案处理）。经鉴定，解某某非法出售的 6 只鹦鹉均系被列入《濒危野生动植物种国际贸易公约》（以下简称《公约》）附录Ⅰ、Ⅱ的物种，属于国家一、二级保护野生动物。其中，列入《公约》附录Ⅰ中的鹦鹉 2 只，列入《公约》附录Ⅱ中的鹦鹉 4 只。参见最高人民法院刑事审判第一、二、三、四、五庭《刑事审判参考》（第 124 集），法律出版社 2020 年版，第 135—143 页。

2. 涉案动物的人工繁育情况。对于破坏人工繁育野生动物资源犯罪而言，涉案动物的人工繁育情况，在对此类案件的定罪与量刑方面，具有重要意义和价值，是应当考虑的重要因素。对于涉案动物系人工繁育技术成熟且养殖规模较大的物种的，在定罪量刑时应与人工繁育技术不成熟、养殖规模较小物种的犯罪有所区别。如果属于濒危程度较高、人工繁育技术不成熟、养殖规模较小的物种，如大熊猫等，量刑时原则上不宜从宽，确有特殊情况需要从宽处理的，应从严掌握；如果属于人工繁育技术成熟且养殖规模较大的物种，如珍达锥尾鹦鹉等，在决定是否追究刑事责任时应慎重，确有必要追究刑事责任的，量刑时也应当从宽。具体来讲：

（1）判断涉案动物是否属于合法繁育的情形。实践中，有的是合法繁育、但无证出售其人工繁育的野生动物，相对于由野外非法捕获的动物而非法繁育的，该行为对野外种群的影响更小，涉案动物的来源可溯，危害性更小，量刑上应当从宽。

（2）判断涉案动物是否被列入《人工繁育国家重点保护野生动物名录》。对于那些被纳入名录的野生动物，如果人工繁育技术成熟、稳定，那么，人工繁育的这些野生动物种群，就没有必要再列入《国家重点保护野生动物名录》。需要运输、出售、收购、利用的，由省级政府野生动物保护主管部门核发许可证和专用标识经营利用即可，在市场流通环节，就无须再申请相关许可证件。对于梅花鹿、貉、乌龟、虎纹蛙等 64 种珍贵野生动物，在取得人工繁育许可后，若在经营利用相关动物及其制品的过程中，行为人未取得专用标识，对此，可根据实际情况，按照行政法规予以处理，而不宜再认定为构成犯罪；如果未取得人工繁育许可，涉案动物系非法人工繁育的，此种情形下，应结合涉案动物的濒危程度、人工繁育状况等因素，依法确定是否应追究刑事责任，如若确需追究刑事责任，在量刑时亦应这些野生动物以外的其他野生动物犯罪有所区别。

3. 涉案动物的用途。破坏人工繁育野生动物资源犯罪案件中，有的是因科学研究、物种保护、展示展演、文物保护或者药用等特殊情况，有的是食用野生动物的，有的是其他目的，没有按照相关行政法的规定，严格审批和检疫检验，而经营或者利用人工繁育的野生动物及其制品的。因此，在办理破坏人工繁育野生动物资源犯罪案件时，应结合涉案动物的用途准确定罪量刑。对于非法放生或者食用等目的，定罪量刑时应当从严把握。在新冠肺炎疫情防控期间，可从重处理。但如涉案动物系用于科学研究、物种保护、展示展演、文物保护或者药用等合法用途的，在量刑时应与前者有所区别。

4. 行为方式、手段以及对于野生动物资源的损害程度。具有以下情形的，应从严掌握：（1）武装掩护或者使用军用、警用车辆等特种交通工具实施犯罪的。（2）妨害野生动物的科研、养殖等工作。（3）造成野生动物死亡或者无法追回等严重后果。（4）引起重大疫情或者有引起重大疫情风险。（5）非法放生或者动物逃逸，造成人身伤害、导致财产损害或者危害生态系统安全的。当然，对于放生或者逃逸的野生动物，如果行为人主动捕回，尚未造成他人人身、财产损害或者危害生态系统安全的，在具体量刑时可酌情从宽。

5. 对于以观赏或者饲养宠物为目的购买少量人工繁育珍贵、濒危野生动物的行为，通常以人工繁育技术较为成熟且养殖规模巨大的物种为对象，相比于非法出售等行为，社会危害相对不大，相关行为人的主观恶性也相对更小，在决定是否追究刑事责任时应当更加慎重，原则上，不宜认定为犯罪，而根据具体情况，作为行政违法案件进行处理。如果确有必要追究刑事责任，在量刑时，亦应大幅度从宽。

总之，对于野生动物资源，重点应当是野外种群，以及濒危程度和保护等级较高且繁育技术不成熟、繁育规模较小的物种。对于破坏人工繁育野生动物资源的行为，在决定是否定罪、定罪后如何裁量刑罚时，应当结合具体案件事实和证据，结合前述判断标准，综合考量各种因素，依法作出妥当处理，以确保罪责刑相适应。

第二章　不作为犯的判例

根据行为方式的不同，犯罪可以分为作为犯与不作为犯。以积极的行为举止这种方法（aktives Tun）来实现犯罪的，是作为犯。相反，不作为犯则是以消极地不履行特定义务的不作为（untätigbleiben）方法来实现犯罪。不作为犯有真正不作为犯与不真正不作为犯之分。

在刑法法规中，明文规定处罚不作为的犯罪，就是真正不作为犯。比如拒不支付劳动报酬罪，逃税罪，不报、谎报安全事故罪，拒不执行判决、裁定罪等。这些犯罪都是以不实施为法所期待的特定行为作为构成要件的行为。

刑法分则中，大多数条文对于犯罪的描述，都是以作为的形式设计的。不真正不作为犯是以不作为方式实施了这些条文规定的犯罪。不真正不作为犯，并没有被刑法分则条文明确规定，而刑法之所以要引进此一概念，是出于保护法益的需要。

必须看到，即便从法益保护原则来看，对不真正不作为犯有处罚的必要性，但是，也不能够马上得出一定要处罚不真正不作为犯。因为，刑法对不真正不作为犯并没有明文作出规定，如此还需要进一步论证。诸如《刑法》第232条"故意杀人的，处……"的语言表述，是以"不得杀人"这种禁止规范作为原型而设计的，母亲用刀杀死婴儿，违反了"不得杀人"的禁令，当然成立故意杀人罪。而母亲不给婴儿喂奶，饿死婴儿的，其所违反的是母亲"必须要保护被害人（婴儿）的生命"这样的命令规范。无疑，任何人都被"禁止去杀人"，但是，并非任何人都具有"防止杀人结果发生的义务"。如此看来，处罚不真正不作为犯，就有"这不是类推适用吗""这不会违反罪刑法定原则吗"之类的疑问。

首先，需要回答语言表述为作为犯方式的条款之中，能否包含有处罚不作为犯的问题。比如，《刑法》第232条是以"不得杀人"的禁止规范为内容的，而不是以"要保护他人，防止杀人结果的发生"的命令规范为内容的。因此，追究不作为的故意杀人行为者的刑事责任，就有对于违反命令规范的行为按照规定了禁止规范的条文予以处罚，是否类推适用的疑问，也就是处罚不真正不作为犯是否类推适用了作为犯法律规定的疑问。如果对此疑问不能有效解决的话，的确不能排除为罪刑法定原则所不能容忍的类推适用这一问题。

但是，如果我们认为故意杀人罪构成要件所彰显的根本价值在于：必须尊重他人的生命。落实这个基本价值的为故意杀人罪所确定的行为规范内容，不仅包括了指向一般人的"不得杀人"这一禁止规范，同样包括了指向特定的人的"在他人生命面临危险时，必须救助"这一命令规范，那么，就不会有依据作为犯的规定来处罚不真正不作为犯是违反法律原则这一问题。也就是说，尽管从表面上来看，不作为显然不同于作为，似乎不具有犯罪的实行行为性，从大多数法律条文语言的表述来看，刑法分则关于作为犯的规定，是禁止规范，但是，实质上，该语言表述，内含了命令规范。作为犯规范的语言表述，具有"复合性格"，也可以这么认为，禁止规范的反面就是命令规范。这样理解的话，不真正不作为犯的存在，彰显了刑法规范中"禁止规范"的"命令侧面"。如此理解，那么，就可以认为，在《刑法》第232条关于故意杀人罪的规定中，刑法向一般国民发出的讯号是"禁止剥夺他人的生命"这种禁止，同时，它也向特定的作为义务人发出的讯号是"必须尊重和保护他人的生命，在他人生命受到威胁之时，必须实施相应的救助行为，使得他人的生命得以拯救"这种命令。如此一来，禁止规范和命令规范被有机地统一在故意杀人罪中，只有形式差别，并无实质不同。

从规范违反的角度来看，尽管不同于作为，但是不作为也是行为，具备行为的体素与心素，并且在造成法益损害上，也丝毫不比作为逊色。不作为作为一种有意识的和具有社会意义的行为，在其背后的确不能否认存在被社会所期待的应当实施特定的行为。而不作为不能被理解为无所作为，而应该被解释为有意不为应为的行为。这种行为，所具有的对规范的破坏性，以及进而造成法益侵害结果的特质，不能视而不见，其实行行为性由此可见一斑。而行为人负有特定义务，能够履行而不履行，已经明显地表征出了行为人对于法规范的藐视态度，因此，处罚不真正不作为犯对于规范的稳定和有效性，有着积极的意义。

因此，如果认为刑法规范是一种"复合性规范"，就可以得出，处罚不真正不作为犯，并不是类推适用作为犯的禁止规范，而是基于恰当的刑法解释对其进行处罚。

其次,从明确性原则来看,处罚不真正不作为犯,所可能受到的另外一个质疑就是:处罚不真正不作为犯,即便不违反罪刑法定原则,但是,并不是必然有相应的不真正不作为犯与作为犯对应。而且,在构造上,不真正不作为犯与作为犯毕竟不同,一个是"做",一个是"不做"。如此一来,就存在作为犯的法律条款是否可以直接适用以及在何种情况下适用的问题。换言之,从何为犯罪、对犯罪如何处理,从一般民众的角度而言,刑法的规定必须是明确的,即便不能达到绝对的明确,也要有相对的明确性。在本质上,不真正不作为犯是不履行义务。但是,这种不履行特定义务的内容,并没有在作为犯样态的犯罪构成要件的描述中明确地展现给一般国民,所以,不真正不作为犯如何符合作为犯样态的犯罪构成,就成为随之而来必须要解决的问题。

为了解决处罚不真正不作为犯的明确性问题,德国学者阿明·考夫曼(Armin Kaufman)教授提出了"等价值说",他认为,仅有违反作为义务的一定的行为是不够的,基于该不作为的犯罪行为的遂行,必须与以作为方式所为的犯罪之遂行具有等价值性。基于此,为了确定不真正不作为犯,必须考虑以下三个方面:(1)存在作为的构成要件;(2)存在防止结果的命令;(3)在不法以及责任方面,不作为和作为相等。也就是说,违反作为义务的行为所产生的法益侵害,与以作为的方式所引起的法益侵害,在价值上是等同的。在责任方面,也是如此。

不真正不作为犯理论实质化趋势表现得最为透彻的就是保障人地位的理论。该理论源于德国学者纳格勒(Nagler)的保障人说。德国学者亨克尔(Vgl. H. Henkel)继承了阿明·考夫曼教授的观点,由于不真正不作为犯在构成要件的实现上不法的内容并不是十分显著,因此,就有必要对不真正不作为犯在一般的法律上加以规制。在此,需要注意两个方面的内容:一是构成要件该当的结果之不回避应当归责于何人(保障人的问题);二是在实现的构成要件上,保证人的不履行义务的不作为与作为方式是等同的(等价值性的问题)。

根据保障人说的方法,不真正不作为犯与作为犯等价值这一问题,其实是在构成要件符合性的侧面来展开,不涉及违法性与责任的问题。按照纳格勒的观点,构成要件的行为包括对行为对象的禁止侵害的不作为以及对违法结果未予防止的不作为。

对不真正不作为犯的义务来源,我国通说"形式四分说",①受到了诸多批判。

自 20 世纪六七十年代以来,对不真正不作为犯的作为义务,在德国掀起了实质化的思考浪潮,很快席卷大陆法系各国,将作为义务区分为对特定法益的保护义务和对危险源的监督义务两种,成为德国的主流,这种学说,被称为"二分说"。我国学者指出,"二分说"原则上具有合理性,在批判吸收二分说的基础上,提出了"三分说",即(1)监督义务;(2)保护义务;(3)阻止义务。在这三种义务中,监督义务基于对危险源的支配而产生,保护义务基于与法益无助(脆弱)状态的关系而产生,阻止义务基于对法益的危险发生领域的支配而产生。②

案例 2-1　龙某某拒不执行判决案③
——作为义务履行能力的判断

一　事实

2005 年 1 月,沈某某驾驶小型汽车将自诉人罗某某(女,时年 19 岁)撞伤,致罗某某肢体二级残疾。龙某某是肇事车辆的车主,2006 年 8 月 4 日,北京市朝阳区人民法院作出民事判决,判令龙某某与沈某某连带赔偿罗某某医疗费、残疾赔偿金、精神损害赔偿金等损失共计人民币 19 万余元。2007 年进入执行程序。在执行过程中,龙某某曾到执行庭表示给其 1 个月时间,但其逾期未到庭并失去联系。法院将执行通知、财产报告令及传票一并交与龙某某的姐姐代为转交,龙某某承认已收到前述法律文书,但未按要求申报财产,亦未履行生效判决确定的给付义务。在案件执行期间,龙某某名下有轿车,且有一定的经济收入。2016 年 10 月 8 日,龙某某被法院决定司法拘留 15 日。司法拘留后,龙某某仍未履行生

---

① "形式四分说",即(1)法律明文规定的义务;(2)职务或者业务上要求的义务;(3)法律行为引起的义务;(4)先行行为引起的义务。

② 张明楷:《刑法学》(第 6 版),法律出版社 2021 年版,第 198—205 页。

③ 最高人民法院刑事审判第一、二、三、四、五庭:《刑事审判参考》(第 110 集),法律出版社 2018 年版,第 71—76 页。

效判决确定的给付义务,直至同年12月14日经法院通知到案后被逮捕。

北京市朝阳区人民法院认为,被告人龙某某的行为构成拒不执行判决罪。

二 判旨

成立拒不执行判决、裁定罪,在负有作为义务的基础上,行为人还需要具备"有能力执行"这一要件。对"有能力执行",应当把握以下几个方面:(1)认定"有能力执行"的时间,从判决、裁定生效之时起算。(2)"有能力执行"是客观事实,不以行为人的主观认识为必要,也不受案件执行情况的制约。(3)"有能力执行",既包括全案的执行能力,也包括部分执行能力。

三 法条

《刑法》

第三百一十三条 对人民法院的判决、裁定有能力执行而拒不执行,情节严重的,处三年以下有期徒刑、拘役或者罚金;情节特别严重的,处三年以上七年以下有期徒刑,并处罚金。

单位犯前款罪的,对单位判处罚金,并对其直接负责的主管人员和其他直接责任人员,依照前款的规定处罚。

《全国人大常委会关于〈中华人民共和国刑法〉第三百一十三条的解释》(2002年8月29日第九届全国人民代表大会常务委员会第二十九次会议通过)

全国人民代表大会常务委员会讨论了刑法第三百一十三条规定的"对人民法院的判决、裁定有能力执行而拒不执行,情节严重"的含义问题,解释如下:

刑法第三百一十三条规定的"人民法院的判决、裁定",是指人民法院依法作出的具有执行内容并已发生法律效力的判决、裁定。人民法院为依法执行支付令、生效的调解书、仲裁裁决、公证债权文书等所作的裁定属于该条规定的裁定。

下列情形属于刑法第三百一十三条规定的"有能力执行而拒不执行,

情节严重"的情形：

（一）被执行人隐藏、转移、故意毁损财产或者无偿转让财产、以明显不合理的低价转让财产，致使判决、裁定无法执行的；

（二）担保人或者被执行人隐藏、转移、故意毁损或者转让已向人民法院提供担保的财产，致使判决、裁定无法执行的；

（三）协助执行义务人接到人民法院协助执行通知书后，拒不协助执行，致使判决、裁定无法执行的；

（四）被执行人、担保人、协助执行义务人与国家机关工作人员通谋，利用国家机关工作人员的职权妨害执行，致使判决、裁定无法执行的；

（五）其他有能力执行而拒不执行，情节严重的情形。

国家机关工作人员有上述第四项行为的，以拒不执行判决、裁定罪的共犯追究刑事责任。国家机关工作人员收受贿赂或者滥用职权，有上述第四项行为的，同时又构成刑法第三百八十五条、第三百九十七条规定之罪的，依照处罚较重的规定定罪处罚。

现予公告。

《最高人民法院关于审理拒不执行判决、裁定刑事案件适用法律若干问题的解释》（2015年7月6日最高人民法院审判委员会第1657次会议通过，根据2020年12月23日最高人民法院审判委员会第1823次会议通过的《最高人民法院关于修改〈最高人民法院关于人民法院扣押铁路运输货物若干问题的规定〉等十八件执行类司法解释的决定》修正）

为依法惩治拒不执行判决、裁定犯罪，确保人民法院判决、裁定依法执行，切实维护当事人合法权益，根据《中华人民共和国刑法》《中华人民共和国刑事诉讼法》《中华人民共和国民事诉讼法》等法律规定，就审理拒不执行判决、裁定刑事案件适用法律若干问题，解释如下：

第一条　被执行人、协助执行义务人、担保人等负有执行义务的人对人民法院的判决、裁定有能力执行而拒不执行，情节严重的，应当依照刑法第三百一十三条的规定，以拒不执行判决、裁定罪处罚。

第二条　负有执行义务的人有能力执行而实施下列行为之一的，应当认定为全国人民代表大会常务委员会关于刑法第三百一十三条的解释中规定的"其他有能力执行而拒不执行，情节严重的情形"：

（一）具有拒绝报告或者虚假报告财产情况、违反人民法院限制高消费及有关消费令等拒不执行行为，经采取罚款或者拘留等强制措施后仍拒不执行的；

（二）伪造、毁灭有关被执行人履行能力的重要证据，以暴力、威胁、贿买方法阻止他人作证或者指使、贿买、胁迫他人作伪证，妨碍人民法院查明被执行人财产情况，致使判决、裁定无法执行的；

（三）拒不交付法律文书指定交付的财物、票证或者拒不迁出房屋、退出土地，致使判决、裁定无法执行的；

（四）与他人串通，通过虚假诉讼、虚假仲裁、虚假和解等方式妨害执行，致使判决、裁定无法执行的；

（五）以暴力、威胁方法阻碍执行人员进入执行现场或者聚众哄闹、冲击执行现场，致使执行工作无法进行的；

（六）对执行人员进行侮辱、围攻、扣押、殴打，致使执行工作无法进行的；

（七）毁损、抢夺执行案件材料、执行公务车辆和其他执行器械、执行人员服装以及执行公务证件，致使执行工作无法进行的；

（八）拒不执行法院判决、裁定，致使债权人遭受重大损失的。

第三条 申请执行人有证据证明同时具有下列情形，人民法院认为符合刑事诉讼法第二百一十条第三项规定的，以自诉案件立案审理：

（一）负有执行义务的人拒不执行判决、裁定，侵犯了申请执行人的人身、财产权利，应当依法追究刑事责任的；

（二）申请执行人曾经提出控告，而公安机关或者人民检察院对负有执行义务的人不予追究刑事责任的。

第四条 本解释第三条规定的自诉案件，依照刑事诉讼法第二百一十二条的规定，自诉人在宣告判决前，可以同被告人自行和解或者撤回自诉。

第五条 拒不执行判决、裁定刑事案件，一般由执行法院所在地人民法院管辖。

第六条 拒不执行判决、裁定的被告人在一审宣告判决前，履行全部或部分执行义务的，可以酌情从宽处罚。

第七条 拒不执行支付赡养费、扶养费、抚育费、抚恤金、医疗费用、劳动报酬等判决、裁定的，可以酌情从重处罚。

第八条 本解释自发布之日起施行。此前发布的司法解释和规范性文件与本解释不一致的,以本解释为准。

四 评释

本案的核心问题是如何理解拒不执行判决、裁定罪中的"有能力执行"?

"有能力执行"是拒不执行判决、裁定罪的必备要件之一。2015年,《最高人民法院关于审理拒不执行判决、裁定刑事案件适用法律若干问题的解释》(以下简称《解释》)第3条规定,"负有执行义务的人拒不执行判决、裁定,侵犯了申请执行人的人身、财产权利,应当依法追究刑事责任的"和"申请执行人曾经提出控告,而公安机关或者人民检察院对负有执行义务的人不予追究刑事责任的"两种情形下,在申请执行人有证据证明时,人民法院可以以自诉案件立案审理。本案是该《解释》出台后北京市法院的首个判例。在审理过程中,被告人从以下两个方面做自我辩解,认为不构成拒不执行判决、裁定罪:(1)无可供执行的财产。(2)此前法院有过终结本次执行程序的裁定。这样,就有龙某某的行为是否属于拒不执行的疑问。

本罪中的"有能力执行",应当从以下几个方面来理解和把握:(1)认定"有能力执行"的时间,应当从法院判决、裁定生效时起算。对于"有能力执行"的时间节点,主要有以下几种不同主张:第一,从判决、裁定宣告时起算(宣告裁判结果说);第二,从判决、裁定发生法律效力时起算(裁判结果生效说);第三,执行案件立案时起算(执行程序立案说);第四,从行为人收到执行文书时起算(执行文书送达说)。我国采取了裁判结果生效说,这相对更为合理,主要理由是:第一,明确双方当事人的权利义务关系的标志,是判决、裁定的生效。只有法院的裁判文书生效之后,被执行人的法定义务才得以确立。否则,在当事人的权利义务处于不确定的状态之下,如果得出行为人"有能力执行"的结论,进而认定行为人存在拒不执行的行为,法益保护的时间节点过于提前了。第二,行为人的法定义务得以确立的标志,就是法院判决、裁定的生效。判决、裁定一旦生效,行为人就应当自觉、及时履行判决、裁定的内容。而执行案件是否立案、执行文书是否送达,从在整个诉讼程序中所起到的作用来看,仅具有启动正式执行的程序性功能,实质上对于判决、裁定确定的义务并没有任何影响。第三,立法解释也支持了裁判结果生效说。全国人大会常委会《关于〈中华人民共和国刑法〉第三百一十三条的解释》

规定，人民法院的判决、裁定，"是指人民法院依法作出的具有执行内容并已发生法律效力的判决裁定"。第四，最高人民法院指导性案例，也支持了裁判结果生效说。比如指导性案例71号"毛某某拒不执行法院判决、裁定案"①。

---

① 本案案情：浙江省平阳县人民法院于2012年12月11日作出〔2012〕温平鳌商初字第595号民事判决，判令被告人毛某某于判决生效之日起15日内返还陈某某挂靠在其名下的温州宏源包装制品有限公司投资款20万元及利息。该判决于2013年1月6日生效。因毛某某未自觉履行生效法律文书确定的义务，陈某某于2013年2月16日向平阳县法院申请强制执行。立案后，平阳县法院在执行中查明，毛某某于2013年1月17日将其名下的浙CVU661小型普通客车以15万元的价格转卖，并将所得款项用于个人开销，拒不执行生效判决。毛某某于2013年11月30日被抓获归案后如实供述了上述事实。浙江省平阳县人民法院于2014年6月17日作出〔2014〕温平刑初字第314号刑事判决：被告人毛某某犯拒不执行判决罪，判处有期徒刑10个月。一审宣判后，毛某某未提出上诉，公诉机关未提出抗诉，判决已发生法律效力。本案的争议焦点为，拒不执行判决、裁定罪中规定的"有能力执行而拒不执行"的行为起算时间如何认定，法院认为，生效法律文书进入强制执行程序并不是构成拒不执行判决、裁定罪的要件和前提，毛某某拒不执行判决的行为应从相关民事判决于2013年1月6日发生法律效力时起算。主要理由如下：第一，符合立法原意。全国人民代表大会常务委员会对《刑法》第313条规定解释时指出，该条中的"人民法院的判决、裁定"，是指人民法院依法作出的具有执行内容并已发生法律效力的判决、裁定。这就是说，只有具有执行内容的判决、裁定发生法律效力后，才具有法律约束力和强制执行力，义务人才有及时、积极履行生效法律文书确定义务的责任。生效法律文书的强制执行力不是在进入强制执行程序后才产生的，而是自法律文书生效之日起即产生。第二，与民事诉讼法及其司法解释协调一致。《民事诉讼法》第111条规定：诉讼参与人或者其他人拒不履行人民法院已经发生法律效力的判决、裁定的，人民法院可以根据情节轻重予以罚款、拘留；构成犯罪的，依法追究刑事责任。最高人民法院《关于适用民事诉讼法的解释》第188条规定：《民事诉讼法》第111条第1款第6项规定的拒不履行人民法院已经发生法律效力的判决、裁定的行为，包括在法律文书发生法律效力后隐藏、转移、变卖、毁损财产或者无偿转让财产，以明显不合理的价格交易财产、放弃到期债权、无偿为他人提供担保等，致使人民法院无法执行的。由此可见，法律明确将拒不执行行为限定在法律文书发生法律效力后，并未将拒不执行的主体仅限定为进入强制执行程序后的被执行人或者协助执行义务人等，更未将拒不执行判决、裁定罪的调整范围仅限于生效法律文书进入强制执行程序后发生的行为。第三，符合立法目的。拒不执行判决、裁定罪的立法目的在于解决法院生效判决、裁定的执行难问题。将判决、裁定生效后立案执行前逃避履行义务的行为纳入拒不执行判决、裁定罪的调整范围，是法律设定该罪的应有之意。将判决、裁定生效之日确定为拒不执行判决、裁定罪中拒不执行行为的起算时间点，能有效地促使义务人在判决、裁定生效后即迫于刑罚的威慑力而主动履行生效裁判确定的义务，避免生效裁判沦为一纸空文，从而使社会公众真正尊重司法裁判，维护法律权威，从根本上解决执行难问题，实现拒不执行判决、裁定罪的立法目的。参见北大法宝：https：//www.pkulaw.com/case? way=topGuid，最后访问日期：2022年1月15日。

对于龙某某关于自己没有执行能力的辩解，根据在案相关证据，能够证明自判决生效至刑事案件立案前，龙某某有一定的经济收入，足以履行生效判决所确定的给付义务，但是，龙某某并未履行生效判决确定的义务，也没有如实申报自己的财产。在案件审理期间，或许龙某某没有财产，无给付能力，但是，这并不是其无罪的理由。根据《解释》，"有能力执行"的时间起点为判决生效时。判决生效后，只要执行义务人有执行能力，就应当自觉履行执行义务，而不是消极无为，坐等法院启动执行程序。至于在刑事案件审理期间，被执行人没有执行能力，在成立本罪上，没有任何影响。

（2）对"有能力执行"，应当坚持客观判断。在《解释》第2条明确规定了"其他有能力执行而拒不执行，情节严重的情形"。考察该条内容，不难得出，"有能力执行"，应是一种客观事实，而不是主观的判断。对人民法院发生法律效力的判决、裁定，行为人主观上认为自己是否具有执行能力，对于本罪的认定没有任何影响。

在具体执行过程中，确实有执行机构以当前被执行人没有财产可供执行为由，裁定终结本次执行的情况。对此，需要认真研究。如果裁定书是以被执行人无存款、无不动产等"显性"财产为根据，但是，如果行为人存在高消费、高支出，就可以合理地推断出被执行人有"隐性"财产，仍可认定"有能力执行"。

尽管龙某某辩称无财产可供执行，没有执行能力，但是，在案证据显示，在判决生效之后，龙某某有一定的经济收入，还曾有过出境旅游、参与赌博等行为。显然，被告人龙某某根本无视人民法院的生效判决。同时，在接到判决书后，龙某某并没有作出任何与执行有关的行为，既不申报财产也没有履行任何给付义务。据此，法院认为龙某某有执行能力。而之前执行部门裁定终结执行程序之事，对龙某某是否"有能力执行"，并不产生任何实际影响。法院的结论，是正确的。

（3）履行能力大小与履行能力有无，并不能等同视之。本罪中，"有能力执行"既包括全部执行能力，也包括部分执行能力。实务中，在执行时，如果行为人没有能力一次性履行给付义务，也可以根据具体情况，分次履行或者部分履行。因此，在执行对象是已发生法律效力的判决、裁定的执行中，对于有关财产的"有能力执行"，是指客观上，被执行人有可供执行的财产。对于可供执行的财产的理解，不应设限，既包括有可供全部执行的财产,也包括有可供部分执行的财产。

需要注意的是,在被执行人只具备部分执行能力时,执行机构在执行过程中,需要平衡实现债权和尊重人权、执行目的和执行手段。如果执行义务人所获生活来源,能够维持一般人生活水平,就可能具有了部分履行的能力,此时,就可以分批给付小额财产,如若拒不履行,就属于"有能力履行而不履行"。

案例 2-2　刘某某故意杀人案[1]
——作为义务不以被害人行为而消除

一　事实

刘某某系被害人秦某某之妻。秦某某因患重病长年卧床,由刘某某扶养和照料。某日,刘某某在其暂住地出租房内,不满秦某某病痛叫喊,影响他人休息,与秦某某发生争吵。后刘某某将敌敌畏倒入杯中给秦某某,由秦某某自行服下,毒发身亡。

北京市第二中级人民法院认为,刘某某的行为构成故意杀人罪。

二　判旨

虽然毒药是由被害人服下,但行为人提供毒药与被害人死亡结果之间有法律上的因果关系。

行为人明知毒药会导致死亡后果发生,仍不计后果而为之,事后又不采取任何救治措施,而是放任结果发生,有杀人的故意。

三　法条

《刑法》

第二百三十二条　故意杀人的,处死刑、无期徒刑或者十年以上有期

---

[1] 北大法宝:https://www.pkulaw.com/pfnl/a25051f3312b07f32952e632b2a86b38045338d4c-ae93fb1bdfb.html?keyword=%E5%88%98%E7%A5%96%E6%9E%9D&way=listView,最后访问日期:2022年3月5日。

徒刑；情节较轻的，处三年以上十年以下有期徒刑。

四　评释

本案的核心问题是：妻子提供农药，由丈夫服下，在毒药药性发作期间，妻子未采取任何救助措施，后丈夫中毒身亡，妻子是否为不作为的故意杀人？

刘某某辩称不是故意杀人。辩护人提出，被害人系自杀，被告人只是为被害人自杀创造了条件，被告人无杀人故意。被告人提供毒药的行为与秦某某服毒死亡没有必然关系，故被告人刘某某无罪。

法院认为，刘某某的行为构成故意杀人罪。

本案中，被害人与被告人是夫妻关系，作为一起发生在家庭内部的故意杀人案件，曾受到媒体的高度关注。对刘某某的行为如何定性、如何处罚，均存在争议。

本案中，刘某某有两个在刑法规范上有意义的行为：（1）提供农药由秦某某自行服下；（2）秦某某服下农药后，刘某某没有采取任何救助措施，秦某某最终毒发身亡。

对于刘某某提供农药行为（在此过程中，还有对秦某某进行言语刺激），如何评价，存在争议。刘某某提供农药并由被害人自己服下的行为，与如何处理自杀参与这一问题有关。现代刑法中，自杀不是犯罪行为。但是，对于自杀参与——教唆、帮助他人自杀或者受嘱托杀人的行为，各国（地区）规定不一。我国台湾地区"刑法"第275条将自杀参与作为犯罪来处理，罪名为加工自杀罪。《日本刑法典》第202条规定了自杀关联罪（教唆、帮助自杀是成立犯罪的）和受嘱托杀人罪（经他人同意的杀人）。而在德国，只对同意杀人的行为规定为犯罪，对教唆、帮助自杀，没有规定为犯罪。

我国《刑法》只在第232条中规定了故意杀人罪，既没有规定受嘱托杀人罪，也没有规定自杀关联罪。对同意杀人的行为，认定为故意杀人罪，[①]应该能够获得人们的认可。但是，对教唆、帮助自杀的行为，在理论上，存在有罪与无罪的两大对立主张，至今，尚未达成较为一致的意见。在司法实务中，也有定罪与不定罪的不同处理方式。对自杀参与行为

[①] 考虑到案件具体情况，可将受嘱托杀人行为，认定为情节较轻的故意杀人罪。

是否有罪这一问题的解决，会涉及自杀的性质这个前提性问题。从自杀违法出发，按照二元参与体系，就可以明快地得出教唆、帮助自杀成立犯罪，相反的，就应当得出否定结论。但是，如果自杀合法，而论者又主张教唆、帮助自杀是犯罪行为，就必须论证教唆、帮助自杀一定具备引起他人死亡的内在特质。本案中，辩护人指出，案发前被害人多次有过自杀的念头，刘某某只是为被害人的自杀创造了一定的条件而已，其行为与秦某某服毒死亡并不存在必然的因果关联，相反的，该结果在刘某某的意料之外，故刘某某的行为不构成犯罪。显然，辩护人主张自杀参与无罪说的观点。

　　对于教唆、帮助自杀的自杀参与行为，即便采取无罪说的观点，还是需要进行精确区分。对于没有保证人地位的人参与他人自杀的，按照自杀参与无罪说的观点，在逻辑上是能够自圆其说的，但是，如果参与者与自杀者之间具有特别的保证人关系，基于保证人地位，参与者就不能以"自杀者是自我答责的，所以参与者是无罪的"为由进行抗辩，因为，在行为人具有特别保护义务之时，讲被害人自我答责是没有意义的。"在行为人是义务犯的场合，排除被害人自我答责。这种场合，尽管从表面上看，是被害人基于自己的理性，创设了'任意、行为与结果的统一体'，但是，法秩序不能容忍行为人不履行自己的特定义务……这种场合，结果是否为被害人自己所创设并不重要，重要的是行为人不履行法秩序所设定的特定的义务而否认了规范的效力。也就是说，对某法益侵害结果的发生，不能看自然意义上是谁引起了结果的发生，而应当从规范的角度来看谁应当为结果的不发生负责。"[①] 因此，对于被害人秦某某的死亡结果，应当算到行为人刘某某的头上。辩护人的观点，是有疑问的。相反的，法院则持自杀参与有罪说的立场。法院认为，应当从主观和客观两个方面，来判断对帮助者的帮助自杀是否要追究刑事责任。如果在主观上，帮助者没有意识到他人意欲自杀，在客观上，当行为人的帮助行为与被害人自杀后果之间不存在刑法因果关系之时，帮助者当行为不构成犯罪。相反的，在主观上，如果帮助者明知他人有强烈的自杀倾向，在客观上，仍通过具体的言行强化了他人自杀决意，或者提供自杀工具帮助他人完成自杀行为的，对帮助者的行为应当定性为故意杀人罪，并追究刑事责任。法院在论

[①] 马卫军：《被害人自我答责研究》，中国社会科学出版社2018年版，第75—76页。

证自己的主张时,尽管对于辩护人无罪说的观点,有所回应,但是,并不十分有力。

　　成立不真正不作为犯,需具备以下条件:(1)高度的构成要件符合性结果的发生或危险的盖然性。不真正不作为犯是结果犯,成立既遂,必须在客观上发生实害结果。否则,至多可能成立未遂犯。此外,如果该构成要件符合性结果的发生或危险并不具有高度的盖然性的话,也可能不成立特定的犯罪。(2)行为人不实施为法所期待的行为。在本质上,不真正不作为犯的实行行为,与真正不作为犯的实行行为是相同的,都是不作为,都是拒绝履行特定义务的行为。换言之,行为人只有在不实施为刑法规范所期待的应当实施的特定行为,并且由于该拒不实施特定的行为,使得法益侵害结果得以发生或者造成高度的侵害危险,始有可能成立不真正不作为犯。因此,只有在"有所不为"的场合,才有可能被评价为不真正不作为犯。因此,一般而言,如果行为人实施了相关救助行为,但是结果仍然不可避免地实现了的话,那么,以不真正不作为犯来追究行为人的刑事责任,就没有任何意义。(3)行为人有能力防止结果发生。行为人必须有一定的能力,并且根据当时的实际情况,事实上有防止结果发生的可能性,只有在这种情况,行为人的不作为才有不法的性质。法谚有云:"法律宽恕不能"(Impotentia excusat legem)。法谚又云:"法律不强人所难"(Lex non cogit ad impossibilia; Lex neminem cogit ad impossibilia)。这就意味着,从尊重人之为人的角度出发,法律不强求任何人履行自己不可能履行的事项。法律也不谴责行为人对自己不可能完成的事项所导致的结果。因此,对行为人不是"不为",而是"不能为"时,行为人就不成立不真正不作为犯。(4)不作为与结果之间具有因果关系,最终发生的实际损害结果能够算到行为人头上。行为人不为"应为"的行为,必须与所发生的该当特定犯罪构成要件的结果之间具有条件因果关系,并且对于发生的结果,能够归责于行为人之时,才有成立不真正不作为犯的可能性。换言之,行为人的不履行特定义务的行为,造成了结果的发生,而且对于构成要件该当结果,能够得出行为人应该负责的结论,也就是构成要件该当结果是能够算到行为人的头上的时候,才有可能成立不真正不作为犯。不作为的因果性,需要围绕以下两个层次递进判断:第一,在事实上,只有在行为人的不为法所期待的行为(不作为),能够合乎法则地导致结果的发生。第二,在规范上,也是能够将构成要件该当结果归责于行为人之时,才有可能成立不真正不作为犯。所以,即便行为人实施了具体的救助行为或者防止结果发生的行为,而具体结果仍然会发生,无法避免的,则不作为与结果之间就欠缺可归责性,从而行为人不必对该结果负责。(5)行为人居于保障人地位。在刑法上,并不是任何人都会因其不作为从而发生损害结果之时,均有可能成立不真正不作为犯,而只是那些有防止结果发生义务或者负有切断已经朝向结果的因果流程义务,能够履行而不履行这种为刑法规范所期待的义务的人,才有可能成立不真正不作为犯。因此,成立不真正不作为犯,要求适格主体必须是具有特定义务的人,这种主体资格的限制,使得我们可以将不真正不作为犯成为一种特别犯,这种特别犯在某种意义上具有身份犯的特质。

本案中,刘某某与秦某某是夫妻关系,在对方法益受到侵害时,夫妻一方负有排除法益侵害的义务,因此,刘某某居于保障人地位。而在服农药后,如果不及时救助,就有极大的死亡结果发生的可能性。此外,前述分析已经指出,秦某某的死亡结果,应当由刘某某负责。所以,要判定刘某某的行为成立(不作为)故意杀人罪,还需要进一步判断:(1)客观上,刘某某有无实施为法所期待的行为。(2)事实上,刘某某有无防止结果发生的能力。这就需要对刘某某的第二个行为——在秦某某自行服下农药后,未采取任何救助措施,秦某某毒发身亡进行进一步评价。

首先,关于刘某某有无实施不为法所期待的行为。居于保障人地位、负有保护义务的义务人,在被害人法益受到紧迫现实的威胁时,要采取有效措施,切实有效地防止损害结果的发生。在秦某某喝下农药,毒性发作之后,刘某某并未采取任何有效救助措施,属于不实施为法所期待的行为。

其次,关于刘某某有无防止结果发生的能力。秦某某喝药之后,不能苛求作为没有专业知识的刘某某运用自己的力量去救治,当时,最为有效的方式是送医救治,只要刘某某采取妥当的方式向医院求助,就可以认为刘某某有防止结果发生的能力。在凌晨3时许,服毒之后,秦某某就开始口吐白沫,出现呼吸困难症状。当时在场的女儿秦某华问刘某某这种情况怎么办,刘某某回答不知道。后来,当秦某华提出打急救电话送秦某某救治,刘某某又称秦某某快不行了,就不用送医院去了。从凌晨3时许到凌晨4时许,刘某某一直待在家里,并没有采取诸如实施相应的救助行为、向医疗机构求助等有效措施以防止结果发生,最终秦某某死亡。更何况在此过程中，刘某某还有阻止秦某华试图采取救助措施的行为，当然属于有能力救助而不予救助。

因此，法院认定刘某某的行为构成故意杀人罪，定性准确。

案例 2-3　李某某等盗窃案[①]
——不作为与作为可构成共同正犯

一　事实

被告人李某某、郭某、刘某、李某于 2004 年 5 月的一天，在某邮政速递局市内某分拣班车间上班时，郭某在分拣邮件、向机器输入条形码的过程中，发现多出一个邮件，李某某、刘某、李某均目睹了这一情节。李某某当即在郭某的电脑上删除了该邮包的信息，并将邮包拿走。邮包内装诺基亚移动电话机 55 部，价值人民币 7.005 万元，后李某某将变卖移动电话机的赃款给郭某、刘某各分了 3000 元，给李某分了 2900 元。

北京市第一中级人民法院认为，李某某等人构成盗窃罪的共同犯罪。

二　判旨

行为人利用工作便利实施盗窃行为的时候，不作为人当场全程目睹了行为人盗窃的全过程而并没有阻止行为人的盗窃行为。行为人顺利盗窃获得财物之后分别给当时在场的人分得部分款项。虽然行为人与不作为人事前并没有犯意联络，但是对财物负有保管职责的不作为人因为没有阻止行为人的行为，违反了其职责上的作为义务，且事后不作为人分得了盗窃的部分赃款，与行为人构成了事中的犯意联络，属于盗窃罪的共犯。

三　法条

《刑法》

第二十五条　共同犯罪是指二人以上共同故意犯罪。

[①]　国家法官学院、中国人民大学法学院编：《中国审判案例要览（2008 年刑事审判案例卷）》，中国人民大学出版社 2009 年版，第 45—51 页。

二人以上共同过失犯罪,不以共同犯罪论处;应当负刑事责任的,按照他们所犯的罪分别处罚。

第二十六条　组织、领导犯罪集团进行犯罪活动的或者在共同犯罪中起主要作用的,是主犯。

三人以上为共同实施犯罪而组成的较为固定的犯罪组织,是犯罪集团。

对组织、领导犯罪集团的首要分子,按照集团所犯的全部罪行处罚。

对于第三款规定以外的主犯,应当按照其所参与的或者组织、指挥的全部犯罪处罚。

第二百五十三条　邮政工作人员私自开拆或者隐匿、毁弃邮件、电报的,处二年以下有期徒刑或者拘役。

犯前款罪而窃取财物的,依照本法第二百六十四条的规定定罪从重处罚。

第二百六十四条　盗窃公私财物,数额较大的,或者多次盗窃、入户盗窃、携带凶器盗窃、扒窃的,处三年以下有期徒刑、拘役或者管制,并处或者单处罚金;数额巨大或者有其他严重情节的,处三年以上十年以下有期徒刑,并处罚金;数额特别巨大或者有其他特别严重情节的,处十年以上有期徒刑或者无期徒刑,并处罚金或者没收财产。

四　评释

本案的焦点问题是:

1. 在李某某利用职务便利盗窃时,同为邮政工作人员的郭某、刘某、李某目睹了李某某盗窃的全过程但没有进行阻却,事后收受了李某某的款项,郭某、刘某、李某等人是否构成盗窃罪的共犯?

2. 如果本案是不作为犯与作为犯的共犯,那么,该如何判断犯意联络?

首先,本案是否为不作为的共犯的问题。李某某、郭某、刘某、李某等人是邮政工作人员。李某某拿走多出来的邮件,并把邮件信息从郭某的电脑上删除,符合《刑法》第253条第2款的规定,属于邮政工作人员利用职务之便实施的盗窃行为,并且,这种行为是作为方式的盗窃。问题在于郭某等人的行为,是否是不作为?

考察我国《刑法》第264条,并没有明文将不作为表述为一种盗窃罪的实行行为，一般认为，不真正不作为犯，是以不作为的方式实现了那些将构成要件行为表述为作为方式的犯罪。盗窃罪也是如此，盗窃行为既可以以作为方式实现，也可以通过不作为的方式实现。李某某拿走财物的当时，属于邮政工作人员从事职务行为期间，对李某某的行为，作为邮政工作人员的郭某、刘某、李某三人均在场，并没有通过任何明示或者默示的方式显示出反对态度，而是采取了听之任之的默许态度。根据《邮政工作细则》的规定，邮政工作人员在从事邮政工作时，对于邮件负有妥善保管、防止灭失的职业义务，在发现邮件存在问题时，应及时报告，并由相关人员作出妥善处理。如果拒绝旅行该义务，造成严重侵害的结果，是有可能构成犯罪的。在李某某提议并拿走邮包，随后又删除了郭某电脑中的记录之时，作为负有职业义务的郭某、刘某、李某等人，应当阻止李某某拿走邮包、删除电脑记录。并且在案发当时也是能够阻止而不阻止。相反的，在李某某实施盗窃行为当时，郭某"当时看见了却没有说话"。退一步讲，即便在李某某拿走财物之时，郭某等人不敢阻止，但也可以在事后向相关管理人员及时报告。然而，郭某等人对李某某的行为表示默许，且在事后收取了李某某给予的赃款，当属不作为的盗窃无疑。加之案发当时，是工作期间，故郭某等人是利用了共同工作的便利，通过自己的不履行义务的不作为的方式，与李某某共同实施了盗窃行为。需要指出的是，郭某等人的不作为，是正犯行为。

其次，关于意思联络。毫无疑问，本案中欠缺典型的共同犯罪那种"共同的故意"。通常情况下，在典型的有"共同的故意"的场合，共同犯罪人之间的意思联络，是表现在外的，常常是通过事先的一些谋划等行为表现出来的。但是，实践中认定共同犯罪人的意思联络，不会如此轻松。法院认为在现场目睹李某某窃取邮包之时，被告人郭某等三人有义务阻止，并且也有能力加以阻止，但是，郭某等人对此并没有通过言行举止表示反对，因此，李某某与郭某等人存在一种默示的共谋。反对意见认为，不能仅因为郭某等人没有表示反对，就想当然地推定诸被告人之间是默示共谋，进而认为李某某与郭某等人之间有一种默示的共同盗窃故意。此外，由于李某某的盗窃行为既遂，在事后，郭某等人尽管收取了李某某的"封口费"，但这也不能仅据此就认定郭某、刘某、李某与李某某之间存在事前的共谋。① 可以肯定，对于状态犯，一旦发生构成要件结果，犯罪行为便同时终了，即便法益受侵害的状态在持续，但是，不可能再有成立共同犯罪的余地，盗窃罪就是如此。本案不能仅从事后收取"封口费"就反推出郭某、刘某、李某和李某某之间存在共同犯罪的意思联络。但是，否定本案存在意思联络的结论也是不妥当的。

实际上，否定本案存在意思联络的观点，大体上是认为在李某某偷东西时，郭某、刘某、李某没有出言，也没有采取行动予以阻止，并且当时李某某仅仅是把郭某的电脑记录删了，挪开了邮件，但并未把邮件内的东西拿走。所以，他们之间并没有意思联络。这种理解，有些机械。那么，本案的意思联络应该如何确定？

虽然在李某某提出拿走邮件内的东西，并实施了删除电脑记录等相关行为的当时，郭某、刘某、李某与李某某并没有语言上的沟通，但是，作为负有特别义务的邮政工作人员，郭某等三人有义务也有能力阻止李某某的盗窃行为，却不加制止、表示默许，并且在事后又收取了赃款，综合考量这一系列行为，实际上是负有义务者与他人在事中形成了犯意联络，由李某某实施作为，郭某、刘某和李某实施不作为，共同完成了盗窃行为。并且在此过程中，各行为人都明知自己在与他人协同，相互配合，共同实施盗窃犯罪行为，也认识到自己的行为会与他人行为一道发生财物被盗的结果，但是，在主观上都是希望结果的发生，因此，李某某与郭某、刘某、李某之间有犯意联络，是共同犯罪。

在认定本案中郭某、刘某、李某是不作为的共同犯罪之外，法院认为李某某是本案的主犯，郭某等三人起次要和辅助作用，是从犯。需要进一步讨论的是，理论界存在"不作为犯都是正犯"的主张。该理论的逻辑是：不作为犯违反的是作为义务，因此就应当论以正犯，至于在义务人拒绝履行义务之时，是否还有其他行为人对于结果发生起到相当重要的作用，在非所问。这就是原则正犯说，相反的，不作为犯原则上是共犯，这就是原则共犯说。判决的理由，似乎就是关于不作为犯的"原则共犯说"的立场。事实上，在不作为的场合，作为义务本身是否特殊，是需要考虑的。如果该义务是消极义务，那么，不作为者可以构成正犯，也可以构成共犯，如果该义务是积极义务，那么，该不作为犯就是义务犯，而义务犯

---

① 陈兴良主编：《判例刑法教程（总则）》，北京大学出版社 2015 年版，第 164 页。

都是正犯。消极义务，就是不侵害他人的义务，积极义务则是建设美好社会中所必需的那些义务，比如职业义务等。

在义务犯中，由于存在特别义务，就决定了违法总是与该特别义务（积极义务）相关联的，此时，即便是其他行为人实施了支配结果的犯罪行为，而特别义务人只不过实施了没有犯罪支配性的教唆、帮助行为的情形，也必须按照正犯来处理。本案中，作为邮政工作人员，有义务确保邮件完好无损，按时按要求完成邮政工作任务，而不得利用该身份攫取财务。按照这个原理，应当得出李某某与郭某、刘某、李某成立作为与不作为的共同正犯的结论。

案例 2-4　颜某某、廖某某、韩某某故意杀人案[①]
——先行行为产生的作为义务

一　事实

2007年5月25日11时许，被告人颜某某、廖某某、韩某某与何某某（另案处理）发现周某某盗窃被告人颜某某的自行车，便尾随追赶周某某。后在码头抓获周某某，廖某某与何某某用拳，颜某某、韩某某分别手持石块、扳手，击打周某某头部等处，致周头皮裂创。周挣脱逃跑，颜某某、廖某某、韩某某分头继续追赶。当周某某逃至停在码头上的货船上时，颜某某、廖某某遂将该货船围堵。周某某见无路可逃而跳入河中。廖某某见状遂喊"小偷跳河了"，韩某某闻声后也赶到货船上。三被告人在船上见周某某向前游了数米后又往回游，后在水中挣扎而逐渐沉入水中。其间，货船上曾有人告诫三被告人"要出人命了"，而三被告人却无动于衷，直到看不见周某某的身影，欲下船离开时，被在场群众扣留。公安人员接警后赶至事发地点将被害人打捞上来时，被害人周某某已溺水身亡。

湖州市南浔区人民法院认为：被告人颜某某、廖某某、韩某某等人的行为，构成故意杀人罪。

[①] 最高人民法院刑事审判第一、二、三、四、五庭：《中国刑事审判指导案例2（危害国家安全罪·危害公共安全罪·侵犯公民人身权利、民主权利罪）》，法律出版社2017年版，第475—478页。

二 判旨

因为先行行为致人处于危险状况中，行为人并未积极实施救助而致人死亡，且由于先行行为是由行为人自身引起，与被害人死亡有刑法因果关系，是不真正不作为犯罪。

三 法条

《刑法》

第二百三十二条 故意杀人的，处死刑、无期徒刑或者十年以上有期徒刑；情节较轻的，处三年以上十年以下有期徒刑。

四 评释

本案的核心问题是：颜某某等人殴打、追赶被怀疑偷窃自行车的周某某，周某某跳入河中溺亡，颜某某等三被告人未采取救助措施，是否构成不作为犯罪？

对于颜某某等人行为的性质，有两种意见：(1) 无罪说。周某某偷窃自行车被颜某某等人发现，颜某某等人"见义勇为"，殴打、追赶周某某，并无不妥。而周某某自己跳入水中，颜某某等人既然没有实施加害行为，那么，在法律上也就没有任何救助义务，同时，对周某某溺水死亡并无过错，其行为不构成犯罪。对于颜某某等人"见死不救"的行为，只能用道德评价，而无须动用刑法。(2) 不作为的故意杀人罪说。周某某偷窃自行车是违法行为，但是，颜某某等人的行为也并不正当，不是合法行为。殴打、追赶行为使得周某某处于危险境地，周某某被迫跳入水中，此时，在法律上，颜某某等人就负有救助义务。但是，目睹周某某在水中挣扎，最后沉入水中，颜某某等人有能力实施但却没有实施任何救助行为，因此，是不作为的故意杀人罪。

法院生效判决最终采纳了第二种意见。

本案必须要回答因先行行为致人处于危险状况中，行为人并未积极实施救助致人死亡，行为人是否构成不作为犯罪这一问题。而在回答这一问题之前，必须解决该先行行为是否要产生作为义务的这一前提。

无疑，颜某某等人殴打、追赶周某某的行为，使得周某某被迫跳入河中，以求摆脱被追打困境。但是，仅因此不能必然得出颜某某等人要对周某某的死亡负责，构成故意杀人罪。法院认定颜某某等人的行为构成故意杀人罪，显然是认为颜某某等人的追打行为是产生救助义务的先行行为。能够成为不作为犯义务来源的先行行为，必须符合一定条件：(1) 先行行为是行为人实施，第三者行为，不能成为行为人作为义务的来源。(2) 该行为必须在客观上造成了对他人人身或者财产的危险状态。作为一种事实状态，该危险具有足以使合法权益遭受严重损害的特点。先行行为造成的危险，应当是为法律所禁止的危险，所以，被允许的危险不在此列。(3) 危险是由先行行为直接造成。唯有如此，行为人才负有采取特定行为，防止危险结果发生的义务。(4) 危险是现实的、客观存在的，而不是假想和推测的。即便存在一定的危险，也并不是马上就产生作为义务，只有那些现实的紧迫危险，才有及时救助的必要。(5) 先行行为与危险之间要有因果关系。

所以，这里的殴打、追赶行为是否属于产生作为义务的先行行为，就成为问题的关键。颜某某等人之所以殴打、追赶周某某，是因为他们发现周某某在偷自行车，出于"见义勇为"而实施了追打行为。没有问题的是，周某某的行为是违法行为，颜某某等人的行为，有制止违法行为的目的，具有正当性的内容。前述法院内部第一种无罪的观点，看重的就是这一方面。而最终法院认定颜某某等人的行为是不作为的故意杀人，理由是，颜某某等人发现周某某"偷窃"自行车而追赶、殴打，周某某被迫作出了跳入河中的选择。颜某某等人实施了相关行为，目睹了前后发生的一切，明知此时被害人冒险跳入水中，有生命危险，然而，却不采取任何有效的救助措施，以避免结果发生，最终导致被害人溺水死亡。在先前实施的殴打、追赶、堵截等一系列行为，迫使周某某跳入河中处于溺亡危险的情况下，颜某某等人就负有救助被害人的义务，但颜某某等人拒不履行义务，放任死亡结果发生，构成故意杀人罪。综观法院判决理由，并没有对第一种无罪观点进行回应。

必须承认，当周某某偷窃自行车时，其行为具有违法性，根据《刑法》第20条的规定，颜某某等人的追赶、殴打行为，具有一定的正当性。但是，除了无限正当防卫之外，其他任何正当防卫行为都要受到限度的约束，因为正当防卫具有权利属性，既然是权利，一定是有边界的，不存在无边界的权利。根据法理，权利不得被滥用是法治文明体现之一，否则，人类将陷入丛林法则。综观本案实际情况，颜某某等人的行为，已经逾越了正当防卫的边界，从而成为一种侵害行为，在强大的压力之下，周某某跳入水中有溺毙的危险之时，在法律上，颜某某等人就负有防止结果发生的救助义务，但是，颜某某等人根本没有履行任何救助义务，未能避免周某某死亡结果发生，因此，被告人该当不作为的故意杀人。在主观上，颜某某等被告人是间接故意，对周某某的死亡后果持放任态度。因此，法院认定颜某某等人构成不作为的故意杀人罪是妥当的。

案例 2-5 韩某某故意杀人案[①]
——先行行为：如何准确判断交通肇事逃逸致人死亡与不作为故意杀人罪

一 事实

2005 年 10 月 26 日晚 21 时许，韩某某酒后驾驶货车，将在路边行走的妇女徐某某撞倒。韩某某发现撞伤人后，将徐某某转移到某楼道口藏匿，致使徐某某无法得到救助而死亡。当夜，韩某某又借用另一辆货车，把徐某某的尸体运走，后将尸体捆绑在水泥板上，沉入烧香河中。

连云港市中级人民法院认为，被告人韩某某驾车撞伤人，又将被害人隐藏导致其死亡，已构成故意杀人罪。

一审宣判后，被告人韩某某不服，提出上诉。

江苏省高级人民法院裁定驳回上诉，维持原判。

二 判旨

交通肇事后为了逃避法律追究，将被害人带离事故现场后隐藏，致其无法得到救助而死亡的，构成故意杀人罪。

[①] 最高人民法院刑事审判第一、二、三、四、五庭：《中国刑事审判指导案例 2（危害国家安全罪·危害公共安全罪·侵犯公民人身权利、民主权利罪）》，法律出版社 2017 年版，152—154 页。

三 法条

《刑法》

第一百三十三条 违反交通运输管理法规，因而发生重大事故，致人重伤、死亡或者使公私财产遭受重大损失的，处三年以下有期徒刑或者拘役；交通运输肇事后逃逸或者有其他特别恶劣情节的，处三年以上七年以下有期徒刑；因逃逸致人死亡的，处七年以上有期徒刑。

《最高人民法院关于审理交通肇事刑事案件具体应用法律若干问题的解释》（法释〔2000〕33号）

第二条 交通肇事具有下列情形之一的，处三年以下有期徒刑或者拘役：

（一）死亡一人或者重伤三人以上，负事故全部或者主要责任的；

（二）死亡三人以上，负事故同等责任的；

（三）造成公共财产或者他人财产直接损失，负事故全部或者主要责任，无能力赔偿数额在三十万元以上的。

交通肇事致一人以上重伤，负事故全部或者主要责任，并具有下列情形之一的，以交通肇事罪定罪处罚：

（一）酒后、吸食毒品后驾驶机动车辆的；

（二）无驾驶资格驾驶机动车辆的；

（三）明知是安全装置不全或者安全机件失灵的机动车辆而驾驶的；

（四）明知是无牌证或者已报废的机动车辆而驾驶的；

（五）严重超载驾驶的；

（六）为逃避法律追究逃离事故现场的。

第三条 "交通运输肇事后逃逸"，是指行为人具有本解释第二条第一款规定和第二款第（一）至（五）项规定的情形之一，在发生交通事故后，为逃避法律追究而逃跑的行为。

第五条 "因逃逸致人死亡"，是指行为人在交通肇事后为逃避法律追究而逃跑，致使被害人因得不到救助而死亡的情形。

第六条 行为人在交通肇事后为逃避法律追究，将被害人带离事故现场后隐藏或者遗弃，致使被害人无法得到救助而死亡或者严重残疾的，应当分别依照刑法第二百三十二条、第二百三十四条第二款的规定,以故意杀人罪或者故意伤害罪定罪处罚。

四 评释

本案的核心问题有:

1. 交通肇事后,将被害人带离事故现场后隐匿,致其死亡,是否为不作为的故意杀人?

2. 如何认定行为人的主观故意?

对于韩某某的行为,有三种意见:(1)构成故意杀人罪。理由是:交通肇事致人负伤后,肇事者应当积极施救,但是,肇事者韩某某反而将被害人转移藏匿,致其休克死亡,符合《最高人民法院关于审理交通肇事刑事案件具体应用法律若干问题的解释》(以下简称《解释》)第6条的规定,应当按照故意杀人罪追究韩某某的刑事责任。(2)构成交通肇事罪和过失致人死亡罪,数罪并罚。理由是:交通肇事后,韩某某以为被害人已被撞死,此时,在其主观上就缺乏杀人的故意。为了隐匿罪迹、逃避追究而将被害人隐藏,致其死亡,因对于被害人死亡具有预见可能性,属于过失致人死亡。故而,韩某某的行为,分别构成交通肇事罪和过失致人死亡罪,应数罪并罚。(3)构成交通肇事逃逸致人死亡,加重处罚。理由是:在交通肇事后,为隐匿罪迹,逃避法律的追究,韩某某将被害人转移隐藏,使之得不到及时救助,致其死亡,符合《刑法》第133条中因逃逸致人死亡的规定。

从法院的最终结论来看,采取了第一种意见。这个结论是正确的。

一审期间,被告人韩某某及其辩护人认为,韩某某没有杀人的主观故意,因为,被害人是被当场撞死的,被害人的死亡结果,是交通肇事所致,而不是随后的藏匿行为。一审法院没有采纳辩护意见,认定韩某某的行为构成故意杀人罪,韩某某不服,提起上诉。综观辩护观点,基本上是前述第三种观点,即本案属于交通肇事逃逸。

如果从不救助的角度来看,交通肇事逃逸与将被害人带离事故现场隐匿,最终被害人都死亡,似乎没有刻意区分两者的必要。交通肇事后逃逸与将被害人藏匿,行为人都负担有救助被害人的义务,但是,这两个义务的内容有实质性不同。行为人交通肇事后逃逸,拒绝履行救助义务,若因此被害人死亡,属于"因逃逸致人死亡",因为交通肇事后,肇事者就负有义务及时救助伤者，若因未采取救助措施而致被害人死亡，是不作为。这种不作为的等价性相当于遗弃罪的程度。因此，按照"因逃逸致人死亡"进行评价，处7年以上有期徒刑，已经得到了充分的评价。但是，在交通肇事后，将被害人藏匿，致被害人死亡的，判断的重点不再是"交通肇事""逃逸"，而是"藏匿被害人"这样的先行行为致使被害人死亡。藏匿被害人，是拒绝履行救助义务的行为，但是，这种不作为，用相当于遗弃罪的等价性进行评价，已经是评价不足，这种不作为的等价性，已经达到了故意杀人罪的程度，因为自己不救，还排除了他人救助的可能性，所以，就应当认定为故意杀人罪。

所以，从客观上把握拒绝履行救助义务，是要看拒绝履行义务的不作为，究竟是与遗弃罪还是与故意杀人罪的违法性相当。考察《解释》第6条，先前的交通肇事行为，并非其关注的重心，相反的，嗣后肇事者将被害人带离事故现场，予以隐藏或者遗弃，致使被害人无法得到及时有效的救助而死亡或者严重残疾的行为，才是关注的焦点。从实质上看，将被害人带离现场，一方面使得被害人能否得到救助已经高度依赖于肇事者；另一方面，也排除了其他人救助被害人的可能性，这种行为，与故意杀人的违法性程度并无二致，两者完全能够相提并论。法院的判决，体现出了该解释的精神，是妥当的。

在交通肇事后，被害人死亡的案件中，如何把握行为人的主观故意，如何判断行为人从过失（与交通肇事相匹配）到故意（与杀人相匹配）的主观心理转变的过程，是交通肇事转化为故意杀人罪的难点所在。交通肇事罪是"过失之王"，毫无疑问，交通肇事造成他人伤害，行为人主观上是过失的。被害人已经因为交通肇事受伤，陷于面临死亡的现实紧迫危险状态之下，如果肇事者拒绝救助，致使被害人死亡的，交通肇事者的主观过失，是能够涵括这种状况的，此时，肇事者的行为就属于"因逃逸致人死亡"。但是，如果肇事者将被害人予以隐藏或者遗弃，导致被害人死亡的，此时，被害人的生命安全完全依赖于肇事者是否采取及时的救护措施，行为人对于被害人死亡结果就可能是希望或者放任了，从而，肇事者的行为已经不再属于交通肇事逃逸致人死亡，而是不作为的故意杀人了，相应的，行为人所承担的刑事责任就不再是交通肇事逃逸致人死亡（交通肇事罪的结果加重）的责任，而是不作为故意杀人行为的刑事责任。当然，对于造成被害人死亡结果，行为人的主观心态，根据具体情况，可被认定为直接故意，也可被认定为间接故意。本案中，法院之所以驳回被告人韩某某没有杀人故意辩解，也是根据当时的具体情况作出综合判断分析的。

当然，在司法实践中，如果因为相关在案证据无法确实、充分地证明"交通肇事后将被害人带离事故现场后遗弃，致使被害人无法得到救助而死亡"这一事实，而是存在疑问，此时，就只能适用"存疑有利被告"的原则，以交通肇事（逃逸致人死亡）来追究行为人的刑事责任。比如"倪某某交通肇事案"①。现有证据无法证明被害人在什么时间死亡的，就不符合交通肇事转化为故意杀人的条件。

---

① 本案案情是：2002年6月25日下午2时30分许，倪某某酒后驾驶苏GN4115正三轮摩托车在灌南境内由张店镇向县城新安镇行驶，当行至武障河闸南侧时，因避让车辆采取措施不当，致其所驾摩托车偏离正常行车路线，又因该三轮车制动系统不合格，未能及时刹住车，将人行道上正在行走的被害人严某某撞倒。事故发生后，倪某某将严某某抱到附近大圈乡龙沟村个体卫生室请求救治。但该卫生室不具备抢救条件，医务人员催促倪某某将严某某速送灌南县人民医院急救。倪某某遂将严某某抱上肇事三轮摩托车，向县城新安镇继续行驶。到达新安镇后，倪某某将严某某抛弃在新安镇肖大桥河滩上。当日下午4时许，严某某被群众发现时已死亡。经法医鉴定，严某某因外伤性脾破裂失血性休克并左肱骨骨折疼痛性休克死亡。江苏省灌南县人民检察院以故意杀人罪提起公诉。被告人倪某某辩称，主观上没有杀人故意，不符合交通肇事转化为故意杀人罪的条件。并供述：在去县医院抢救途中，曾3次停车呼喊被害人，被害人均无应答，故认为被害人已经死亡、没有救治必要才产生抛"尸"想法的。在抛"尸"当时，还观察了一会儿，仍没看到被害人有任何动作，更加确信被害人已经死亡。医学专业人员证实：脾破裂如果脾脏前面损伤程度较深，累及脾门，并大血管损伤或者伤者有心脏疾病，则伤者可能在短时间内死亡，但没有严格的时间界限。如果损伤程度较浅未累及脾门及脾门血管，则较短时间（1小时）内死亡的可能性较小。经现场测试，以肇事车辆的时速从事故地行驶至县人民医院约需10分钟。本案现有证据仅表明被害人严某某被撞外伤性脾破裂、左肱骨骨折，但已无法查明被害人严某某脾破裂是否伤及脾门，是否伴有脾门大血管破裂，以及其受伤前是否患有心脏疾病。辩护人提出，倪某某虽有将被害人带离事故现场后遗弃的行为，但没有证据证实被害人是因被遗弃无法得到及时救治而死亡，也没有证据证实被害人在被遗弃前确实仍然存活，故倪某某不符合《最高人民法院关于审理交通肇事刑事案件具体应用法律若干问题的解释》第6条的规定，不构成故意杀人罪；倪某某将被害人带离事故现场的目的是要送医院抢救，而不是为逃避法律追究，故也不构成交通肇事后逃逸。参见最高人民法院刑事审判第一、二、三、四、五庭《中国刑事审判指导案例2（危害国家安全罪·危害公共安全罪·侵犯公民人身权利、民主权利罪）》，法律出版社2017年版，第140—143页。

第三章　因果关系与客观归责的判例

刑法因果关系理论，研讨的是实害结果的归属问题。实害结果主要指人身伤亡结果、财产损失。有伤亡结果、财产损失的地方就有因果关系的判断。刑法因果关系，在解决以下三个问题方面具有重要意义：（1）故意犯罪的犯罪形态问题。如果行为与结果之间没有因果关系，那么，至少就可以得出本案不存在犯罪的既遂形态。例如，甲砍杀乙，致乙重伤，在送往医院的途中发生交通事故，导致乙死亡。毫无疑问，如果秉持"无前者，就无后者"这种判断方法，乙的死亡与甲的杀人行为之间是有条件关系，但是，尽管如此，乙的死亡结果仍然不能由甲负责，甲的行为，不是故意杀人罪既遂，而是未遂。（2）是否成立结果加重犯的问题。例如，A基于伤害故意，将B打昏在悬崖边，然后离去。B苏醒后爬了两步，不慎掉下悬崖摔死。A的伤害行为与B的死亡结果之间有条件关系，并且能确定死亡结果应当由A负责，因此A成立故意伤害罪（致人死亡）。但是，如果A打伤B，B用反科学的方式疗伤，最终死亡。则A的伤害行为与B的死亡结果之间没有因果关系，A不成立结果加重犯。（3）过失犯罪的成立问题。过失犯都是结果犯，不存在危险犯的余地，过失犯也不存在犯罪未完成形态，所以，所有过失犯罪，必须以造成实害结果为前提，否则，行为人就无罪，这就要求过失行为与实害结果之间具有因果关系。例如，过失致人重伤罪、危险物品肇事罪等过失犯罪的成立，在事实上，均要求过失行为与伤亡结果之间具有条件关系，在规范上，伤亡结果能够归责于行为人。

在结果犯中，将结果归属于行为，不只是为了确定报应，更为重要的是为了防止行为人行为危险的现实化，从而避免法益侵害，达到遵守规范、预防犯罪、保护法益的目的。所以，刑法因果关系，需要从存在论到规范论的判断，这样，在刑法因果关系领域，需要解决的问题有两个：一个是在事实层面的引起与被引起的关系，一个是规范层面的归责关系。解决事实层面问题的理论，是条件说。而在规范层面，有相当因果关系说和客观归责理论。

条件说是建立在"去除法"这一公式上：没有前者，就没有后者。如果除去某个条件，则不会产生相应的具体结果，则该条件就是结果发生的原因。相反的，若可想象某因素不存在，但是结果依然发生的，该因素就不是结果发生的原因。按照条件说的立场和方法，所有造成结果的条件都是等同的，应当一视同仁，因此，条件说又被称为等价理论。对条件说有处罚范围过于广泛的问题、介入其他行为或者因素的场合难以判断因果关系、择一因果关系的场合难以判断因果关系等批评，尽管条件说对此有所回应，依然难以解决所有问题，但是，条件说是判断客观归责的基础，没有条件，就毋庸进一步判断结果由何人负责的问题。

相当因果关系说认为，根据一般生活经验，某行为产生某结果，如果被认为是"相当"之时，就认为该行为与该结果之间具有因果关系。所谓"相当"，就是指特定行为产生特定结果是一般的、正常的，而不是特殊的、异常的。比如，在陡峭的悬崖边追杀被害人，被害人慌不择路跳下悬崖，结果摔死。根据一般社会生活经验，就会认为在这种情况下，被害人慌不择路，跳下悬崖，并不异常，所以追杀和被害人死亡之间有相当性，行为人构成故意杀人罪既遂。相当因果关系说有以下两个特点：第一，排除条件说中的"不相当"的情形，通过"相当性"的判断，来限缩刑法上的条件因果关系范围过广的弊端。第二，以行为时一般人的认识（即一般社会生活经验）为标准来判断相当性。

相当因果关系说中"相当性"的判断方法，实际上就是"客观的事后推测法"。也就是从事后角度，将相关的事实为基础，然后根据特定的判断者一般生活上的经验，进行判断。在刑法理论界，对于"相当性"的判断方法和标准，有客观说、主观说和折中说三种学说。客观说属于多数学说，该说主张，应当以行为时的一切客观事实作为基础，根据社会一般人生活经验，进行判断。

其实，相当因果关系说在因果关系判断上，主要围绕被害人特异体质和行为后介入其他因素时，所发生的结果应该归责于谁的问题。

在我国司法实践中，对于被害人体质特殊的案例，一般情况下会得出因果关系存在的结论。仔细考察实践中的做法，基本上是根据条件说得出这个结论的。例如，A、B争吵，A用拳头打B胸部和头部，B追撵A。

后因情绪激动、胸部被打、剧烈运动及饮酒等客观因素，诱发冠心病，冠状动脉痉挛致心脏骤停，B倒地死亡。[①] 司法实务中，只有在行为人对于被害人体质特殊这一事实完全没有认识或者认识可能性时，会得出无罪的结论。这是通过否定行为人的主观预见可能性，从而否定罪过，得出无罪的。[②] 当然，如果行为人特别知道被害人体质特殊，为了达到自己的目的，而故意对被害人实施侵害程度较低的行为，诱发被害人的疾病，最终导致侵害结果发生，实际上，这是利用被害人的特殊体质来遂行自己犯罪的间接正犯，自然应当承认因果关系，并追究其刑事责任。

关于介入因素与因果进程的相当性判断的问题，条件说借助因果关系中断论或者禁止溯及理论来处理，而相当因果关系说则依次考虑以下三方面情形：

（1）实行行为导致结果发生可能性的高低。比如，行为人对被害人实施暴力，导致危及生命的重伤，被害人生命垂危。医生在处理伤口时有小失误，导致被害人死亡，由于行为人的实行行为导致结果发生可能性很高，一般情况下，所介入的医生轻微失误，不会改变最初的实行行为与结果之间的关联。而如果只对被害人造成了轻微伤，在治疗时介入了医生失误，导致被害人死亡，鉴于实行行为导致被害人死亡的可能性极低，所介入的医生失误，就改变了原来的因果关联，此时，结果就应当由医生负责。

（2）介入因素异常性的大小。倘若介入因素过于异常，就否定实行行为和结果发生之间的因果关系。比如，甲割伤乙手指，乙用草木灰止血，引起败血症而死。被害人介入因素过于异常，最终结果就不应归责于行为人。反之，因果关系存在。

（3）介入因素对结果发生的影响力。影响力大者，实行行为和结果之间的因果关系就被阻断。比如，甲投毒杀乙，乙陷入昏迷状态，十小时后将会死亡，丙看见乙昏睡，就用刀刺死以。反之，因果关系存在。但是，如果最初的实行行为特别危险，结果的发生可能就在须臾之间，则介

[①] 陈兴良、张军、胡云腾主编：《人民法院刑事指导案例裁判要旨通纂》，北京大学出版社2013年版，第447页。

[②] 比如刘某过失致人死亡案。参见陈兴良、张军、胡云腾主编《人民法院刑事指导案例裁判要旨通纂》，北京大学出版社2013年版，第411—413页。

入因素不属于结果发生的原因。比如,甲对乙头部猛击几砖,乙脑浆崩裂,倒地不起,甲离开。丙路过,发现仇人乙倒在地上,于是用刀刺乙的心脏。事后查明,丙的行为,只不过使乙死亡稍稍提前而已。从表面上看,似乎是丙的介入行为导致被害人死亡,但是,因为在先的实行行为决定性地导致了结果的发生,应当将死亡结果归属于甲,至于介入因素的异常性、影响力都可以被忽略。

相当因果关系说的实质是在解决把结果归属于谁的"归责性"问题,已不再是传统意义上的因果理论,其处理难题的方法论,实际上已经与客观归责理论颇为接近。但是,相当因果关系说也存在一些问题,比如规范判断程度不高、缺乏下位规则、忽略犯罪成立条件的位阶性、刑事政策的要求考虑不多等。①

刑法中的因果关系理论,一方面,要解决在自然意义上一个行为和特定结果是否有引起与被引起的关系(有前者,就有后者;无前者,则无后者)。另一方面,还要解决该特定结果是否要算到行为人头上的问题。这两者分别对应事实层面的问题和规范层面的问题。深受自然科学方法论的影响,条件说完全采取的是事实性进路,而相当因果关系说则在关注事实判断的同时,又注意价值判断,但没有将两者分开,而是事实判断和价值判断混在一起,这两种理论,都存在难题。

客观归责理论,在方法论上暗合了刑法中因果关系所要承担的两个层次的任务。其将因果关系中的归因层次与归责层次分开考量,在归因层次采取条件说,在归责层次采取客观归责理论。也就是说,前者回答的是,行为是否为造成结果发生的自然意义上的原因,这是将特定的结果归咎于行为人的前提条件,如果得出否定的答案,则不用再作下一步的判断;后者回答的是,即便该结果属于行为人行为所致,但是还需进一步判断该行为是否创设了风险、实现了风险以及结果是否属于构成要件所保护的范围。只有在这些都得出了肯定的答案之后,方有可能将特定的结果归责于行为人。

在归因层次,客观归责理论采取条件说,判断相对容易,也避免了过多的纠缠,故而,大多会得出相同的结论。在归责层次,通过是否制造了不被允许的风险、实现了风险以及结果是否属于构成要件所保护的范围三

---

① 参见周光权《刑法总论》,中国人民大学出版社2021年版,第125—127页。

个层层递进式的精密的判断层次进行判断。除了三个基本规则之外，还衍生了许多下位的辅助规则来判断，如被允许的风险、信赖原则、风险升高理论等。整体而言，客观归责理论，将事实判断和价值判断明确区分，在判断上具有层次，方法上相对简明，判断标准相对客观、合理。

首先，创设法不允许的风险。一个由行为人的行为所造成的结果，只有在实行行为对行为对象创设了一个为法所不允许、所不容忍的风险，并且这种危险也在具体的构成要件该当结果中实现之时，才能将特定的结果归责于行为人。如行为人基于杀人的故意，用枪对准被害人头部射击，致使被害人死亡。行为人用枪对准被害人头部射击，就是一个创设法所不允许的风险的行为（根据《刑法》第232条的规定，法律禁止剥夺他人的生命）。也就是说，在犯罪中（比如，故意杀人罪），对行为对象（被害人），行为人的行为必须制造了不被允许的风险（被害人的生命面临被剥夺的风险）。相反的，行为纵使与构成要件该当结果有条件性的因果关联，但是，如果该行为并未逾越法所允许的界限之时，也就认为行为人并未制造处法律上有重要意义的风险，即便结果发生，也不得让行为人负责。

但是，对被害人已经存在的风险，如果行为人通过自己的行为，减小了这种风险，也就是以改善行为对象的方式，对一种因果流程进行了修改，尽管形式上来看，行为人的行为与最终的侵害结果有一定的条件性关联，但是，在规范上，行为人的行为应当被评价为是降低、减少法益侵害的风险，如此，就不应当对行为人予以归责。比如，A、B到山区游玩，看见山上一块石头飞向B的头，A猛力推开B，石头砸在B的脚上，致粉碎性骨折。传统理论认为，A的行为属于紧急避险，排除违法。但是这种思考，存在以下危险：将减少风险的行为看成符合犯罪构成要件的行为。

根据客观归责理论，"降低风险者并未制造法所不容许的风险"。尽管这里存在条件性的因果关系，但是，如果行为人通过自己的行为，客观上，并没有使受侵害的法益状况变得更坏，相反，而是变得更好（A使得被害人的健康法益受到侵害，但是使得必将被侵害的生命法益得到了保护），那么，就应当在构成要件符合性阶段排除归责。因为，如果法律禁止这些行为的话，毫无疑问是不合理的。相对传统理论，客观归责理论的处理方式更为合理。

在讨论降低风险排除归责时，还要讨论一下替代性风险问题。替代性风险就是指行为人而是通过另一种风险替代了现存的风险，而不是减轻这种风险，并且，通常情况下，后风险的实现，在结果造成上会比原风险更轻一些。比如，某小区二楼着火，出路被大火封住。3 岁小孩乙被困屋中。甲见状，将小孩从二楼窗户扔出，小孩被摔成重伤。降低风险是客观构成要件符合性中的因果关系与客观归责层次所要讨论的问题，而替代性风险则不同，属于阻却违法层次的问题。① 甲创造了小孩可能被摔死或者摔伤的风险，显然是另一种新制造的风险，甲用该风险替换了原本存在的小孩被烧死（或者被烧伤）的风险，根据具体情况，可在违法性排除事由中，作为紧急避险来处理。

行为人如果没有以在法律上值得关注的方式提高已经存在的风险的层次，此时，即便行为人实施了相关行为，对最终发生的结果，也不应当归责于行为人。这就是缺乏危险创设时排除归责。比如，暴风雨天，江防大堤岌岌可危，即将决口。甲向江内倾倒一盆水，后江防大堤决口。甲的行为与结果之间无疑具有条件性的因果关联，但是，这种贡献，几乎微乎其微，在法律上，并不值得关注。

行为人即便制造的相关风险，但是，如果这种风险是为法律所允许的风险，在结论上与完全没有制造风险的行为相同，都是没有制造法所不容许的风险。这就是可容许的风险。比如，五金店老板出售菜刀，凶手后来用这把刀砍死了被害人。贩卖日常家用的刀具，是日常中立行为，在刑法上并无意义。至于刀具可能会被他人用于实施犯罪，这也是为法所允许的风险，贩卖者可以信赖购买者并非购买用于作案的工具，否则，岂非百工不安，人人自危？出售菜刀，有时在客观上对他人的犯罪会起到一定的促进作用，行为所具有的对构成要件该当结果发生的条件性的因果关联，是不可否认的。但是，我们不能仅仅以在物理上有因果关联为由，就在规范上认定结果也要归责于行为人。在客观侧面，于规范的评价上，中立行为不属于创设风险的行为，即便有时中立行为本身可能存在相关风险，但是，这种风险也是很抽象的风险，是为法所允许的风险，该风险，并不能

---

① 需要注意的是，客观归责理论区别降低风险和替代风险，两者分别在构成要件符合性和违法性层次考虑，但是，对两种风险的区别，尤其是在新旧两种风险都属于侵害同一种法益的场合，仍然存在争议。

够达到值得刑法评价的危险性程度。

在假设的因果流程场合，依然要归责。假设的因果流程，是指某行为导致结果发生，但是，假设没有该行为，也会由于其他即将到来的原因，结果必然发生。比如，甲因故意杀人罪被判处死刑，死刑执行人员在将甲控制到电椅上准备执行死刑之时，被害人的父亲乙冲入刑场，抢先按下电钮，甲被电死。对假设的因果流程，理论界一致认为，行为人应当对结果负责。即便结果是迟早就要发生，行为人只不过是使得结果的发生在时间上稍作提前，但是，无论如何，在行为的当时，必然发生的结果依然没有发生（充其量具有结果发生的具体危险性）。相对于结果发生的高度风险，行为人的行为，已经针对现实发生的结果了，这显然是一种创设新的风险的行为，而发生的结果就是行为人所创设的风险的实现。

在代替行为（可替代的条件）的场合，不能归责。代替行为，是指仅仅修改了一种自然的因果性，但在整体上，行为人的行为并没有恶化被害人的状况。比如，甲在煤矿地下双轨车道驾驶矿车运煤。突然前方发生塌方，巨石完全堵住了两个车轨。甲车速极快，且无法从矿车脱身，显然已经无法及时刹车，撞向巨石已不可避免。乙调整了岔道，让车辆从右边转到左边，改变了路线。甲最后在左边车道撞上巨石身亡。替代行为，与假设的因果流程不同。假设的因果流程，通过对自然因果流程的修改，行为人增大了侵害（法益受到高度侵害的风险变为现实的侵害）或者在时间上提前了损害的发生，因此，就是可归责的。而替代行为，在时间上不存在提前的问题。在法益侵害的风险上，无论是替代还是被替代，都是一样的。因此，结果对行为人就是不可归责的。

其次，实现了不为法所允许的风险，才能够将构成要件该当结果归责于行为人。当行为人的行为虽然对法益创设了一种风险，但是最后发生的结果不是行为人的行为所创设的风险之实现，而仅仅是具有自然的因果关联之时，就排除结果对行为人的归责。比如，A对B实施了足以致命的伤害，在B被送往医院救助的途中，发生交通事故，伤重的B被碰死。B的死亡不能能否归责于A。B的死亡，不能在客观上评价为A的成果，而应当在杀害行为结束之后的第二个危险评价中进行评价，换言之，被害人的死亡，是交通事故，而不是杀害行为。

行为与结果之间有常态关联之时，始可认为风险业已实现。需要注意的是，当行为常设了某种危险时，尽管最后的结果，与行为人所预设的危险实现（结果发生）有所偏离，但是，这个因果关系的偏离并不重要，该结果就应当归责于行为人。比如，甲在黄河大桥上打算将不会游泳的乙推下河淹死，但是，在下落过程中，乙撞在桥墩基座上摔死。甲应当对乙的死亡负责。因为，从高处下落，摔死的风险并不脱离常态，客观上，被害人被摔死的风险，从一开始就与从桥上摔下来紧密联系在了一起，而不是偶然发生的，尽管这里存在与行为人所预设的因果关系的偏移，行为人设定的因果流程是指向淹死被害人，而最终的因果流程却是指向摔死被害人，但是，这种偏移并不属于重大的因果关系偏移，无论溺死还是摔死，都属于从高处推下的常态风险。

在结果中实现了行为人所创设的不为法所允许的风险之时，才能够将构成要件该当结果归责于行为人。但是，还需要注意的是，系争结果必须具有可避免性，才能够认定为存在客观归责。相反的，纵使行为人遵守注意义务，但是，结果依然会不可避免地发生时，则不能将结果归责于行为人。这就是说，在结果没有可避免性时，不能将结果归责于行为人。比如，画笔厂的厂长甲没有遵照规定事先消毒，就将一批山羊毛交给几位女工加工。四名女工因此感染炭疽病毒而死亡。事后查明，该消毒措施对这种病毒根本没有任何作用。从事实上来看，甲的行为，与女工感染病毒而死之间，有条件关系。然而，就规范的归责层次，甲没有遵照事先规定的程序进行消毒，的确有创设法不允许的风险的可能，但是，由于当时客观的情况是，即便按照规定的程序进行消毒，也无法消灭该病菌，因此，针对本案情形，法律课以行为人的义务是"没有用的""无效义务"，未经消毒的行为与已经消毒的行为在实质上没有任何不同，未采取消毒措施，根本没有提高女工感染病毒而死亡的风险，也就是行为人未消毒的行为所造成的风险并没有实现，所实现的是另一个无法避免的风险，所以，女工的死亡不能归责于甲。

若两个或两个以上条件，单独足以导致结果发生，最终结合在一起致使结果发生，在风险实现上，又该如何。这就是择一的因果关系。既然任何一个条件都能够独立导致结果发生，所以，对于最终发生的结果，如果没有存在时间上的先后作用，则所有的行为人均需对该结果负责。

若两个或两个以上条件，单独并不能导致结果发生，但是，倘若结合在一起，最终导致结果发生之时，在风险实现上，又该如何判断，这就是重叠的因果关系。比如，甲、乙没有意思联络，各自同时向丙的饮料中投入50%的同一种毒药。后丙服下该饮料后毒发身亡。在重叠的因果关系中，所有行为人的行为，都具有提高法益侵害风险的特性，并且最后实现的风险仍然属于自己行为创设的不被法所允许的风险。理由是：(1) 各个行为人的行为是创设法益侵害风险的行为；(2) 甲的行为已经创设了对丙的生命法益有一定风险（但不是足以致命），此时，乙同时的投放毒品的行为，是对已经为甲所创设的风险级别的提高，因此，对丙的死亡，乙应当负责。同理，对丙的死亡，甲也应当负责。

风险实现与合法的替代行为，也是需要讨论的问题。合法的替代行为，是指通过一个合法的替代行为，某结果仅仅是很可能而不是必然被阻止，这个结果的归责，又该如何确定。比如，醉酒的乙骑自行车摇摇晃晃行走，卡车司机甲没有保持法定的1.5米的距离，乙被卷入车轮下轧死。鉴定报告指出，在当时情况下，由于乙酒醉，即便甲保持安全距离，结果也是有可能发生的，但是，并不是确定必然地发生

主流观点认为，这是结果"可能发生"，甲无须对结果负责。但风险升高理论主张者认为，甲须对结果负责。因为，如果行为人合法地遵守义务规范，则被害人有可能（未达到几近确定）保住性命。立法者划定规定的距离，是为开车者划定了被允许的风险的界限。因此，只要行为人按照1.5米的距离超车，即便存在被害人伤亡的风险，但是，这是为法所允许的风险。换言之，可忍受的风险（为法所允许）的最大边界，是由法律规定的安全距离来划定的。而行为人逾越了1.5米的距离，就是逾越了这个界限，创设了法不允许的风险，在规范上就能够评价为显著地提高了风险，而最终发生被害人伤亡的结果，就应当归责于行为人。显然，这不是罪疑惟轻的问题。

某些场合，纵使行为人违反注意规范，通过自己的行为创设了风险，而且，最后结果也已经发生了，但是，不被法所允许的风险已经实现的结论，还是不能必然得出。不被法所允许的风险实现问题，必然与限制许可风险的规范保护目的有关。比如，漆黑夜间，甲乙二人骑着没有灯的摩托车前后相随，前面行驶的甲由于缺乏照明而撞死了路边行人丙。事后查明，假设乙的车上有照明设备，那么，就可以避免这个事故。尽管乙骑着没有灯的车行驶在公路上，是为道路交通法所禁止的。在自然意义的侧面，与甲撞死丙之间有不可想象其不存在的条件关系，

客观上也提高了甲造成事故的危险性，但是如果仅以此为由，就认为乙也要对丙的死亡负责，显然是不合理的。因为，在晚间行驶需要有照明设备，该规范保护目的在于避免自己发生事故，而不是防止他人与第三人相撞。

最后，构成要件的射程（构成要件的效力范围）。被害人在与他人（行为人）所创设的风险共同作用下，发生了构成要件该当结果时，排除行为人的归责。这就是故意自危时的共同作用排除归责。比如，甲是一名医生，在国外研究中感染天花回国。甲没有检查自己的健康状况就到大学医院上班。医院其他医生乙也在知道这种风险的情况下，主动去隔离病房看望病人，后被感染。乙的感染不能归责于甲。尽管甲的行为属于风险创设行为，并且所发生的结果（乙被感染）也是为甲所创设风险的实现。但是，乙基于自己的自由意思决定，接受了自己被感染的危险，因此，最终被感染的结果，不能归责于甲。

在同意他人造成的危险时排除归责。意识到风险存在，但却让他人给自己造成危险，排除他人的归责。比如，山区打谷场上，B用农用车碾谷，A见B开得小心翼翼，便上车给B打气，"开快点，别怕，有我在，我是老司机"。A一边对B进行技术指导，一边催促B加速。B在驾驶中错误操作，车辆失去控制翻车，A受重伤。该结果不能归责于B。因为，B的驾驶技术低劣，具有一定的风险存在。A在意识到该风险的情况下，催促B加速行驶，使得风险进一步升级，此时，任何一个人，只要稍作理性判断，都能够充分知晓这种行为方式存在相当大的风险，但是，A对此风险予以接受，因此，B不应对A的重伤负责。

在他人责任范围的场合排除归责。规范的保护目的，不应当包括那种属于他人责任范围内的，应当由他人加以防止的结果。比如，在黑夜中，甲驾驶无尾灯的车辆行驶，被交警乙拦下。乙在路上放置了发红光的手电筒，以保证后面来车安全。后乙命令甲将车开到交警办公地点，自己开的警车跟在后面。在甲上车之际，乙拿走了手电筒。此时，后面一辆来车撞上甲的车辆，致使该车司机丙受重伤。丙的伤害不能归责于甲。因为，在乙基于正当的职务行为拦下甲的车之时，已经进入了乙的专属负责领域，甲此时并没有任何义务指挥、监督乙如何正确实施具体执法行为，因此，所发生的侵害结果，规范上看来，已经超出了原来的构成要件效力范围，结论就是：排除甲的归责。

案例 3-1 陈某某投放危险物质案[①]
——被害人特异体质、医院误诊等介入因素
因果关系的判断

一 事实

陈某某与被害人陆某某两家相邻。2002 年 7 月下旬，两人多次发生口角并相互谩骂，陈某某怀恨在心。2002 年 7 月 25 日晚 9 时许，陈某某用一次性注射器将甲胺磷农药打入陆某某家门前多条丝瓜中。次日晚，陆某某及其外孙女黄某某食用丝瓜后出现中毒症状。黄某某经抢救脱险，陆某某因农药中毒引发糖尿病高渗性昏迷低钾血症，医院诊断不当，陆某某因抢救无效于次日早晨死亡。

南通市中级人民法院认为，被告人陈某某的行为已构成投放危险物质罪。江苏省高级人民法院经复核，裁定核准南通市中级人民法院的判决结论。

二 判旨

没有投放危险物质的行为，就不会有被害人死亡结果，投放危险物质的行为与被害人死亡之间有刑法上的因果关系。

三 法条

《刑法》

第一百一十四条　放火、决水、爆炸以及投放毒害性、放射性、传染病病原体等物质或者以其他危险方法危害公共安全，尚未造成严重后果的，处三年以上十年以下有期徒刑。

第一百一十五条　放火、决水、爆炸以及投放毒害性、放射性、传染

[①] 最高人民法院刑事审判第一、二、三、四、五庭：《中国刑事审判指导案例 2（危害国家安全罪·危害公共安全罪·侵犯公民人身权利、民主权利罪）》，法律出版社 2017 年版，第 33—38 页。

病病原体等物质或者以其他危险方法致人重伤、死亡或者使公私财产遭受重大损失的,处十年以上有期徒刑、无期徒刑或者死刑。

过失犯前款罪的,处三年以上七年以下有期徒刑;情节较轻的,处三年以下有期徒刑或者拘役。

四 评释

本案的争议问题是:陈某某的行为与陆某某的死亡结果之间是否具有因果关系?

关于本案的因果关系问题,被告人及辩护人提出,被害人系因农药中毒诱发自身疾病,在两种因素共同作用下死亡,陆某某之死并非被告人陈某某投放农药必然所致。法院认为,没有被告人投毒行为,就不会有被害人死亡结果发生,显然,判决采取了条件说的方法。

在陈某某的行为与陆某某的死亡结果之间,无论是否有刑法因果关系,可以肯定的是,陈某某的行为已经构成犯罪。因为陈某某将农药注射到丝瓜内,尽管其出于杀害特定人的目的,但是,在客观上已经符合了《刑法》第 114 条规定,构成投放危险物质罪。

而讨论清楚本案的因果关系的意义,关系到《刑法》第 115 条是否适用,进而直接影响着对被告人适用的刑罚之轻重的问题。如果得出肯定因果关系的结论,则陈某某的行为就符合了《刑罚》第 115 条,属于投放危险物质罪造成了严重结果。这样,陈某某的行为,就是投放危险物质罪(适用第 115 条)与故意杀人罪既遂的想象竞合,按照"从一重处断"的原则处理。按照我国通说,最终会对陈某某论以投放危险物质罪,并在"十年以上有期徒刑、无期徒刑或者死刑"的刑度内裁量刑罚。如果不存在因果关系,陈某某的行为就属于投放危险物质罪(适用第 114 条)与故意杀人罪未遂的想象竞合,依照"从一重处断"的原则,以故意杀人罪(未遂)论处,在适用故意杀人罪基本刑的同时,适用未遂犯处罚的规定。

所以,准确判断本案因果关系,至关重要。陈某某及其辩护人的论点,与法院的结论,截然不同。而之所以产生分歧,是因为介入了以下两个因素:(1)被害人的特殊体质。(2)医院存在误诊。

首先可以肯定的是:被告人的行为与被害人死亡结果之间具备条件关系。当然,仅仅存在条件关系,还不能必然得出行为人要对实害结果负责的结论。法院仅从本案存在条件关系,就当然得出陈某某要对陆某某死亡结果负责的结论,过于跳跃,说理存在不足。

陈某某投放的农药,是一种内吸性很强、兼有触杀和胃毒作用的有机磷杀虫剂,因毒性过于剧烈,已经被列入到国家禁止生产、销售、使用的农药名单,如果浓度较大,毫无疑问,具有高度致命性。所以,被害人是否具有特异体质,意义并不大。

但是,如果农药浓度很低,本身不足以致命,在轻微中毒后,与被害人陆某某患有的糖尿病共同作用,诱发了高渗性昏迷低钾血症,导致被害人死亡的话,这就说明介入因素起了关键性作用,从而不能将结果归责于行为人。

关于医院存在误诊这一介入因素,是否会影响到死亡结果的归责的问题。如果医院误诊并不异常、对结果发生的作用力较小,相反的,陈某某的行为对结果发生作用较大,则陈某某的行为与陆某某死亡结果之间就存在因果关系。本案中,被害人陆某某糖尿病高渗性昏迷低钾血症,为被告人陈某某投毒行为所诱发,相对而言,该病是一种较为罕见的疾病,一旦发作,从医学上来看,往往难以作出正确诊断。因此,从一般的角度来看,在抢救过程中,医院出现诊治错误,并不异常,是在所难免的。而被告人陈某某投放的农药,总剂量不是很大。被害人陆某某在食用毒丝瓜后,当时身体并未出现非常强烈的中毒症状,从而进一步增大了医院准确诊断病因的难度。而案发当时,最先收治施救的是当地镇人民医院,相对来讲,作为最基层的医疗单位,当地镇人民医院的医疗条件和医疗水平是有限的,所以,在遇有罕见病症之时,出现诊治失误,是正常的,并不意外。所以,医院的误诊,对于归责没有影响。

案例 3-2 穆某某被控过失致人死亡案[①]

——意外事件:排除对行为人的客观归责

一 事实

1999 年 9 月 6 日 10 时许,穆某某驾驶农用三轮车,载客去某镇。车

[①] 最高人民法院刑事审判第一、二、三、四、五庭:《中国刑事审判指导案例 2(危害国家安全罪·危害公共安全罪·侵犯公民人身权利、民主权利罪)》,法律出版社 2017 年版,第 511—514 页。

行至某路段时,穆某某见前方有县交通局工作人员正在检查过往车辆。因自己的农用车有关费用欠缴,穆某某担心被查到受罚,遂驾车左拐,驶离路线,并在李某某家住宅附近停车让乘客下车。因车顶碰触村民李某明从李某某家所接电线接头的裸露处,车身带电。先下车的几名乘客,未发生意外。后下车的乘客张某某由于在下车时手抓挂在车尾的自行车车梁而触电身亡。

灌南县人民法院认为:本案属意外事件,不构成犯罪。判决被告人穆某某无罪。

一审宣判后,灌南县人民检察院提出抗诉。连云港市中级人民法院审理过程中,连云港市人民检察院认为抗诉不当,申请撤回抗诉。连云港市中级人民法院裁定准许连云港市人民检察院撤回抗诉。

二 判旨

私自改装车辆,使之违规超高,尽管与被害人触电身亡有一定联系,但被害人死亡后果,与该行为没有刑法因果关系。

三 法条

《刑法》

第二百三十三条　过失致人死亡的,处三年以上七年以下有期徒刑;情节较轻的,处三年以下有期徒刑。本法另有规定的,依照规定。

四 评释

本案的核心问题是:被告人私自改装车辆,使之违规超高,与被害人触电身亡有一定联系,两者之间是否具有刑法上的因果关系?

对于本案,有意外事件和过失致人死亡两种意见,一审法院最终采纳了第一种意见。

关于被告人私自改装车辆与张某某触电死亡后果的因果关系问题。考察是否存在刑法上的因果关系,首先需要查明行为与后果之间是否有条件关系。这是进一步确定行为人是否对侵害结果负责的客观基础。穆某某私自改装车辆,使车辆超高,违反了交通管理法规。李某明所接的照明线路,从安全用电常识来看,是不符合套户线路对地距离的,并且,所接电线接头处没有做绝缘处理，而是裸露放电。穆某某的三轮车行李架超高，恰巧又接触在电线裸露处，发生导电。张某某下车时，恰巧触电身亡。以上这些因素，偶然结合在一起，致使张某某触电身亡。没有加高行李架，就不会碰到裸露的电线，碰不到裸露的电线，就不会发生车辆导电，也就不会发生被害人死亡的结果，因此，仅从条件说来看，加高三轮车角铁行李架的行为，与张某某的死亡具有条件的因果关系。

但是，道路交通法禁止私自加高车辆行李架，是为了防止因加高而增加车辆控制难度，从而发生交通事故，而不是为了防止剐蹭违规架设的电线。如果本案被害人张某某死亡，是穆某某私自改装车辆，因超高而造成交通事故所致，那么，就可以将本案抽象为"违反交通运输管理法规，因而发生重大事故，致人死亡"的情形，结论就是：穆某某的行为，符合了《刑法》第133条的规定，构成交通肇事罪。本案显然不符合这一情况，所以，从规范保护目的来看，被害人的死亡，在刑法上不能归责于穆某某。一审法院认为，穆某某私自改装车辆，使之违规超高，虽与被害人张某某触电身亡的结果有一定联系，但是，并没有刑法意义上的因果关系。在主观上，穆某某根本不可能预见张某某触电身亡，也不存在过失。本案属于意外事件，被告人穆某某不构成犯罪。该判决理由，是妥当的。

案例3-3 韩某过失致人死亡案[①]
——证据不足，不能将结果归责于行为人

一 事实

2003年5月24日晚，余某在外饮酒后，由朋友送至住处楼下，下车后，余某无故殴打其妻，又与数位路人拉扯、追赶。后余某从一发廊内拿走一把理发剪，又与多人拉扯、抓打。被告人韩某在看热闹时，余某用理发剪将韩的手指刺伤。韩某跑到一水果摊旁拿起一个方木凳，余某跑开，韩某随后追赶，并用木凳向余肩背部砸了二三下，余被砸后继续往前跑，

[①] 最高人民法院刑事审判第一、二、三、四、五庭：《中国刑事审判指导案例2（危害国家安全罪·危害公共安全罪·侵犯公民人身权利、民主权利罪）》，法律出版社2017年版，第519—523页。

随后倒在公路中心线附近,韩某上前从余某手中夺过理发剪。后余某经医院抢救无效死亡。

宜昌市西陵区人民法院认为,韩某的行为与余某的死亡之间无刑法上的因果关系,判决宣告被告人韩某无罪。

一审宣判后,公诉机关提起抗诉。宜昌市人民检察院出庭支持抗诉。

宜昌市中级人民法院裁定驳回抗诉,维持原判。

二 判旨

证实伤害行为与伤害后果因果关系的证据不充分,就不能认定行为人的行为构成故意伤害罪。

三 法条

《刑法》

第二百三十四条 故意伤害他人身体的,处三年以下有期徒刑、拘役或者管制。

犯前款罪,致人重伤的,处三年以上十年以下有期徒刑;致人死亡或者以特别残忍手段致人重伤造成严重残疾的,处十年以上有期徒刑、无期徒刑或者死刑。本法另有规定的,依照规定。

《人体损伤程度鉴定标准》

3. 术语和定义

3.1 重伤使人肢体残废、毁人容貌、丧失听觉、丧失视觉、丧失其他器官功能或者其他对于人身健康有重大伤害的损伤,包括重伤一级和重伤二级。

3.2 轻伤使人肢体或者容貌损害,听觉、视觉或者其他器官功能部分障碍或者其他对于人身健康有中度伤害的损伤,包括轻伤一级和轻伤二级。

3.3 轻微伤各种致伤因素所致的原发性损伤,造成组织器官结构轻微损害或者轻微功能障碍。

4.3 伤病关系处理原则

4.3.1 损伤为主要作用的,既往伤/病为次要或者轻微作用的,应依据本标准相应条款进行鉴定。

4.3.2 损伤与既往伤/病共同作用的,即二者作用相当的,应依据本标准相应条款适度降低损伤程度等级,即等级为重伤一级和重伤二级的,可视具体情况鉴定为轻伤一级或者轻伤二级,等级为轻伤一级和轻伤二级的,均鉴定为轻微伤。

4.3.3 既往伤/病为主要作用的,即损伤为次要或者轻微作用的,不宜进行损伤程度鉴定,只说明因果关系。

四 评释

本案的核心问题是:韩某的行为与余某死亡结果之间是否有因果关系?

本案属于被害人特殊体质介入的情况。司法鉴定表明,与被害人死亡有关的因素有:(1)被害人属于特殊体质,患有心脏肥大、灶性肺出血及陈旧性肺结核等疾病。(2)被害人饮酒、奔跑、拉扯、追赶、情绪激动等多种情形。(3)多人与被害人之间的抓打行为。(4)韩某的行为。以上因素,均与被害人死亡之间具有一定的条件关系。

但是,即便具有条件因果关系,在被害人特殊体质下,还需要考察行为人行为导致结果发生作用力的大小、被害人特异体质是否异常以及对于结果作用力的大小。对于死亡原因,有三份鉴定意见:(1)湖北同济法医学司法鉴定中心的鉴定意见。这是该中心的第一份鉴定意见。结论为,死者比较符合在心脏肥大的基础上,因身体多处损伤、饮酒及纠纷中情绪激动等多因素的作用下,致急性心功能衰竭而死亡。(2)湖北同济法医学司法鉴定中心出具的补充鉴定意见。这是该中心的第二份鉴定意见,对第一次鉴定意见做了补充。结论为:死者符合在左心脏肥大的基础上,因身体多处遭受钝性损伤,特别是头部皮肤挫裂创,加上饮酒及纠纷中剧烈奔跑等多种因素作用下致急性心功能衰竭而死亡,其损伤在其死亡过程中的参与度为20%—30%。(3)湖北省宜昌市公安局西陵区分局法医鉴定所鉴定意见。结论为:余某头面部所受之伤为轻微伤。

综合法医鉴定意见,导致被害人死亡的主要原因,是被害人本身的生理性疾病,头部创伤的参与度,在死亡原因中,属于次要因素。

所以,如果韩某的行为构成犯罪,就意味着韩某用木凳向被害人肩背部砸了二三下,具有致命性,或者必须有证据证明余某头部伤系韩某所致。但是，对于前者，在鉴定意见中已经能够排除。对于后者，也没有充分的证据予以证实，所以，不能认定韩某犯故意伤害罪。因为，现有证据，只能证明的事实是：韩某用木凳砸了被害人的背部和肩部。首先，证人证言能够证实，在同韩某发生纠纷之前，余某已经连续追打数人，与之发生过肢体接触。且在追打这几人的过程中，余某曾有几次倒地。而对于韩某和余某的纠纷，根据证人证言和被告人供述，能够证明韩某使用木凳砸了余某，作用的部位是背部和肩部。其次，本案缺乏凶器证据。法庭审理过程中，公诉人没有出示凳子的原物或照片，凳子的具体情况无从知晓。此外，侦查机关也没有对凳子上是否有血迹或其他物证进行固定。如果有血迹或其他物证，也没有提取和鉴定。因此，被害人头部伤是否为凳子砸打所致，缺乏物证证实。最后，本案没有现场勘查笔录，对于余某倒地的现场情况，究竟是何种状况，无法查清。因此，也就不能排除如下合理怀疑：被害人前额的创伤是其自己倒地所致。

宜昌市西陵区人民法院认为，本案所有证据均不能证明余某头部伤是韩某所致，韩某用木凳给余某身体造成的伤害，未达到犯罪标准。本案无刑法上的因果关系。法院的判断，是正确的。

案例 3-4　罗某故意伤害案[①]
——介入因素不异常，不阻却客观归责

一　事实

2002年2月12日下午，罗某在莫某某家聚会饮酒。晚上，罗某又与他人一同打麻将，莫某某旁观。罗某打麻将时讲粗话，莫某某劝止罗某，二人争吵。莫某某推了一下罗某，罗某朝莫某某的左面部打了一拳，接着又推莫某某右肩，莫某某在踉跄后退中后脑部碰撞到门框。在场人将莫某某和罗某抱住。莫某某挣脱出来，前行两步后突然向前跌倒，约两三分钟后即死亡。法医鉴定，莫某某后枕部头皮下血肿属钝器伤，系后枕部与钝

[①] 最高人民法院刑事审判第一、二、三、四、五庭：《中国刑事审判指导案例2（危害国家安全罪·危害公共安全罪·侵犯公民人身权利、民主权利罪）》，法律出版社2017年版，第540—543页。

性物体碰撞所致，血肿位置为受力部位。莫某某的死因是后枕部与钝性物体碰撞及撞后倒地导致脑挫伤、蛛网膜下腔出血所致。

恩平市人民法院认为：被告人罗某犯故意伤害罪。

一审宣判后，被告人罗某未提出上诉，人民检察院也未提出抗诉。

二 判旨

被告人在拳击掌推的行为之前，没有预见到严重后果，但仍是故意伤害他人身体的行为，被害人死亡与被告人行为之间具有刑法上的因果关系。

三 法条

《刑法》

第二百三十三条 过失致人死亡的，处三年以上七年以下有期徒刑；情节较轻的，处三年以下有期徒刑。本法另有规定的，依照规定。

第二百三十四条 故意伤害他人身体的，处三年以下有期徒刑、拘役或者管制。

犯前款罪，致人重伤的，处三年以上十年以下有期徒刑；致人死亡或者以特别残忍手段致人重伤造成严重残疾的，处十年以上有期徒刑、无期徒刑或者死刑。本法另有规定的，依照规定。

四 评释

本案的主要问题是：被告人的行为与被害人的死亡结果之间有无刑法上的因果关系？

反对意见认为，本案不能确认刑法上的因果关系，罗某的行为不构成犯罪。对被害人的死亡结果，要求被告人负刑事责任，是没有客观依据的，因此，被告人的行为不构成犯罪。

法院借助通说的必然因果关系与偶然因果关系理论，认定本案存在刑法上的因果关系。我国通说因果关系理论，与条件说并不是对立关系，通说是借助哲学上的因果关系理论来对刑法因果关系进行判断的，而条件说是采用了"无前者，则无后者"的事实性判断，从必然因果关系来看，也可以得出"有这个因素，结果必然发生，如果没有这个因素，则危害结果就不会发生"，如此来看，我国通说与条件说是存在暗合之处的。

但是，仅具有条件关系，尚不能必然得出莫某某死亡的结果就要算到罗某的头上，由罗某负责。为此，还需要进一步考量。罗某的掌推行为，打击的部位并非要害部位，但是，是有一定的力度的，在被害人醉酒状态下，按照日常生活经验，造成被害人身体失控，并不意外。最终，在行为人的掌推之下，莫某某立足不稳向后倒退，致使头后枕部与门边碰撞。莫某某无法有效控制身体，进而倒地形成脑挫伤、蛛网膜下腔出血，最终被害人死亡。所以，罗某的行为，创设了一定的风险，并且在风险实现的过程中，醉酒状态作为介入因素，在行为人的行为当时已经是客观存在的，醉酒后可能对于身体的控制力下降，这是众所周知的事实，所以，莫某某醉酒立足不稳，作为介入因素，在一般人看来，并不异常，并且客观上，对于结果发生的作用力相对较小，最终实现的结果是罗某用力掌推的行为所致。这样，被害人死亡的结果，应当由罗某负责，反对意见，是没有道理的。

但是，本案是否要定性为故意伤害罪，则可以商榷。能得出被害人死亡结果能够归责于行为人，并不能够必然得出行为人的行为就是故意伤害。如果被告人对被害人头面部那一拳，不具有致人轻伤以上伤害特点的话，本案定性为过失致人死亡罪，似乎更为妥当。

案例3-5 王某某盗窃、强奸案[①]
——仅有事实上的因果关系不是结果加重犯的充要条件

一 事实

被告人王某某于某日凌晨3时许，钻窗潜入某住宅，从客厅的皮包中窃得人民币100元及手机1部。王又进入大卧室，将熟睡中的李某某（女，殁年39岁）唤醒，对李威胁并撕破李的吊带背心捆住李的双手，强行将李某某奸淫，后钻窗逃离现场。李某某到阳台呼救时，因双手被

[①] 国家法官学院、中国人民大学法学院编：《中国审判案例要览（2007年刑事审判案例卷）》，人民法院出版社、中国人民大学出版社2008年版，第29—32页。

捆，坠楼身亡。

北京市第一中级人民法院一审认为，被告人王某某构成强奸罪，且造成被害人呼救时坠楼身亡的严重后果。被害人双手被捆绑，是其坠楼身亡的主要原因。被告人依法应当判处死刑，但鉴于本案具体情况，可不必立即执行。

一审宣判后，王某某提出上诉。北京市高级人民法院认为，王某某行为分别构成盗窃罪和强奸罪。原判定罪准确，但是，考虑到本案的具体情节及王某某对其强奸所致严重后果应负的罪责，对强奸罪量刑不当，应予改判。

二　判旨

被害人死亡，与强奸行为之间有事实上的因果关系。死亡后果，属于强奸罪的加重结果。所以，应认定被告人构成强奸罪的结果加重犯。

三　法条

《刑法》

第二百三十六条　以暴力、胁迫或者其他手段强奸妇女的，处三年以上十年以下有期徒刑。

奸淫不满十四周岁的幼女的，以强奸论，从重处罚。

强奸妇女、奸淫幼女，有下列情形之一的，处十年以上有期徒刑、无期徒刑或者死刑：

（一）强奸妇女、奸淫幼女情节恶劣的；

（二）强奸妇女、奸淫幼女多人的；

（三）在公共场所当众强奸妇女、奸淫幼女的；

（四）二人以上轮奸的；

（五）奸淫不满十周岁的幼女或者造成幼女伤害的；

（六）致使被害人重伤、死亡或者造成其他严重后果的。

四　评释

本案的核心问题是：强奸行为与被害人死亡之间是否具有刑法上的因果关系？

王某某盗窃、强奸案中，被害人死亡的结果被归责于王某某，一审、二审法院均认定王某某的行为构成盗窃罪与强奸罪（致人死亡）。北京市高级人民法院法官认为，在客观上，王某某实施了强奸行为，而捆绑被害人双手的行为，是压制被害人反抗，属于强奸行为的组成部分。最终，在导致被害人死亡的过程中，捆绑行为也起到了一定作用。被害人李某某在开放的阳台呼救时，双手被绑，使得其难以控制身体平衡，最终导致坠楼身亡。虽然在被害人呼救时，客观上，王某某的强奸行为已经实施完毕，且离开了现场，但是，被害人双手仍被捆绑，这就意味着王某某实施强奸犯罪的暴力，在客观上依然在持续地发生作用，所以，被害人李某某的双手被绑，是强奸犯罪暴力行为的延续。并且，鉴于本案具体的时空条件，当时被害人李某某也不能确定被告人王某某是否已结束侵害。因此，被害人李某某坠楼身亡与被告人王某某的强奸行为之间有事实上的因果关系，被害人坠楼身亡，非意外事件，是强奸罪的加重结果。

有观点认为，本案中，为了压制被害人的反抗，被告人采取了捆绑等暴力手段。而若被害人强烈反抗的话，会发生被害人死亡后果的"危险"，也是极有可能的。所以，从主观方面来看，可以得出，在一定程度上，被告人对此是有认识和意志的。而根据现场情况，能够作出如下认定：被告人王某某对发生被害人死亡后果的"危险"，主观上是有认识可能性的。[①]

一、二审法院之所以认定本案符合强奸罪的结果加重犯，是因为：（1）基本犯罪行为具有高度内在危险性。（2）被害人李某某死亡后果与被告人王某某的强奸行为之间有事实上的条件因果关系。在反驳辩护人所提的"偶然因素"可能导致被害人坠亡，应当减轻被告人责任之主张，法院也承认尽管不能排除被害人坠楼身亡可能存在偶然因素，但是，考虑到当时的时空情况，在孤立无援，精神处于高度惊恐状态下，被害人李某某的呼救是必然所为，并不意外。在呼救中，因双手被绑，无法保持身体平衡，是导致被害人坠楼身亡的主要原因。因此，在因果关系的判断上，法院采取了我国通说的必然因果关系与偶然因果关系这一对概念，但是，如果认真分析一、二审法院的理由，无非就是"如果没有行为人在凌晨

---

① 国家法官学院、中国人民大学法学院编：《中国审判案例要览（2007年刑事审判案例卷）》，人民法院出版社、中国人民大学出版社2008年版，第33—34页。

实施强奸行为,孤立无援的被害人就不会处于高度的精神惊恐状态之下,如果没有其双手被捆绑的事实,就不会导致被害人在呼救时因身体不稳定而坠楼身亡,因此,行为人的捆绑被害人双手就是被害人死亡的主要原因",如此看来,一、二审法院实际上采取的都是条件说。

关于刑法中行为与结果之间的因果关联,我国《刑法》并未作出任何规定,因此,其标准留待理论来解决。对此,首先进入理论视野的就是条件说。尽管迄今为止,条件说已经有了不少的修正模式,但是在大陆法系,依然是主宰学界和实务的优势见解。然而,条件说有容易扩大处罚范围的弊端。王某某盗窃、强奸案,一、二审法院都采取了条件说,尽管法官在论证本案时强调强奸行为自身的足以产生严重结果的危险性,并且,用现场当时具体情况进一步强化这种严重结果的危险性,但是,难言成功。

对本案法院的处理结论,有学者表示赞同,但同时指出,无论使用偶然因果关系还是条件说来分析本案,都存在问题。因为,用偶然因果关系来分析,一旦出现偶然因素,就会一概否定前行为与结果的因果关系。而用条件说分析,在存在被害人介入因素的场合,也无法否认介入因素与结果之间存在因果关系。而使用相当因果关系说来分析本案,具有合理性。在判断强奸行为与死亡结果之间有无因果关系时,应考虑三个因素:(1)行为人在高层建筑距离露天阳台较近的卧室用暴力强奸妇女,并且妇女双手被捆绑,这样对妇女的生命具有较大威胁,所以,先前行为已经有导致妇女死亡的很大可能,二者之间具有相当的因果关系。(2)从当时的情景来看,妇女挣脱,跑向阳台呼救的行为属于正常的反应。因双手被捆而导致身体失去平衡,这种状况也并不异常。(3)尽管妇女呼救时失去平衡而坠楼,该因素对死亡结果起到了很大作用,但是,综合考虑,依据前两个因素均可以认定先前行为与妇女的死亡存在因果关系。所以,妇女死亡的结果是行为人先前暴力行为所制造的危险的相当程度的实现。①

其实,即便采用相当因果关系说,也不能够必然得出王某某要对被害人的死亡负责的结论。不能否认,在行为后介入了意料之外第三人或者被

---

① 陈兴良主编:《案例刑法研究(总论·上卷)》,中国人民大学出版社2020年版,第232页。

害人行为，发生了结果的情形，从偶然因果关系与条件说的角度来分析，的确存在问题。相对于偶然因果关系和条件说，相当因果关系说具有一定的方法论上的优势。相当因果关系说关注行为与结果在日常生活中的常态关联，从事后的角度，将相关事实为判断基础，再进行有无相当性的判断，这是"客观的事后推测法"。但是，仅仅从现实中的因果经过是否古怪离奇，是否超越了相当性，尚不能判断结果归责关系。对于介入因素下的相当性的判断，日本学者前田雅英教授的理论是：（1）判断先前的实行行为对结果发生的贡献程度（行为危险性的大小）。（2）考察随后介入情况异常性的大小（与实行行为的联结，是否由实行行为所诱发）。（3）分析介入情况对结果的贡献程度。[①]

按照前田雅英教授的方法，对于王某某盗窃、强奸案中的被害人介入因素是否影响结果归责，就需要考察以下几个问题。

第一，考察王某某实施的强奸行为是否具有致命性特质的问题。如果实行行为有致人重伤或者死亡的危险特性，意味着原则上要肯定因果关系，相反的，如果实行行为的危险性小，则原则上没有因果关系。在危险性处于这两者之间时，就需要考虑介入情况的异常性与贡献程度。在介入因素不异常、贡献程度相对较小之时，就能肯定因果关系。不可否认，强奸罪是严重的人身犯罪，而且，本罪的部分实行行为（暴力压制被害人反抗）的确有致使被害人重伤、死亡的可能。但是，具体到某一特定具体犯罪时，不能如此抽象地进行评断。本案中，盗窃行为与被害人死亡没有条件关系，不是我们关注的焦点。除此之外，王某某实施了捆绑被害人双手和性交行为。从当时的客观情况来看，捆绑双手并不具有致命性（被害人被捆绑而死），强奸行为也没有致命性。因此，不能得出捆绑行为或者强奸行为自身具有致命性的结论。前述学者以在露天阳台强奸捆绑双手的被害人具有导致妇女死亡的极大危险性的结论，显然不妥。

第二，被害人介入情况的异常性问题。不能因为行为人实施的行为不具有危险性大的特质，就马上得出危险小的结论，从而仓促地否定结果归责。如果被害人被长期捆绑，的确不能排除因捆绑而受伤甚至死亡的可能，因此，本案行为人实施的行为的危险性应当是介于危险性大与危险小

[①] ［日］前田雅英：《刑法总论讲义》（第6版），曾文科译，北京大学出版社2017年版，第122页。

之间。这样，就需要考虑被害人介入情况的异常性问题。

明显的，捆绑被害人双手实施强奸行为本身，与被害人阳台呼救坠楼身亡并不是密不可分地接近，不是前者必然引起后者的情形。因此，这里需要对被害人阳台呼救坠楼而死这一介入情况是否异常进行判断。"介入情况的异常性不只是单纯地将'介入情况本身是否离奇古怪'作为问题来对待。必须通过介入情况与实行行为之间的关系，来考虑介入情况究竟在多大程度上具有通常性。介入情况的异常性要通过以下三点来判断：(1) 介入情况本身离奇古怪的程度……(2) 出现介入情况的类型性的概率，即会附随着这样的行为经常性地出现，还是罕有发生……(3) 介入情况与实行行为的关联性，即行为人的实行行为成为诱因必然地引起介入了情况，还是说介入情况是在与实行行为无关的情况下产生的。"① 不能否认，被害人在遭受侵害后，向人们呼救，是一种常态。但是，仅此尚难得出介入情况不异常。我们必须仔细考察当时的具体情况。设若行为人还在作案现场，在性侵结束后，被害人为了逃脱，实施呼救行为，是很自然的。并且，在行为人在场的情况下，被害人再次遭受侵害的可能性依然存在，因此，被害人不可能经过理性考量，采取其他可以采取的四平八稳的方式呼救，换言之，被害人跑到阳台上，将身体探出阳台呼救，也是很正常的，并不罕见，而捆绑行为当然成为诱因，必然会导致被害人不计后果地实施相关求助、自保行为，阳台呼救这种形式，自然也是可以理解的一种求救方式。因此，这种场合，结果应当归责于行为人。但是，本案不属于这一种情形。被害人呼救，是在王某某离开现场之后实施的，在呼救当时，尽管可能存在着一定程度的恐惧（被侵害之后的恐惧心理），但是，客观上，已经没有那种无暇思考的境地了。行为人离开现场，被害人自然知晓。在没有巨大压力的情况下，本可以采取较为安全的求助方式，但是，被害人采取了高风险的方式，将身体探出阳台呼救，最终因失去平衡而坠楼身亡。显然，这种求助方式，在这种具体场景，过于罕见。也并不能当然得出"捆绑双手成为诱因，必然会引起被害人跑到阳台上，将身体探出阳台高声呼救"这样的结论。在行为人离开现场，被害人可以通过多种形式呼救而不是到阳台呼救这种"只此一策，别无他法"了。换

---

① [日]前田雅英：《刑法总论讲义》（第6版），曾文科译，北京大学出版社2017年版，第123页。

言之,被害人呼救是能够"容易地"预想得到的,但是,在行为人已经离开现场后,被害人依然采取如此不顾自身安危的方式呼救,则是不能够"容易地"预想得到的,因此,这种情形下,被害人到阳台呼救这一介入因素,过于异常。所以,最终导致坠楼身亡这一结果,尽管与捆绑双手实施强奸行为具备条件关系,但是,从结果归责这一意义上来讲,没有多大的关系。

第三,考察被害人介入因素的贡献力。介入情况对结果的规则判断而言,非常重要。如果介入因素不是凌驾于先行的行为之上,具有压倒性优势的情况的话,则最终的结果,依然要归责于先行的行为之人。显然,本案中,被害人坠楼身亡,根本性的是被害人将身体探出阳台,失去平衡,而不是捆绑双手。尽管捆绑双手更容易使被害人失去平衡,但是,在不是非常紧迫的情况下,在非无暇顾及的情况下,是否要到阳台上采取容易失去平衡的方式呼救,决定性的是被害人自己的选择,而不是捆绑双手。因此,被告人阳台呼救失去平衡这一因素,对于坠楼身亡这一结果而言,贡献程度不能说不大,所以,不能将最终的结果归责于行为人。

需要注意的是,法院的思维方法,存在问题。法院正确地指出,现有证据不能证明被害人李某某坠楼身亡的结果,系被告人王某某实施了推搡行为或者杀死被害人之后抛弃等行为所致,并且,从人们日常生活经验上,在被害人呼救之时,双手被捆,极易失去平衡。立足以上结论,法院综合考虑本案,只得出了以下结论:被告人主观上有对发生被害人死亡后果"危险"的认识可能。故而,根据本案查明的现有证据,只能得出如下判断:被告人王某某应承担强奸罪结果加重犯刑事责任,而不是故意杀人罪。显然,法院的逻辑就是:因为现有证据不能证明行为人将被害人推下楼或者杀死抛尸,而被害人双手被捆,容易失去平衡,从楼上摔下,发生死亡的结果,所以,对于这种"危险",行为人主观上是有"认知"的。

但是,这里存在三个问题。其一,从没有证据证明行为人将被害人推下或者杀死后推下(意味着证明行为人故意杀人的证据不足),就得出行为人有对于被害人坠楼而死这种"危险"的认知,显然是将两个没有关系的事物强行拉在了一起,这中间存在巨大的逻辑跳跃。其二,将属于客观考量的因果关系与客观归责问题,委之于行为人对于"如果被害人呼救,那么因其双手被捆,极易失去平衡而坠亡"这种主观上的认识,是将原本属于客观构成要件范畴中的客观归责的问题,拱手交给了主观构成要件中的主观认知来处理,实际上,逃避了应当正面回答如何客观归责的问题,也即被害人死亡如何要算到被告人头上的问题,并不妥当。其三,量刑反制定罪的思维。或许法院认为,被告人只承担普通强奸罪的刑事责任,显然处罚过轻,而为了重罚被告人,就得适用加重型强奸罪的规定,因此,适用强奸致人死亡的规定,就是自然的选择。量刑反制定罪的思考方法,其根本性的问题在于"以刑定罪"。高艳东教授认为,刑法的目的并非定罪,而是量刑,判断罪名只不过是为公正量刑服务而已。① 相反的,按照大陆法系刑法理论,往往是"先定性,再量刑",量刑是在定性基础上展开的。但是,这种"重定性、轻量刑"的做法,不会为了量刑公正而改变罪名;对形式判断(重视罪名)要重于实质判断(刑事责任),彰显出了大陆法系刑法理论固有的缺陷。如果与犯罪成立条件而认定的罪名相对应,事实上会使得量刑明显过重的话,那么,为了公正量刑,以实现刑法的终极目的,罪名就可以让路于刑事责任,就可以为了公正量刑而适度变换罪名。② 从关注实质上的量刑公正这一点上来看,量刑反制定罪有值得肯定的地方。但是,这种做法可能会导致分则罪名丧失定型性,同时,也可能会影响对案件事实的正确归纳,更为重要的是,还隐藏着违反罪刑法定原则的危险。③ 如果将这种做法推向极致,那么,只要感觉量刑过重(有时可以是过轻),就可以不管刑法罪名而任意突破相应的犯罪构成,罪刑法定原则的约束可被随意地无视,这"无疑大可商榷"。④ 所以,披着实用主义外衣的量刑反制定罪的做法,"总体上这不是一个好的甚至有可能是一个很糟的进路"⑤。这种类似于"自由法学"的解决问题的方法,脱离为刑法分则罪名所确立的构成要件,仅考虑"处罚妥当性",就会丧失"正当性",从而不实际地违背法律。

---

① 高艳东:《量刑与定罪互动论:为了量刑公正可变换罪名》,《现代法学》2009年第5期。
② 高艳东:《从盗窃到侵占:许霆案的法理与规范分析》,《中外法学》2008年第3期。
③ 张明楷:《许霆案的刑法学分析》,《中外法学》2009年第1期。
④ 劳东燕:《刑事政策与刑法解释中的价值判断——兼论解释论上的"以刑制罪"现象》,《政法论坛》2012年第4期。
⑤ 苏力:《法条主义、民意与难办案件》,《中外法学》2009年第1期。

案例3-6 刘某某等故意杀人案[①]
——先行行为阻却被害人自我答责

一 事实

2014年6月2日，被告人刘某某与被害人徐某某相约，次日开房间发生性关系，并商议饮用甲基苯丙胺的过滤水（俗称"冰水"）以增加刺激。2014年6月3日上午，刘某某至被告人陈某某住处索要"冰水"。陈某某明知使用"冰水"可能会致人死亡，且明知刘某某的目的，仍向其提供了300毫升左右。当日上午10时40分左右，刘某某和徐某某在某商务宾馆一房间内，各喝了一半"冰水"。后二人出现皮肤变黑、发热等中毒症状。刘某某呕吐后症状缓解。徐某某中毒症状逐步严重。至6月4日7时许，徐某某昏迷。刘某某电话联系陈某某。陈某某来后称"挂水"就会好，并将其朋友陈某1喊来。陈某某告诫若再不抢救会导致徐某某死亡，并劝赶快打120急救电话。陈某1亦一同劝刘某某打120急救或打110报警求助。刘某某因害怕奸情暴露和吸食冰毒被公安机关处理，拒绝拨打求助电话。后徐某某死亡。

江苏省盐城市中级人民法院认为，被告人刘某某、陈某某的行为构成故意杀人罪。

二 判旨

被告人刘某某的先前行为制造了对被害人生命的危险，因而，刘某某处于保证人地位，有义务阻止被害人生命危险的现实化。在能够通过求助以避免被害人死亡可能性的前提下，被告人拒绝履行阻止危险的义务，导致被害人死亡，就可认定为不纯正不作为的故意杀人罪。

[①] 北大法宝：https://www.pkulaw.com/pfnl/a25051f3312b07f3d8be6011112c241f8f2433b7e-afbe79ebdfb.html?keyword=%E5%88%98%E9%A1%BA%E5%AE%89&way=listView，最后访问日期：2020年11月12日。

三 法条

《刑法》

第二百三十二条 故意杀人的，处死刑、无期徒刑或者十年以上有期徒刑；情节较轻的，处三年以上十年以下有期徒刑。

四 评释

本案的核心问题是：刘某某是否有救助义务，被害人的行为是否为自我答责？

法院认为，刘某某的行为，构成故意杀人罪。理由是：刘某某的先前行为制造了对被害人生命的危险，因而，刘某某处于保证人地位，有义务阻止被害人生命危险的现实化。在能够通过求助以避免被害人死亡可能性的前提下，被告人拒绝履行阻止危险的义务，就可以认定为不纯正不作为的故意杀人罪。尽管因果关系似乎不是问题的焦点，但是，因本案涉及被害人"危险接受"（Riskoübemrnahme）的问题，所以，被害人为了增加刺激而与被告人商议饮用甲基苯丙胺的过滤水（"冰水"），能否被认定为属于被害人的危险接受，进而对于死亡结果，由被害人自负其责，还是有讨论的必要。[①] 江苏省高级人民法院法官认为，刘某某直接将能致人中毒死亡的"冰水"提供给被害人饮用，其行为与被害人死亡结果之间，具有直接因果关系。此外，被害人并不明知饮用"冰水"所可能造成的风险以及危害后果，而只是单纯地追求增加性交时的刺激感。在饮用"冰水"中毒昏迷之后，已经失去了自我决定和自救的能力。既然对可能出现的危害后果，被害人既没有认识因素，也没有意志因素，所以，本案不存在被害人承诺的问题，亦不属于自己危险化的参与或者基于合意的他者危险化之类的危险接受，从而不属于被害人自我答责的情形。[②]

[①] 关于危险接受的详尽论述，参见马卫军《被害人自我答责研究》，中国社会科学出版社2018年版，第146—275页。

[②] 北大法宝：https://www.pkulaw.com/pfnl/a25051f3312b07f3d8be6011112c241f8f2433b7ea-fbe79ebdfb.html? keyword =%E5%88%98%E9%A1%BA%E5%AE%89&way = listView，最后访问日期：2020年11月12日。

如果被害人对于饮用"冰水"的危害性并不知晓，而仅仅是为了增加刺激的话，那么，这里就欠缺基于被害人的自由意志而形成的"任意、行为与结果的统一体"，最终的死亡结果就不应当由被害人负责。① 在结果由行为人负责的情况下，如果行为人也局限于自己的认知，对饮用"冰水"的后果不能正确认知，那么，被告人在主观上可能至多就是过失，如此，法院故意杀人罪的结论也就可能存在问题。如果行为人有相对于被害人的优越认知，那么，就被害人而言，也不会形成"任意、行为与结果的统一体"，最终的侵害结果应当由行为人负责。如此，法院的结论就值得赞同。但是，法官的论证尚有不精确之处。无疑，从条件说出发，刘某某提供给被害人饮用"冰水"的行为与被害人的死亡结果之间具有条件关系。无疑，被害人饮用"冰水"是追求更大的刺激感，但是，被害人是否绝对不明知由此可能造成的风险以及危害后果，还需要结合之前是否有类似经历，以及被害人的知识、阅历等相关资料仔细分析，而不是以追求刺激这一心理驱动，掩盖被害人对于风险认知的判断，同时，在没有指出行为人优越认知的情况下，就一步跳跃到提供"冰水"给被害人饮用是先行行为，然后以行为人有结果回避可能性，进而肯定结果的归责，这个结论有些过于仓促了。

此外，在刑法理论上，先行行为是否能够产生保证人地位，存在肯定说与否定说的争议。肯定说主张先行行为是作为义务的来源。② 否定说则完全否认先行行为能够产生作为义务。③ 事实上，一概否定或者一概肯定的做法，都有不当扩大或者缩小不作为犯的成立范围与处罚范围的弊端。肯定说主张，只要与后续损害有关，则在先行为都可以引发作为义务，成

---

① 本书认为，被害人自我答责处于构成要件符合性层次，其作用在于排除行为人行为的构成要件该当性，从而影响行为人的不法。被害人之所以自我答责，是因为从规范上看，被害人基于自己的任意，形成了"任意、行为与结果的统一体"，从而导致行为人的行为没有实现不被允许的风险。相反的，如果没有"任意、行为与结果的统一体"的话，就不能由被害人自我答责。参见马卫军《被害人自我答责研究》，中国社会科学出版社2018年版，第21—25页。

② ［日］日高義博：《不真正作為犯の理論》，慶応通信株式会社1978年版，第131—162頁。

③ ［德］许迺曼：《德国不作为犯法理的现况》，陈志辉译，载许玉秀、陈志辉合编《不移不惑献身法与正义——许迺曼教授刑事法论文选辑·贺许迺曼教授六秩寿辰》，公益信托春风煦日学术基金2006年版，第641—668页；许玉秀：《当代刑法思潮》中国法制出版社2005年版，第618—755页。

为作为义务的来源,这"显然就落入了自然意义上的条件因果关系的窠臼"①。但是,一概否定先行行为能够产生作为义务,则矫枉过正。因此,妥当的做法就是"应当肯定一定的先前行为能够产生作为义务"②。既然并非任何先前行为都能产生作为义务,为此,就应对先行行为予以合理限定,以免不当扩大处罚范围。如何妥当划定先行行为的边界,德国通说与实务界"义务违反标准"提出了以下主张:(1) 适法行为不是先行行为;(2) 违反义务行为与结果发生,具有紧密的条件关系;(3) 先行行为与损害结果之间,必须具备义务违反关联。③

不作为能够被视为犯罪,意味着这种作为义务类型只能来自刑法,而非诸如民法等领域。因此,这种作为义务的原因,只能在先行行为本身之中去寻找。不是仅仅由于先行行为与损害结果之间具有事实性条件关系,所以实施先行行为者才对最终的损害结果负责,而是因为存在规范性的归责关系。遗憾的是,本案司法文书以及法官的解读,对此都没有很好地回答。

案例 3-7 刘某某抢劫、强奸案④
——同一因果不能双重评价

一 事实

某日 23 时许,被告人刘某某将唐某某骗至其租房内,用暴力殴打、持刀威胁等手段,威逼唐某某打电话筹款现金人民币 5 万元未果。后又逼迫唐某某写下 5 万元的欠条。其间,刘某某两次强奸唐某某。次日 17 时 30 分许,唐某某无法忍受暴力折磨,爬上窗台欲逃离现场,后坠至地面,身上多处骨折。

浙江省杭州市中级人民法院认为,被告人刘某某的行为已构成抢劫

---

① 王莹:《论犯罪行为人的先行行为保证人地位》,《法学家》2013 年第 2 期。
② 张明楷:《不作为犯中的先前行为》,《法学研究》2011 年第 6 期。
③ 王莹:《论犯罪行为人的先行行为保证人地位》,《法学家》2013 年第 2 期。
④ 北大法宝:https://www.pkulaw.com/pfnl/a25051f3312b07f369b58c9870162f6024896fca18-658388bdfb.html?keyword=%E5%88%98%E5%BA%86%E5%B3%B0&way=listView,最后访问日期:2021 年 11 月 12 日。

罪、强奸罪。

一审宣判后，被告人刘某某提出上诉。

浙江省高级人民法院裁定驳回上诉，维持原判。

二 判旨

被告人的暴力行为与被害人的介入行为（逃离行为）之间存在必然的关联，因此，暴力行为与轻伤后果之间，有刑法因果关系。

三 法条

《刑法》

第二百三十六条　以暴力、胁迫或者其他手段强奸妇女的，处三年以上十年以下有期徒刑。

奸淫不满十四周岁的幼女的，以强奸论，从重处罚。

强奸妇女、奸淫幼女，有下列情形之一的，处十年以上有期徒刑、无期徒刑或者死刑：

（一）强奸妇女、奸淫幼女情节恶劣的；

（二）强奸妇女、奸淫幼女多人的；

（三）在公共场所当众强奸妇女、奸淫幼女的；

（四）二人以上轮奸的；

（五）奸淫不满十周岁的幼女或者造成幼女伤害的；

（六）致使被害人重伤、死亡或者造成其他严重后果的。

第二百六十三条　以暴力、胁迫或者其他方法抢劫公私财物的，处三年以上十年以下有期徒刑，并处罚金；有下列情形之一的，处十年以上有期徒刑、无期徒刑或者死刑，并处罚金或者没收财产：

（一）入户抢劫的；

（二）在公共交通工具上抢劫的；

（三）抢劫银行或者其他金融机构的；

（四）多次抢劫或者抢劫数额巨大的；

（五）抢劫致人重伤、死亡的；

（六）冒充军警人员抢劫的；

（七）持枪抢劫的；

(八)抢劫军用物资或者抢险、救灾、救济物资的。

四 评释

本案的焦点问题是对被害人唐某某介入行为与轻伤结果之间的关系应如何评价。

一审法院将轻伤后果均在抢劫罪、强奸罪中做了评价。根据本案一审法官的表述，之所以如此认定，理由是：本案中，唯一能脱离被告人暴力的方式便是逃离现场。而当时房门已被反锁，被害人别无选择，只有跳窗一条路径。因此，被告人的暴力行为与被害人的介入行为（逃离行为）之间存在必然的关联，所以，暴力行为与轻伤后果之间有刑法因果关系。同时，被害人人身伤害结果发生，可分别在抢劫罪（致人轻伤，根据司法解释，认定成立犯罪既遂）和强奸罪（致人轻伤）中予以评价，如此并不违反重复评价原则。

刘某某抢劫、强奸案中，法院将被害人的轻伤结果归责于行为人，在结论上值得赞同。并且从办案法官的论证中，可以看出是采用了相当因果关系说。办案法官的思维是：按照关联性强烈程度，先行行为与介入因素之间，依次可排列为必然关联、经常关联、偶然关联和无关等情形，然后进行了类型化分析，最终认为，本案中，被告人的暴力行为与被害人跳窗逃跑的行为之间具有必然的关联性，从而肯定了暴力行为与轻伤结果之间有刑法因果关系，这种类型化的分析，较为精致，值得肯定。但是，对于关联性强弱、行为人行为自身对于发生结果的可能性大小以及介入因素对于结果发生的贡献大小这一系列内容之间的关系，论者并没有详加展开。另外，即便采用了相当因果关系说，但是，论者更多关注的是事实层面的"被告人实施暴力—关闭房门—被害人别无选择—跳窗逃跑—摔成轻伤"这样一个自然逻辑进程，而忽略了规范逻辑的价值性的归责判断。自然，事实关联与价值判断不是截然对立、互不关联的一对概念，而是在刑法因果关系领域的理论中居于不同层次，发挥着不同作用。此外，正如承办法官所指出的那样，本案还涉及重复评价原则的问题。刑法中，对于同一个行为、同一个事实，在定罪量刑时，要坚持充分评价，既要反对评价不足，也要反对过度评价（重复评价）。对于犯罪事实，裁判者"不得进行双重评价，否则……不仅无异于对一个行为实行并罚,而且有悖法治原则"①。本案承办法官认为,如果同一事实、同一犯罪行为所造成的结果,在不同犯罪中有着不同的作用与地位,那么,将之在各个犯罪中均应当予以考量。在甲罪中是犯罪构成的客观要件,而在乙罪中是犯罪手段,那么,在甲、乙两罪的定罪量刑中都应当予以考量,否则,就与全面评价原则相违背。如故意伤害致人轻伤后,又借此机会拿走财物,在故意伤害罪中,轻伤结果属于构成要件结果,同时,该结果又是财产犯罪的手段或量刑情节,因此,轻伤结果在人身犯罪与财产犯罪中都应当作为定罪情节或量刑情节予以考量,这种做法,并非重复评价。②

本书认为,同一个事实,如果在此罪状中进行了评价,那么,就不能再在彼罪状中对该事实再次予以评价,同样的,也不能在此罪中作为罪状,而在彼罪中作为量刑情节再次评价。在本案中,轻伤事实是一个事实,如果在抢劫罪中进行了评价(根据司法解释的规定,抢劫罪已经既遂),那么,再次在强奸罪中作为量刑情节进行评价,就不合适,无法排除双重评价的嫌疑。实际上,这里有类似想象竞合思维方式存在的余地与空间。本案应当做如此思考,对于轻伤的结果,前提是行为人要对此负责。然后,对比轻伤结果作为抢劫罪既遂的刑罚和轻伤结果作为强奸罪的量刑情节所对应的刑罚,哪个处罚较重,就将轻伤结果算到该罪名下即可。

案例3-8 刘某某过失致人死亡案③
——客观归责的实践运用

一 事实

2015年5月6日,被害人汪某1在刘某某所经营的北京市大兴区某

---

① 张明楷:《结果与量刑——结果责任、双重评价、间接处罚之禁止》,《清华法学》2004年第6期。
② 北大法宝:https://www.pkulaw.com/pfnl/a25051f3312b07f369b58c9870162f6024896fca18-658388bdfb.html?keyword=%E5%88%98%E5%BA%86%E5%B3%B0&way=listView,最后访问日期:2021年11月12日。
③ 中国裁判文书网:https://wenshu.court.gov.cn/website/wenshu/181107ANFZ0BXSK4/index.html?docId=2b1d8ed68e844bd898cfa9fc0012b370,最后访问日期:2022年1月16日。

美容有限公司实施吸脂手术,过程中被害人因注射麻醉药物导致其不适。被告人刘某某与其朋友王某1等人将被害人送往北京市仁和医院治疗,后因汪某1病情严重,被转入重症监护室治疗。5月8日16时许,刘某某不顾医务人员的病危劝告,冒充被害人的姐姐,在医院的《病危病重通知书》《自动出院或转院告知书》上签字,将被害人接出医院,并用私家车将其送回被害人的暂住地,导致被害人未得到及时医治。同日22时许,由于病情严重,被害人联系王某1,王某1与被告人刘某某取得联系后,将被害人先后送往四季青医院、解放军304医院救治。次日16时许,被害人在解放军304医院死亡。经鉴定,被害人系急性药物中毒导致多器官功能衰竭死亡。

北京市海淀区人民法院认为,被告人刘某某犯过失致人死亡罪。

二　判旨

事实因果关系的存在是追究行为人刑责的必要而非充分条件。为厘清行为对死亡结果的成因力有无及大小,必须坚持规范论思考。综合考量,被害人汪某1的死亡后果应当归责于被告人刘某某。

三　法条

《刑法》

第二百三十三条　过失致人死亡的,处三年以上七年以下有期徒刑;情节较轻的,处三年以下有期徒刑。本法另有规定的,依照规定。

四　评释

本案的核心问题是过失行为与被害人死亡结果之间是否具有因果关系。

在我国,〔2018〕京0108刑初1789号刑事判决书,在解决结果归责问题上,是第一个运用客观归责理论的标志性文书。

本案的因果流程十分复杂,相关行为的认定存在极大的困难,其中又有被害人同意、仁和医院等三家医院治疗等诸多介入因素,而被告人对指控的事实提出异议,辩护人也指出本案因果关系不明,法院要确定被告人要对结果负责,需要对这些因素进行逐个考量,分析对于结果归责的影响力之大小,的确存在很大的难度。借助客观归责理论,海淀区人民法院认为,必须从刑法规范角度,对本案的归责问题进行仔细分析,才能准确界定刘某某的行为对死亡结果的成因力之有无及大小。法院综合考量后,得出了肯定的答案。法院首先肯定了本案存在事实因果关系(也就是条件关系),但同时指出,追究被告人相关刑责的前提条件是存在事实因果关系,但是,该事实因果关系是必要条件而非充分条件。

本案被害人死亡结果,应当归责于刘某某。法院的结论,是妥当的。

首先,刘某某的行为创设了法不容许的危险。本案中,刘某某有两个行为值得关注,注射利多卡因和带被害人出院的行为。这两个行为,为创设风险和阻止他人降低风险的行为,在刑法评价时,不能忽略。(1)注射利多卡因,是创设危及被害人生命风险的行为。在吸脂手术过程中,刘某某对被害人汪某1多次注射利多卡因。根据卫生部《处方常用药品通用名目录》,该药品属于处方类药物,在没有医生处方的情况下,该药品是不能被随意使用的。卫生部《医疗美容项目分级管理目录》规定,脂肪抽吸术属于美容外科项目,根据《医疗美容服务管理办法》及《医疗美容项目分级管理目录》,该项目由于具有很强的专业性,对于相应的机构和从业人员就有较高的要求。因此,脂肪抽吸术,必须在专业机构(比如医院、专业医疗美容机构),由具有专门资质的医务人员来实施。反观本案,被告人刘某某经营的美容公司,只不过是一个普通的美容院而已,既不是医疗美容机构,更无相应的医疗机构执业许可证,同时,被告人刘某某也没有取得执业医师资格,获得从事执业医师的许可。被告人将利多卡因注射进入被害人汪某1的身体,对其身体健康造成了直接危害。无论从剂量还是次数,都足以危及被害人汪某1的生命,从而,刘某某的行为制造了一直存续至被害人死亡时方才终止的法不容许的危险。(2)阻止他人降低危险的行为。如果被害人汪某1在仁和医院重症监护室继续接受治疗,或者被转院至其他医院进行有针对性的专业治疗,则其因注射了利多卡因等药物所招致的危险严重程度会被降低。但是,被告人在因其先行行为产生了救助义务的情形下,且在明知仁和医院下达病危通知书,在汪某1出院会有生命危险的关键时刻,仍不顾医生劝阻,将汪某1带出医院,送回暂住地。被告人刘某某的行为客观上中断了被害人获取救治的机会,阻止了他人降低危险的行为。

其次,被害人死亡结果与刘某某风险创设行为之间,存在常态关联,并不异常。(1) 刘某某的行为直接导致了被害人汪某 1 的死亡结果。法医司法鉴定意见也指出，吸脂手术与汪某 1 死亡后果之间有因果关系，汪某 1 的死因是：因急性药物中毒导致多器官功能衰竭死亡。(2) 刘某某的行为与被害人的死亡之间的因果关系，尽管中间有其他因素介入，但是，该介入因素，并未中断已存的因果关系。被害人汪某 1 被送往多个医院接受治疗，现有证据显示，接诊医生均依照行业标准，尽到了谨慎的注意义务，这些医院不存在任何医疗事故行为。因此，医生的治疗行为只是尽可能地降低急性药物中毒对被害人汪某 1 生命健康的危险，而不是增加该危险，客观上延缓了被害人汪某 1 的死亡，而非加速其死亡。因此被害人死亡结果与医务人员无关。

最后，被害人自身有一定过错，但是，该过错仅仅属于酌定量刑情节，在犯罪成立的判断上，没有任何意义，被害人并不能对死亡结果自我答责。(1) 同意做吸脂手术，并不意味着被害人汪某 1 愿意接受药物中毒的风险，更不能得出其应当对自己的死亡后果负责。在正规的美容医疗机构内，医院会充分告知接受美容手术可能存在的风险，并且会安排由具有合法资格的医生实施吸脂手术。而且，医院具备相应的技术和设备，有能力将手术风险控制在合理范围内，遇有紧急情况发生时，也能作出妥当的专业性判断，采取科学的应对措施。而被告人刘某某及其经营的美容机构一无资质，二无专业人员实施手术，更为重要的是，事实上被告人也无能力将手术风险控制在合理范围内。证人证言证实，在送被害人到仁和医院时，被告人刘某某及另外一名女性身着粉红色护士制服，被害人也曾经让被告人给其做过面部的美容项目，以上这些信息，足以让被害人对被告人刘某某产生错误的信任而同意做吸脂手术。此时被害人并无过错，而仅是体现出一定的被害倾向性。(2) 从仁和医院出院，被害人没有表示反对。在四季青医院及 304 医院，被害人也隐瞒了在仁和医院接受治疗的情况，但是，这种隐瞒行为，本质上并未增加药物中毒所导致的风险，仅是在一定程度上不利于减少该风险。在受到身体伤害之后，被害人是否自主治疗，以及如何治疗并非法定义务，不能因为被害人不接受治疗或者没有到更权威的医疗机构接受治疗，就认为被害人增加了行为人先行侵害行为所导致的风险，除非被害人后续有自我损害行为。(3) 被害人实施以上明显违反常理的行为，系基于对被告人刘某某的错误信任。在整个案件发展过程中，被害人汪某 1 极度信任被告人，相信刘某某能给其治疗，愿意配合刘某某的某些言行。比如汪某1默许刘某某帮其冒用刘某1的身份送其入院治疗，汪某1不主动向医生详细陈述致病缘由，在被接出仁和医院时也未提出反对，在四季青医院及304医院说要保持沉默，虚假提供接诊医院信息等。因此，可以作出以下论断：尽管被害人汪某1在同意做吸脂手术、不反对从仁和医院时出院、在四季青医院和304医院不配合医生询问，但这些行为，并未将风险扩大，不属于被害人自我答责，不足以将被告人刘某某所制造的法不容许的风险正当化。

第四章　故意与过失的判例

犯罪的故意与过失，是一种心理态度。故意与过失具有双重地位，既是刑事不法所要考察的对象，也是责任要素。当然，即便承认主观的构成要件要素，由于其仅仅为判断的对象而不是判断的标准也不会违背"违法是客观的"这一基本命题，所以，在违法性的判断上，同样具有明确性和客观性，同样也是客观的违法论。

社会与行为规范紧密相连，有社会就有规范，规范的存在，使得社会变得更有意义。刑法是行为规范中禁止或者命令主体实施特定行为的规则。刑事违法，意味着对行为规范的违反，具有法益侵害的导向。

敌视法秩序的最极端、最明显的表现，是故意犯的内在特质。世界各国刑法无不对故意犯罪予以处罚。我国也不例外。犯罪故意是指明知自己的行为会发生侵害结果，并且希望或者放任结果发生的主观心理态度。故意的认识因素，是指行为人明知行为会发生侵害结果的心理态度。犯罪故意的认识，主要包括对行为的性质、侵害结果以及其他法定事实等因素的认识。故意的认识程度是认识到结果"会"发生。犯罪故意的意志因素有"希望"和"放任"两种。故意可分为直接故意与间接故意。直接故意是指明知行为会发生侵害结果，但希望结果发生的心理态度。间接故意是指明知行为会发生侵害结果，但放任结果发生的心理态度。

犯罪过失，就是指应当预见到自己的行为可能发生侵害结果，因为疏忽大意而没有预见，或者已经预见而轻信能够避免，以致发生这种结果的心理态度。犯罪过失可分为疏忽大意的过失和过于自信的过失。疏忽大意的过失，是指应当预见自己的行为可能发生侵害结果，因为疏忽大意而没有预见，以致发生这种结果的心理态度。疏忽大意的过失是无认识的过失。但是这种无认识，并非绝对的无认识，而是说，只要精神稍作集中，都是应该而且能够认识到的。过于自信的过失，是指已经预见到行为可能发生侵害结果，但是轻信能够避免，以致发生这种结果的心理态度。

案例 4-1　官某某故意杀人案[①]
——综合考量认识因素与意志因素

一　事实

被告人官某某与张某某确立恋爱关系。后张某某多次向被告人官某某提出分手，官某某均不同意。某日下午 3 时许，官某某到某旅店，以其身份证登记入住。次日凌晨 2 时 30 分许，官某某接张某某下班，两人一起回到旅店房间。张某某再次提出分手，官某某不同意，两人发生争吵。官某某一时气愤，使用捂口鼻和双手掐脖子的方法，致张某某窒息死亡。随后，官某某将张某某的尸体塞到床底下，于早上 7 时许退房逃离现场。同月 28 日，被告人官某某因形迹可疑被巡防民警盘查，被告人即交代了故意杀人的事实。

广东省东莞市中级人民法院认为，被告人官某某的行为已构成故意杀人罪。

一审宣判后，被告人官某某不服，提出上诉。广东省高级人民法院裁定驳回上诉，维持原判。

二　判旨

被告人具有完全刑事责任能力，明知自己的行为必然会导致他人死亡，却仍然实施该行为，具有杀人的故意。

三　法条

《刑法》

第十四条　明知自己的行为会发生危害社会的结果，并且希望或者放任这种结果发生，因而构成犯罪的，是故意犯罪。

[①] 最高人民法院刑事审判第一、二、三、四、五庭：《中国刑事审判指导案例 2（危害国家安全罪·危害公共安全罪·侵犯公民人身权利、民主权利罪）》，法律出版社 2017 年版，第 459—463 页。

故意犯罪，应当负刑事责任。

第二百三十二条 故意杀人的，处死刑、无期徒刑或者十年以上有期徒刑；情节较轻的，处三年以上十年以下有期徒刑。

四 评释

本案的核心问题是：

1. 如何判定行为人的主观故意？
2. 如何认定刑事被害人的过错？

关于行为人的主观罪过问题。本案审理期间，官某某辩解：捂被害人口鼻，是为阻止其吵闹，不是故意杀人。辩护人辩称：官某某的行为构成过失致人死亡罪。法院则认为，被告人有非法剥夺他人生命的故意。

准确认定主观故意，需要依次查明行为人的认识因素和意志因素。（1）认识因素，即对犯罪构成要件中的客观事实，行为人是否有认识（明知）。（2）意志因素。如果对事实有认识，行为人仍决意实施特定行为，这就是意志因素。在具备了以上认识因素和意志因素的情况下，行为人所实施的行为，就属于明知故犯，在主观上具有犯罪故意。相反的，在有认识可能性前提下，如果对于事实的存在或者可能发生，行为人没有认识到，从而实施了相应行为，或者已经认识到了发生结果的可能性，但轻信能够避免，就属于不知误犯，是犯罪过失。如果行为人根本没有认识可能性，则主观上既无故意，又无过失，不能对行为人非难。

对于事实的认识，属于行为人的认识内容，在理论上没有什么争议。事实认识的对象包括：（1）行为客观方面。（2）危险或结果。（3）行为对象。（4）行为的时间、地点和方法、手段。故意杀人罪中，行为人对下列内容要有认识：（1）自己的行为是剥夺他人生命的行为。（2）最终会产生他人死亡结果。（3）行为指向的是人。满足以上三个方面，就能够判定行为人存在主观的事实性认识。在此基础上，进一步判断意志因素，看行为人对他人死亡结果是否存在希望或者放任发生心理态度。在完成以上两步完整的判断之后，就能够对行为人主观上是否存在杀人的故意得出确定的答案。

那么，如何判断行为人对于事实的认识？对此，有以下几种主张：（1）纯粹的客观说。主张应根据客观存在的事实，进行判断。（2）纯粹的主观说。从行为人的角度，进行判断。（3）合理的客观说。如果合理的人能预见结果是某行为的自然后果时,就可认定被告人也能够预见。
(4) 合理的主观说。以行为人自身的认识为基础,参考一般人的认识,进行判断。相对来讲,合理的主观说具有合理性。

考察认识因素,从生活常识以及社会一般人来看,捂口鼻、掐脖子,到一定程度时,发生人窒息而死的结果,是必然的结果。作为成年男子,官某某心智健全,与常人无异。用手捂他人口鼻、掐脖子,如果时间和力度足够,就必然会使对方窒息并导致其死亡,一般人能够认识到这种事实,被告人官某某当然也是能够认识到的。考察意志因素,官某某不顾被害人反抗,决意实施捂口鼻、掐脖子,至少是放任被害人死亡。因此,综合考量认识因素与意志因素,被告人主观上有非法剥夺被害人生命的故意,当属无疑。法院判决的结论及其理由阐释,具有说服力,是妥当的。

关于被害人过错的问题。可以肯定的是,被害人是否有过错,不影响本案被告人的杀人故意。被害人是否有过错,只不过是酌定量刑情节而已。辩护人认为,对本案的发生,被害人有一定的过错。设若该辩护意见成立,最好的结果无非是同意杀人而已,在对于被告人主观杀人故意的影响进而影响案件定性上,是没有任何作用的。被害人过错与被害人自我答责完全不同。后者可能影响到行为的性质或者归责(通过排除结果归责,进而影响到犯罪的成立、犯罪的形态),而被害人过错充其量对刑罚的裁量有所影响而已。对于辩护人的辩护意见,法院作出了如下回应:尽管本案由恋爱纠纷引发,但是,被害人欲与被告人终止恋爱关系而提出分手,并没有什么过错,更无所谓的严重过错,因为,恋爱自由,包括谈恋爱的自由,也包括不谈恋爱的自由。

被害人过错,有时与被告人犯罪行为的发生有着某种关联,可能影响到对被告人刑罚的轻重。所以,被害人过错只不过是一种量刑情节而已。根据程度或在诱发犯罪中的作用大小,被害人过错,可以区分为重大过错和一般过错。若案发缘由是被害人挑起、制造或激发冲突,就属于被害人重大过错,这种过错与犯罪行为有直接关联。一般过错则不同,是指被害人行为与他人犯罪行为有一定程度的关联。本案中,被害人提出与被告人分手,能否据此就认为被害人存在过错?现代社会,恋爱自由既合乎法律规定又合乎社会道德规范。恋爱自由包括谈恋爱的自由与不谈恋爱的自由,被害人提出分手,是恋爱自由的表现,并无不妥。因此,法院不予采纳辩护人的观点,是妥当的。

案例 4-2　李某故意伤害案[①]
——对加重结果的认识可能性

一　事实

被告人李某在孙某某（已判刑）的店里务工。某日晚，李某受孙某某指使，协助孙某某之妹孙某（已判刑）使用注射器将甲苄噻嗪注射液多次注入张某某体内，致张某某甲苄噻嗪中毒死亡。

法院认为，李某的行为构成故意伤害罪。

二　判旨

认识到自己实施的是伤害行为，本应预见到有导致被害人死亡的可能性，但因疏忽大意而未预见，最终被害人死亡的，构成故意伤害罪的结果加重犯。

三　法条

《刑法》

第十四条　明知自己的行为会发生危害社会的结果，并且希望或者放任这种结果发生，因而构成犯罪的，是故意犯罪。

故意犯罪，应当负刑事责任。

第十五条　应当预见自己的行为可能发生危害社会的结果，因为疏忽大意而没有预见，或者已经预见而轻信能够避免，以致发生这种结果的，是过失犯罪。

过失犯罪，法律有规定的才负刑事责任。

第二十五条　共同犯罪是指二人以上共同故意犯罪。

二人以上共同过失犯罪，不以共同犯罪论处；应当负刑事责任的，按照他们所犯的罪分别处罚。

[①] 最高人民法院刑事审判第一、二、三、四、五庭：《中国刑事审判指导案例 2（危害国家安全罪·危害公共安全罪·侵犯公民人身权利、民主权利罪）》，法律出版社 2017 年版，第 579—581 页。

第二百三十四条　故意伤害他人身体的，处三年以下有期徒刑、拘役或者管制。

犯前款罪，致人重伤的，处三年以上十年以下有期徒刑；致人死亡或者以特别残忍手段致人重伤造成严重残疾的，处十年以上有期徒刑、无期徒刑或者死刑。本法另有规定的，依照规定。

四　评释

本案的核心问题是：

1. 李某的行为如何定性？
2. 李某与孙某某、孙某是否为共同犯罪？

对于李某行为性质，有不构成犯罪、（间接）故意杀人罪、故意伤害（致人死亡）罪和过失致人死亡罪四种意见。法院的结论是构成故意伤害罪。这个结论是妥当的。

本案定性的关键，在于准确判断李某对危害结果的主观心态。从客观上来讲，他人在向被害人注射麻醉药品时，李某提供了协助行为，导致被害人死亡，无疑是被害人死亡的条件之一，从规范的角度来看，被害人死亡，也能归责于李某。因此，客观的构成要件符合性是具备的。

判断行为人的主观，需要把握认识因素与意志因素。认识因素，包括对实行行为、对象、结果、因果关系等要素的认识。故意伤害罪中，行为人的认识因素是：（1）自己的行为有导致他人受伤的特质。伤害致死的场合，对于死亡结果仅具有认识可能性，实际并没有认识到。（2）有可能发生伤害结果。意志因素是：对伤害结果的希望或者放任主观态度。但是，伤害致死的场合，对于死亡结果，只能是过失，既不是希望，也不是放任。故意杀人罪中，行为人对下列内容要有认识：（1）自己的行为是剥夺他人生命的行为。（2）最终会产生他人死亡结果。（3）行为指向的是人。满足以上三个方面，就能够判定行为人存在主观的事实性认识。在此基础上，进一步判断意志因素，看行为人对他人死亡结果是否存在希望或者放任发生心理态度。在完成以上两步完整的判断之后，就能够对行为人主观上是否存在杀人的故意得出确定的答案。

从认识因素来看，在行为当时，李某未满18周岁，相对于成年人，在认识事物的能力方面的确不及，但是，根据生活阅历，认知的实际情况，与李某认知程度相当的个体，对于麻醉药物等此类特定药物，一般人不得注射，而应当由专业医务人员实施,是具有认识的,李某也不例外。当然,对于药物的具体性状和功效,在客观上,李某的确不知道。但是,孙某某明确告知李某,药物的作用是"管睡觉"的,自己之所以决定给被害人注射,就是要让张某某陷入头脑不清醒的状态之下,然后在离婚协议书上签字。据此,我们能够肯定的是,在主观上,李某已对所注射的药物具有麻醉作用,能够导致人昏睡具有一定认识。在孙某注射毒药时,李某至少提供过两次帮助,将针剂注入被害人体内。对于可能造成被害人伤害结果,李某是有认识的。但是,根据现有证据,难以认定李某对被害人死亡的结果,在认识因素上达到了知道或者应当知道的高度,故而,根据当前的证据及李某的实际情况,仅能得出对于被害人死亡,具有认识可能性这一结论。

从意志因素来看,受人指使协助作案,对可能发生的伤害结果,李某持放任态度,属间接故意。但是,对被害人死亡结果,则没有希望或者放任的态度,仅仅具有一种认识可能性,属于疏忽大意过失。

综上,李某的行为,构成故意伤害罪,对于死亡结果,具有认识可能性,故而,成立本罪的结果加重犯。

关于孙某某、孙某和李某死否构成共同犯罪的问题,不同的理论主张也会涉及李某的主观故意问题。我国通说认为,共同犯罪是指二人以上共同故意犯罪。[①] 共同犯罪具备的条件是:(1) 两个或者两个以上的犯罪主体。(2) 共同的犯罪行为。(3) 共同的犯罪故意。

共同犯罪是二人以上共同实施犯罪,但是,各个行为人之间到底是什么共同,有"犯罪共同说"与"行为共同说"的对立。

犯罪共同说认为共同犯罪就是数人共同实施特定的犯罪。该说有完全犯罪共同说和部分犯罪共同说两种主张。完全犯罪共同说认为,数人共同实施同样故意内容的犯罪,才是共同犯罪(数人一罪)。如甲乙两人出于盗窃意思,共同实施盗窃行为,就是盗窃罪的共同犯罪。完全犯罪共同说的共同犯罪,是同一罪名的共犯。具体来说,就是指:(1) 同一犯罪事实。(2) 同一犯罪故意。(3) 同一罪名。我国通说是完全犯罪共同说。在强调"犯罪的共同"——也就是数人共同实施具有相同犯罪构成——这一点上,部分犯罪共同说与完全犯罪共同说没有什么不同,只不过部分

[①] 高铭暄、马克昌主编:《刑法学》(第2版),北京大学出版社、高等教育出版社2005年版,第173—174页。

犯罪共同说并不要求数人所触犯的犯罪罪名必须完全相同，只要求数人所实施的犯罪行为有部分一致（罪名部分相同）就足够了。

行为共同说认为，数人根据共同行为来实现各自所追求的犯罪（数人数罪），就是共同犯罪。共同犯罪只不过是一个方法类型而已，在本质上，完全属于各共犯人相互之间的"个别利用关系"。具体讲，就是为了实现犯罪，各行为人通过利用其他行为人的行为，将他人行为与自己的行为有机结合在一起，从而实现自己所意欲的犯罪。因此，共同犯罪只不过是扩大自己行为的因果影响范围的一种形式而已。

对犯罪事实的认识，客观上来看，本案各共同犯罪人有程度、范围上的差异。法院对另案处理的被告人孙某某的行为，认定为故意杀人罪，另案处理的被告人孙某以及本案被告人李某的行为，构成故意伤害罪。法院的结论，是部分犯罪共同说。本案中，关于注射药物行为性质、危害，被告人李某、孙某的认识仅停留在伤害可能的范围内。孙某某则不同。该药是鹿用麻醉药，孙某某是明知的。对药品的功效等，孙某某都比较了解。如果多次或者过量给人注射，会导致被注射者死亡，孙某某无疑具有认识。但是，孙某某仍指使孙某和李某对张某某注射该药物，在意志因素上是希望被害人死亡，当属无疑，因此，综合考量认识因素和意志因素，能够得出孙某某有杀人故意的结论。而李某和孙某一样，对于该药认知，只限于是"管睡觉"的，而对将该药注射给他人，可能导致他人死亡结果，则缺乏认知，故二人只具有伤害故意。故意伤害罪和故意杀人罪在伤害的范围内存在重合关系，孙某某、孙某、李某三人在伤害故意上是共同的，因此，在故意伤害罪的范围内成立共同犯罪。

案例 4-3　李某某故意杀人案[①]
——间接故意与过于自信过失的认定

一　事实

2005 年 10 月 16 日凌晨 3 时许，被告人李某某驾驶一辆二轮摩托车，

[①] 最高人民法院刑事审判第一、二、三、四、五庭：《中国刑事审判指导案例 2（危害国家安全罪·危害公共安全罪·侵犯公民人身权利、民主权利罪）》，法律出版社 2017 年版，第 192—195 页。

搭载了被害人章某,后李某某因操作不当,二轮摩托车车头撞击到路边隔离带,章某从摩托车后座甩出后倒地。李某某下车查看后,发现章某躺在机动车道内无法动弹。李某某不顾章某可能被后续过往车辆碾压身亡的危险,未采取任何保护措施,自行驾车逃逸。后章某被一辆途经该处的大货车碾压,当场致死。

上海市虹口区人民法院认为,被告人李某某的行为,构成故意杀人罪。

二 判旨

在交通事故后,明知不履行法定义务可能导致被害人死亡的,仍然拒绝履行义务,放任结果发生,导致被害人死亡的,构成故意杀人罪。

三 法条

《刑法》

第十四条 明知自己的行为会发生危害社会的结果,并且希望或者放任这种结果发生,因而构成犯罪的,是故意犯罪。

故意犯罪,应当负刑事责任。

第十五条 应当预见自己的行为可能发生危害社会的结果,因为疏忽大意而没有预见,或者已经预见而轻信能够避免,以致发生这种结果的,是过失犯罪。

过失犯罪,法律有规定的才负刑事责任。

第一百三十三条 违反交通运输管理法规,因而发生重大事故,致人重伤、死亡或者使公私财产遭受重大损失的,处三年以下有期徒刑或者拘役;交通运输肇事后逃逸或者有其他特别恶劣情节的,处三年以上七年以下有期徒刑;因逃逸致人死亡的,处七年以上有期徒刑。

第二百三十二条 故意杀人的,处死刑、无期徒刑或者十年以上有期徒刑;情节较轻的,处三年以上十年以下有期徒刑。

《最高人民法院关于审理交通肇事刑事案件具体应用法律若干问题的解释》(法释〔2000〕33号)

第二条 交通肇事具有下列情形之一的,处三年以下有期徒刑或者拘役：

（一）死亡一人或者重伤三人以上，负事故全部或者主要责任的；

（二）死亡三人以上，负事故同等责任的；

（三）造成公共财产或者他人财产直接损失，负事故全部或者主要责任，无能力赔偿数额在三十万元以上的。

交通肇事致一人以上重伤，负事故全部或者主要责任，并具有下列情形之一的，以交通肇事罪定罪处罚：

（一）酒后、吸食毒品后驾驶机动车辆的；

（二）无驾驶资格驾驶机动车辆的；

（三）明知是安全装置不全或者安全机件失灵的机动车辆而驾驶的；

（四）明知是无牌证或者已报废的机动车辆而驾驶的；

（五）严重超载驾驶的；

（六）为逃避法律追究逃离事故现场的。

第三条　"交通运输肇事后逃逸"，是指行为人具有本解释第二条第一款规定和第二款第（一）至（五）项规定的情形之一，在发生交通事故后，为逃避法律追究而逃跑的行为。

第四条　交通肇事具有下列情形之一的，属于"有其他特别恶劣情节"，处三年以上七年以下有期徒刑：

（一）死亡二人以上或者重伤五人以上，负事故全部或者主要责任的；

（二）死亡六人以上，负事故同等责任的；

（三）造成公共财产或者他人财产直接损失，负事故全部或者主要责任，无能力赔偿数额在六十万元以上的。

第五条　"因逃逸致人死亡"，是指行为人在交通肇事后为逃避法律追究而逃跑，致使被害人因得不到救助而死亡的情形。

交通肇事后，单位主管人员、机动车辆所有人、承包人或者乘车人指使肇事人逃逸，致使被害人因得不到救助而死亡的，以交通肇事罪的共犯论处。

第六条　行为人在交通肇事后为逃避法律追究，将被害人带离事故现场后隐藏或者遗弃，致使被害人无法得到救助而死亡或者严重残疾的，应当分别依照刑法第二百三十二条、第二百三十四条第二款的规定，以故意杀人罪或者故意伤害罪定罪处罚。

四　评释

本案的核心问题是在交通干线上发生交通肇事后逃逸的，究竟应该定过失的交通肇事罪（逃逸），还是定（间接）故意杀人罪（不作为）？

对于李某某行为的性质，有（间接）故意杀人罪和交通肇事罪（按"逃逸致人死亡"处理）两种意见。法院认为，李某某的行为构成故意杀人罪。

对于李某某行为性质的认定，需要考察以下三个问题：（1）本案中的作为义务，究竟属于与逃逸行为所对应的义务，还是与不作为故意杀人罪中的等价值义务？（2）被害人死亡的结果，能否由大货车司机负责？（3）李某某主观上究竟是过失还是间接故意？

首先，李某某逃逸的行为，属于不作为。不作为犯罪，是"应为能为而不为"。但究竟属于交通肇事逃逸中的不作为，还是不作为故意杀人罪中的不作为？从法院的结论来看，属于不作为故意杀人罪中的不作为。理由是：（1）李某某有作为义务。根据《道路交通安全法》第70条，[①] 作为一名机动车车辆驾驶人，当车辆发生交通事故后，李某某当然负有该条规定的抢救负伤人员并向有关机关报告的法定义务。（2）李某某有能力履行义务。交通事故发生后，李某某并未受伤，显然，有能力救助被害人，对其施以援手或者采取相应的有效防范措施，以避免结果发生。（3）李某某不履行义务，不再是交通肇事逃逸致人死亡，而与故意杀人罪具有等价性。被害人受伤摔倒，凭借自身能力，已无法动弹，不能到相对安全的地方。而当时，被害人倒地的地方为机动车道上，该机动车道属于交通干线，车流相对很大，存在章某被其他车辆碾压致死的高度危险。对此，任何一个普通一般人都能认识到章某生命处于危险状态之中，自然，李某某也不例外。但是，在交通肇事后，李某某实施了逃逸行为，对于章某被后续车辆压死或者压伤采取了放任态度，综合考量认识因素与意志因素，李某某的行为，已经超越了交通肇事逃逸致人死亡的价值位阶，用交通肇事逃逸来评价，明显评价不足。实际上，李某某的行为，已

[①] 《道路交通安全法》第70条规定："在道路上发生交通事故，车辆驾驶人应当立即停车，保护现场；造成人身伤亡的，车辆驾驶人应当立即抢救受伤人员，并迅速报告执勤的交通警察或者公安机关交通管理部门"。

经与杀人行为具有等价性了，应当认定为不作为的故意杀人。

其次，被害人死亡结果的归责。在交通肇事后，本案存在后面大货车司机的介入行为，而最终被害人因大货车碾压而死，这种介入因素，是否会影响对李某某的归责。《尸体检验报告书》证明，被害人章某的死亡，是复合伤，系李某某交通肇事和后续过往车辆碾压共同作用所致，被害人死亡结果与李某某前肇事行为、李某某后不作为、大货车司机这一介入因素均有条件因果关系。本案可以简化为以下行为结构：肇事行为+不作为（不救人）+介入因素→死亡结果。在介入因素情形中，对前行为与最终结果之间能否归责，需要综合考虑以下三点：(1) 最早行为导致结果发生盖然性的高低程度。(2) 介入因素是否异常，如果异常，还需要考量异常性大小。(3) 相比较最早行为，介入因素对结果影响力的大小。法官认为：(1) 案发时间为凌晨时分，该路段是繁华路段，交通流量大，车辆往来较为频繁，李某某交通肇事后逃逸，被害人处于机动车道内，由于受伤严重，不能动弹，发生更为严重的伤亡后果的可能性极高。(2) 在如此繁忙、车流量很大的机动车道，随时都有车辆驶来驶往，介入因素并不异常。(3) 相对于交通肇事逃逸行为，介入因素对结果的影响力较小。被害人死亡结果，能够被认为是交通肇事后逃逸行为所致的结果，能够归责于行为人。

最后，在主观上，本案被告人李某某究竟是过于自信过失还是间接故意？过于自信过失与间接故意，在认识因素和意志因素上，均不相同。在认识因素上，对于结果发生的可能性，间接故意是"明知"，过于自信过失则是"预见到"。两者在预见程度上，有高下之分。关于对结果发生的可能性转化为现实性这一问题，在认识程度上，两者也是明显不同。在意志因素上，间接故意是"放任"，过于自信过失则是"轻信能够避免"。对结果发生的态度上，间接故意，不反对结果发生，或者准确地讲，更愿意接受结果发生。而过于自信过失是持否定、反对的态度。法院也认可，起先，李某某的行为是交通肇事，该行为是过失行为，尽管如此，考虑到当时已经是凌晨时分，案发地又是交通干线的机动车道上，在章某受伤无法动弹的情况下，对于被害人存在被后续车辆碾压致死的高度危险，在认识因素上，李某某无疑是"明知"的。在此认识基础上，李某某并未采取任何措施，而是选择了逃逸，在意志因素上，属于"放任"。综合考虑认识因素和意志因素，能够得出李某某在主观上是间接故意的确定结论，因此，李某某对被害人死亡结果的发生持轻信过失的心理的辩解，缺乏事实依据，是不成立的。

案例 4-4　应某某等人走私废物案[1]
——走私罪中故意的判断

一　事实

2011 年 3 月，应某某、陆某为牟取非法利益，采用伪报品名的方式，通过进境备案的手段，进口废旧电子产品等货物。经鉴别，上述货物中，有属国家禁止进口的危险性固体废物的废旧线路板、废电池共 32.29 吨；属国家禁止进口的非危险性固体废物的废旧复印机、打印机、电脑等共 349.812 吨；属国家限制进口的可用作原料的固体废物的硅废碎料共 7.27 吨；此外，还有胶带、轴承等普通货物 20 余吨，偷逃应缴税额 74 万余元。另查明：应某某、陆某并非走私物品货源的组织者，也非货主、收货人，而系受货主委托办理废旧电子产品进境通关手续及运输的中介，并按照废旧电子产品进口数量计算报酬；所夹藏物品分散在各集装箱。

法院认为，应某某、陆某二被告人不具有走私普通货物的故意，其行为构成走私废物罪。

二　判旨

对走私对象中夹藏的物品，行为人确实不明知的，就不能认定对夹藏物品的走私故意，不能适用根据实际走私对象定罪处罚的规定。按照实际走私对象定罪处罚，仅适用于有走私的概括故意。

三　法条

《刑法》

第一百五十二条第二款　逃避海关监管将境外固体废物、液态废物和

---

[1] 最高人民法院刑事审判第一、二、三、四、五庭：《中国刑事审判指导案例 3（破坏社会主义市场经济秩序罪）》，法律出版社 2017 年版，第 63—67 页。

气态废物运输进境，情节严重的，处五年以下有期徒刑，并处或者单处罚金；情节特别严重的，处五年以上有期徒刑，并处罚金。

第一百五十三条　走私本法第一百五十一条、第一百五十二条、第三百四十七条规定以外的货物、物品的，根据情节轻重，分别依照下列规定处罚：

（一）走私货物、物品偷逃应缴税额较大或者一年内曾因走私被给予二次行政处罚后又走私的，处三年以下有期徒刑或者拘役，并处偷逃应缴税额一倍以上五倍以下罚金。

（二）走私货物、物品偷逃应缴税额巨大或者有其他严重情节的，处三年以上十年以下有期徒刑，并处偷逃应缴税额一倍以上五倍以下罚金。

（三）走私货物、物品偷逃应缴税额特别巨大或者有其他特别严重情节的，处十年以上有期徒刑或者无期徒刑，并处偷逃应缴税额一倍以上五倍以下罚金或者没收财产。

单位犯前款罪的，对单位判处罚金，并对其直接负责的主管人员和其他直接责任人员，处三年以下有期徒刑或者拘役；情节严重的，处三年以上十年以下有期徒刑；情节特别严重的，处十年以上有期徒刑。

对多次走私未经处理的，按照累计走私货物、物品的偷逃应缴税额处罚。

第一百五十四条　下列走私行为，根据本节规定构成犯罪的，依照本法第一百五十三条的规定定罪处罚：

（一）未经海关许可并且未补缴应缴税额，擅自将批准进口的来料加工、来件装配、补偿贸易的原材料、零件、制成品、设备等保税货物，在境内销售牟利的；

（二）未经海关许可并且未补缴应缴税额，擅自将特定减税、免税进口的货物、物品，在境内销售牟利的。

《最高人民法院、最高人民检察院、海关总署关于办理走私刑事案件适用法律若干问题的意见》

五、关于走私犯罪嫌疑人、被告人主观故意的认定问题

行为人明知自己的行为违反国家法律法规，逃避海关监管，偷逃进出境货物、物品的应缴税额，或者逃避国家有关进出境的禁止性管理，并且希望或者放任危害结果发生的，应认定为具有走私的主观故意。

走私主观故意中的"明知"是指行为人知道或者应当知道所从事的行为是走私行为。具有下列情形之一的，可以认定为"明知"，但有证据证明确属被蒙骗的除外：

（一）逃避海关监管，运输、携带、邮寄国家禁止进出境的货物、物品的；

（二）用特制的设备或者运输工具走私货物、物品的；

（三）未经海关同意，在非设关的码头、海（河）岸、陆路边境等地点，运输（驳载）、收购或者贩卖非法进出境货物、物品的；

（四）提供虚假的合同、发票、证明等商业单证委托他人办理通关手续的；

（五）以明显低于货物正常进（出）口的应缴税额委托他人代理进（出）口业务的；

（六）曾因同一种走私行为受过刑事处罚或者行政处罚的；

（七）其他有证据证明的情形。

六、关于行为人对其走私的具体对象不明确的案件的处理问题

走私犯罪嫌疑人主观上具有走私犯罪故意，但对其走私的具体对象不明确的，不影响走私犯罪构成，应当根据实际的走私对象定罪处罚。但是，确有证据证明行为人因受蒙骗而对走私对象发生认识错误的，可以从轻处罚。

《最高人民法院关于审理走私刑事案件具体应用法律若干问题的解释（二）》（法释〔2006〕9 号）

第五条　对在走私的普通货物、物品或者废物中藏匿刑法第一百五十一条、第一百五十二条、第三百四十七条、第三百五十条规定的货物、物品，构成犯罪的，以实际走私的货物、物品定罪处罚；构成数罪的，实行数罪并罚。

《最高人民法院、最高人民检察院关于办理走私刑事案件适用法律若干问题的解释》

第十四条　走私国家禁止进口的废物或者国家限制进口的可用作原料的废物，具有下列情形之一的，应当认定为刑法第一百五十二条第二款规定的"情节严重"：

(一) 走私国家禁止进口的危险性固体废物、液态废物分别或者合计达到一吨以上不满五吨的；

(二) 走私国家禁止进口的非危险性固体废物、液态废物分别或者合计达到五吨以上不满二十五吨的；

(三) 走私国家限制进口的可用作原料的固体废物、液态废物分别或者合计达到二十吨以上不满一百吨的；

(四) 未达到上述数量标准，但属于犯罪集团的首要分子，使用特种车辆从事走私活动，或者造成环境严重污染等情形的。

具有下列情形之一的，应当认定为刑法第一百五十二条第二款规定的"情节特别严重"：

(一) 走私数量超过前款规定的标准的；

(二) 达到前款规定的标准，且属于犯罪集团的首要分子，使用特种车辆从事走私活动，或者造成环境严重污染等情形的；

(三) 未达到前款规定的标准，但造成环境严重污染且后果特别严重的。

走私置于容器中的气态废物，构成犯罪的，参照前两款规定的标准处罚。

第十五条 国家限制进口的可用作原料的废物的具体种类，参照国家有关部门的规定确定。

第二十二条 在走私的货物、物品中藏匿刑法第一百五十一条、第一百五十二条、第三百四十七条、第三百五十条规定的货物、物品，构成犯罪的，以实际走私的货物、物品定罪处罚；构成数罪的，实行数罪并罚。

四 评释

本案的争议问题是：

1. 如何认定走私故意？

2. 对夹藏物品确实不明知的，是否根据实际走私对象定罪处罚？

对应某某、陆某的行为，有两种意见：(1) 构成走私废物罪。(2) 构成走私废物罪和走私普通货物罪，数罪并罚。法院认定为走私废物罪，这是妥当的。

首先，对夹藏物品，行为人是否有走私的故意问题。在我国，走私犯罪有走私普通货物罪和特殊的走私犯罪，在犯罪的主观方面，对于行为人究竟是走私普通货物的故意，还是走私特殊物品的故意，通常情况下是根据具体的走私物品来认定。但是，对于走私物品种类繁多，尤其是存在夹藏物的情况下，准确判断行为人的主观，对于案件的正确定性具有重要意义。对此，需要结合以下证据，综合判断：(1) 合同约定。(2) 夹藏物品归属主体。(3) 夹藏物品的体积。(4) 行为人所收报酬等。只有通过以上综合判断，才能准确认定行为人对夹藏物品是否有走私故意。因此，在主观上，应某某、陆某是否明知走私物品中夹藏有其他物品，就成为认定二人在主观上究竟是走私普通货物罪还是走私特殊物品犯罪的决定性因素，如果不知，就符合走私普通货物罪，如果明知，就构成特殊类型的走私罪。

本案侦查过程中，并没有收集到有关应某某等人为废旧电子产品代办通关手续的书面合同这一书面证据。从相关证据来看，能够用于证明二被告人主观故意的证据有：(1) 二被告人的口供。(2) 夹藏物品归属主体不是应某某、陆某二被告人。(3) 应某某、陆某二人仅负责废旧电子产品的通关业务和运输业务。(4) 走私废旧电子产品380余吨，夹藏的轴承、缝纫机等货物20多吨，占比接近5%，相对来讲，占比是比较小的。(5) 应某某、陆某二人向货主收取的相关报酬，是以废旧电子产品进境的数量为标准的。通过这些证据，是无法证明二被告人对夹藏物品有走私的故意的。理由是：(1) 二被告人均供述自己不明知夹藏物品。(2) 应某某、陆某既不是货源组织者，也不是货主，更不是收货人，二人对废旧电子产品中夹藏有胶带、轴承等物品并不知情，不违背常理。(3) 尽管夹藏的轴承、缝纫机等货物20多吨，占比接近5%，但是，因为该类货物密度大，单一物品体积较小，故而在所有走私的物品中，所占空间相对较小，并且，夹藏物又被分散夹藏在各集装箱内，不易被人发现。二被告人均供述自己不明知夹藏物品，具有现实合理性。(4) 从获取报酬来看，二被告人的获益，与走私夹藏物品所获利益并不挂钩，远远少于走私同类夹藏物品的报酬数额。根据这些事实，通过司法推论的方法，反推二被告人对夹藏物品没有走私故意，能够让人信服。

其次，对夹藏物品确实不明知的，能否根据实际走私对象定罪处罚这一问题。本书的意见是：不应按照实际走私对象定罪。本案中，对于夹藏物品，二被告人不构成走私普通货物罪。理由如下：

司法解释中，"应当根据实际的走私对象定罪处罚"的规定，只能适用于存在走私的概括故意情形，不能推而广之，不能只要发现存在符合不同走私罪规定的对象，就一概认定构成所对应的走私罪。最高人民法院、最高人民检察院、海关总署《关于办理走私刑事案件适用法律若干问题的意见》（以下简称《意见》）第 6 条规定，对走私的具体对象不明确的，应当根据实际的走私对象定罪处罚。最高人民法院《关于审理走私刑事案件具体应用法律若干问题的解释（二）》（以下简称《解释二》）第 5 条明确规定："对在走私的普通货物、物品或者废物中藏匿刑法第 151 条、第 152 条、第 347 条、第 350 条规定的货物、物品，构成犯罪的，以实际走私的货物、物品定罪处罚；构成数罪的，实行数罪并罚。"最高人民法院、最高人民检察院《关于办理走私刑事案件适用法律若干问题的解释》（以下简称《两高解释》）第 22 条对解释（二）第 5 条做了重述。

从字面表述来看，《意见》《解释二》和《两高解释》似乎明确规定了"实际物品原则"，也就是说，在行为人主观认识与走私对象不一致时，一律按照实际走私对象定罪处罚；如果实际走私的物品，符合了数个不同特殊走私犯罪的对象，就数罪并罚。但是，从责任主义原则来审视，对于主观认识与客观对象不一致，一概以客观对象所对应的犯罪来定罪，与《刑法》第 14 条的规定不符，有客观归罪的嫌疑，也与我国传统主客观相统一的定罪方法论背道而驰，并使得刑法理论中的错误论的研究丧失了一定的价值。所以，对于《意见》《解释二》和《两高解释》的"实际物品原则"的理解，不能局限于表面的文字含义，而应当考虑文件起草的背景及当下犯罪的现实情况，再结合定罪原理、相关刑法理论，全面理解，准确把握和妥当适用。

综上，《意见》《解释二》和《两高解释》关于"实际物品原则"的规定，不能泛泛而谈，从责任主义出发，只能适用于有走私的概括故意的犯罪情形。对该规定，应当作出如下理解：（1）在认识因素上，行为人有走私的意思，认识到自己在实施走私物品（走私物品中间有可能有夹藏物品）；（2）在意志因素上，行为人对实际走私对象是"放任"，持发生了就接受的心态。如果行为人确信自己就是在走私自己所认定的物品，对其他走私对象，明确表示不赞同或者反对的态度，这种情况下，即便客观上夹藏有其他走私物品，也因为夹藏物品超越了行为人的认识和意志，就不能适用该规定。其实，从《解释二》第 5 条、《两高解释》第 22 条使用"藏匿"这一词，也可以得出以上结论。"藏匿"体现出行为人对于自己所走私内容的一种知晓情况，是一种有意识的行为，对于"藏匿"之物与确定的走私物品存在不同，行为人至少具有相当程度的认识可能性。如果说，对于确定的走私物品是"知道"的话，那么，对于"藏匿"的物品是"应当知道"。

所以，如果判断者仅凭在废旧电子产品中混有普通货物，就想当然地、机械地适用《意见》第5条、《解释二》第5条和《两高解释》第22条的规定，认定应某某、陆某二被告人构成走私普通货物罪与走私废物罪，数罪并罚，与犯罪认定中要坚持主客观相一致明显抵牾，属于客观归罪，并不妥当。当然，作为本案所涉物品货主，在罪名认定上，应当与应某某、陆某有别。理由是：客观上，货主实施了夹藏行为，主观上，货主明知废旧电子产品中夹藏有普通货物，对于结果持希望态度，按照以上司法解释确立的处断原则，以走私废物罪与走私普通货物罪数罪并罚，是妥当的结论。当然，本案在走私废物罪上，应某某、陆某与货主构成共同犯罪。

案例 4-5　汪某洗钱案[①]
——洗钱罪中的"明知"

一　事实

被告人汪某认识区某某后，明知区某某的弟弟区某能从事毒品犯罪并想将其违法所得转为合法收益的情况下，伙同区某某、区某能，以区某能、区某某的港币520万元（大部为区某能毒品犯罪所得），购入广州百叶林木业有限公司的60%股权。汪某协助区某能运送毒资作为股权转让款。后区某某、区某能将该公司更名为广州市腾盛木业有限公司，由区某某任法定代表人，直接管理财务。汪某挂名出任该公司董事长，每月领取人民币5000元以上的工资外，区某某、区某能还送给汪某一辆ML320越野奔驰小汽车。广州市腾盛木业有限公司以经营为名，采用制造亏损账目

[①] 最高人民法院刑事审判第一、二、三、四、五庭：《中国刑事审判指导案例3（破坏社会主义市场经济秩序罪）》，法律出版社2017年版，第185—188页。

的手段，掩饰、隐瞒违法所得的来源与性质，意图将区某能的毒品犯罪所得转为合法收益。

某区人民法院认为，被告人汪某的行为，构成洗钱罪。

二　判旨

明知既可以是确定性认识，也可以是可能性认识。如果行为人对于所涉资金系毒赃，存在可能性认识，就应肯定主观明知。

三　法条

《刑法》

第一百九十一条　为掩饰、隐瞒毒品犯罪、黑社会性质的组织犯罪、恐怖活动犯罪、走私犯罪、贪污贿赂犯罪、破坏金融管理秩序犯罪、金融诈骗犯罪的所得及其产生的收益的来源和性质，有下列行为之一的，没收实施以上犯罪的所得及其产生的收益，处五年以下有期徒刑或者拘役，并处或者单处罚金；情节严重的，处五年以上十年以下有期徒刑，并处罚金：

（一）提供资金账户的；
（二）将财产转换为现金、金融票据、有价证券的；
（三）通过转账或者其他支付结算方式转移资金的；
（四）跨境转移资产的；
（五）以其他方法掩饰、隐瞒犯罪所得及其收益的来源和性质的。

单位犯前款罪的，对单位判处罚金，并对其直接负责的主管人员和其他直接责任人员，依照前款的规定处罚。

《最高人民法院关于审理洗钱等刑事案件具体应用法律若干问题的解释》（法释〔2009〕15号）

第一条　刑法第一百九十一条、第三百一十二条规定的"明知"，应当结合被告人的认知能力，接触他人犯罪所得及其收益的情况，犯罪所得及其收益的种类、数额，犯罪所得及其收益的转换、转移方式以及被告人的供述等主、客观因素进行认定。

具有下列情形之一的，可以认定被告人明知系犯罪所得及其收益，但有证据证明确实不知道的除外：

（一）知道他人从事犯罪活动，协助转换或者转移财物的；

（二）没有正当理由，通过非法途径协助转换或者转移财物的；

（三）没有正当理由，以明显低于市场的价格收购财物的；

（四）没有正当理由，协助转换或者转移财物，收取明显高于市场的"手续费"的；

（五）没有正当理由，协助他人将巨额现金散存于多个银行账户或者在不同银行账户之间频繁划转的；

（六）协助近亲属或者其他关系密切的人转换或者转移与其职业或者财产状况明显不符的财物的；

（七）其他可以认定行为人明知的情形。

被告人将刑法第一百九十一条规定的某一上游犯罪的犯罪所得及其收益误认为刑法第一百九十一条规定的上游犯罪范围内的其他犯罪所得及其收益的，不影响刑法第一百九十一条规定的"明知"的认定。

四 评释

本案的核心问题是：对洗钱对象，如何认定被告人存在"明知"？

被告人汪某及其辩护人认为，被告人对洗钱对象在主观上不具有"明知"。某区人民法院认为，被告人汪某的行为，构成洗钱罪。法院的结论，是妥当的。

自1997年以后，对于《刑法》第191条，先后有三次修正。在《刑法修正案（三）》中，把恐怖活动犯罪增列为本罪的上游犯罪，同时，也提高了单位犯罪的法定刑。在《刑法修正案（六）》中，将贪污贿赂、破坏金融管理秩序、金融诈骗三大类犯罪增列为本罪的上游犯罪，并将"协助将财产转换为有价证券"，增列为洗钱方式之一。《刑法修正案（十一）》第14条对《刑法》原第191条做了6处重要修改：（1）将"明知是……犯罪的所得……为掩饰、隐瞒其来源和性质"，修改为"为掩饰、隐瞒……犯罪的所得……来源和性质"。这个修改，进一步完善了行为人"明知"上游犯罪的规定，明确了有关行为目的的表述。（2）删去了原条文中第1款第2项、第3项、第4项中的"协助"，将"自洗钱"行为规定为犯罪。（3）在第1款第3项中增加了以"支付"方式转移资金的行为方式，以加大对"地下钱庄"的惩处力度。（4）将"将资金汇往境外",修改为"跨境转移资产"。(5)将比例罚金刑修改为不定额罚金刑。(6)在单位犯罪的场合,增加规定了对直接责任人员的罚金刑。

在这三次修正中,对于本罪主观上的"明知"的判断做了进一步明晰,也就是说,在判断本罪的"明知"之时,不以行为人确知为限,行为人对于走私的物品,既可以是确定性认识,也可以是可能性认识,这种"明知",是一种概括性认知。本案案发时间是《刑法修正案(十一)》之前,法院认为,对于本案所涉资金系毒赃这一事实,被告人汪某存在可能性认识,从而认定其具有主观明知,这个结论,是妥当的。

主观明知是成立洗钱罪的前提条件之一。《刑法修正案(十一)》之前,在洗钱罪的对象、内容及程度要求上,理论上存在分歧,实务做法,也各不相同。在对象以及内容方面,就有三种不同意见:(1)一切犯罪所得及收益。(2)概括的四类上游犯罪所得及收益。(3)具体的四类上游犯罪所得及收益。在程度方面,也有两种看法:(1)确定性认识。(2)可能性认识。对此,《刑法修正案(十一)》作出了进一步明确,对四类犯罪的违法所得及其产生的收益,行为人只要具有概括性认识,即为已足。

案例 4-6 杨某某、曹某某等骗取出口退税案[①]
——骗取出口退税罪中故意的认定

一 事实

1994年3月,被告单位攀枝花市对外经济贸易公司(以下简称"攀枝花外贸公司")经批准,取得自营和代理攀枝花市商品的出口经营权。1995年下半年,该公司总经理杨某某主持召开经理办公会,曹某某、张某某、赵某某等公司中层干部参加会议。在明知本公司只能经营自营出口和代理本市商品出口业务的情况下,会议决定,与张某某及林某某(在逃)合作开展代理广东潮汕地区的服装、塑料出口业务,并指定赵某某负责操作代理出口业务、张某某负责代理出口业务的结汇、申办退税等事

[①] 最高人民法院刑事审判第一、二、三、四、五庭:《中国刑事审判指导案例3(破坏社会主义市场经济秩序罪)》,法律出版社2017年版,第299—304页。

宜。之后，在知道张某某、林某某不是货主的情况下，杨某某、赵某某等人先后与张某某、林某某签订了多份代理出口协议。约定：张某某、林某某负责联系外商，提供出口货源、增值税专用发票和出口货物专用税收缴款书，联系报关，自带外汇本票与攀枝花外贸公司结汇；攀枝花外贸公司负责提供报关委托书、空白外汇核销单等出口单证，向攀枝花市国税局申请退税及所退税款的划拨。

杨某某等人在对部分供货企业考察时，发现生产能力与合同约定不符，产品质次价高，无法保证货物真实出口，但仍然允许张某某、林某某自带货源、自行报关、自带即期汇票结汇。为了达到在攀枝花市办理出口退税的目的，攀枝花外贸公司与张某某、林某某签订虚假的工矿产品供销合同和外销合同，以"倒计成本法"做假财务账，将代理出口业务处理为自营出口业务，并制作虚假的退税申请表，随同退税单证呈报攀枝花市国税局申请出口退税。

1995年7月至1999年12月，攀枝花外贸公司先后27次虚假申报出口退税3855.87836万元，骗取出口退税款3646.86435万元。攀枝花外贸公司扣除代理费186万余元，其余款项划到张某某、林某某指定的银行账户上，张某某、林某某随即伙同他人将款划转据为己有。

攀枝花市中级人民法院和四川省高级人民法院认为，被告单位攀枝花外贸公司及被告人杨某某、曹某某、张某某、赵某某、张某某的行为均已构成骗取出口退税罪。

二 判旨

有进出口经营权的公司明知他人可能骗取国家出口退税款，在"四自三不见"的情况下代理出口业务，致使国家税款被骗的，有骗取国家出口退税款的主观故意。

三 法条

《刑法》

第二百〇四条 以假报出口或者其他欺骗手段，骗取国家出口退税款，数额较大的，处五年以下有期徒刑或者拘役，并处骗取税款一倍以上五倍以下罚金；数额巨大或者有其他严重情节的，处五年以上十年以下有期徒刑，并处骗取税款一倍以上五倍以下罚金；数额特别巨大或者有其他特别严重情节的，处十年以上有期徒刑或者无期徒刑，并处骗取税款一倍以上五倍以下罚金或者没收财产。

纳税人缴纳税款后，采取前款规定的欺骗方法，骗取所缴纳的税款的，依照本法第二百〇一条的规定定罪处罚；骗取税款超过所缴纳的税款部分，依照前款的规定处罚。

《最高人民法院关于审理骗取出口退税刑事案件具体应用法律若干问题的解释》（法释〔2002〕30号）

第一条 刑法第二百零四条规定的"假报出口"，是指以虚构已税货物出口事实为目的，具有下列情形之一的行为：

（一）伪造或者签订虚假的买卖合同；

（二）以伪造、变造或者其他非法手段取得出口货物报关单、出口收汇核销单、出口货物专用缴款书等有关出口退税单据、凭证；

（三）虚开、伪造、非法购买增值税专用发票或者其他可以用于出口退税的发票；

（四）其他虚构已税货物出口事实的行为。

第二条 具有下列情形之一的，应当认定为刑法第二百零四条规定的"其他欺骗手段"：

（一）骗取出口货物退税资格的；

（二）将未纳税或者免税货物作为已税货物出口的；

（三）虽有货物出口，但虚构该出口货物的品名、数量、单价等要素，骗取未实际纳税部分出口退税款的；

（四）以其他手段骗取出口退税款的。

第六条 有进出口经营权的公司、企业，明知他人意欲骗取国家出口退税款，仍违反国家有关进出口经营的规定，允许他人自带客户、自带货源、自带汇票并自行报关，骗取国家出口退税款的，依照刑法第二百零四条第一款、第二百一十一条的规定定罪处罚。

四 评释

本案的核心问题是：在"四自三不见"的情况下，有进出口经营权的公司，通过将代理出口业务伪造为自营出口业务的行为，致使国家税款被骗的，是否具有骗取国家出口退税款的故意？

针对一审判决，杨某某上诉称，自己无骗取退税款的动机。辩护人也提出被告人杨某某没有骗税的主观故意。

四川省高级人民法院认为，对外贸业务及有关规定，作为外贸局及外贸公司的负责人，杨某某、曹某某、赵某某、张某某等人应当是熟悉的。在出现诸多不符合外贸规定的反常情况之时，对于张某某等人意欲骗取国家出口退税款的目的，杨某某等人应当是知晓的，因此，被告人杨某某等人具有骗取国家出口退税的故意。

对于货物出口，我国实行统一的许可证制度。只有取得出口许可证的公司、企业才能经营此项业务，其他任何公司、企业或者个人，只能通过委托有出口经营权的公司、企业代理办理出口业务。对于代理出口业务的具体要求，对外贸易经济合作部在相关规范性文件中，作出了明确规定。① 此类代办业务中，"四自三不见"② 属于违规操作行为。

国际贸易中，出口退税是一种常见、通行的做法。在国际贸易中，各国政府通过出口退税，给企业一定的优惠待遇和政策，使之着力提高本国商品国际竞争力。办理出口退税，必须提供出口退税专用的出口货物报关单等一系列相关单据。如果在办理出口退税时，所提供的凭证是真实的，不存在虚假单据的问题，那么，即便以"四自三不见"的方式，也不会发生国家税款被骗。因此，是否构成骗取出口退税罪，应当以行为人"明知他人意欲骗取国家出口退税款"为条件。③

"明知"，包括认识上的知道或者应当知道。对于行为人在主观上是否为"知道"，可根据案件事实、证据材料直接证实。对于"应当知道"，就需要根据当时具体情况、客观条件综合分析判断。所以，对于是否存在"应当知道"的判断，实际上是一种法律推定。国家明令禁止出口经营当

---

① 这些文件是：《关于规范进出口代理业务的若干规定》《关于规范各类进出口企业经营行为，严肃查处走私行为的紧急通知》和《关于重申规范进出口企业经营行为严禁各种借权经营和挂靠经营的通知》等。在这些规范性文件中，明确指出："禁止外经贸公司以'四自三不见'的方式代理进口""坚决杜绝以'四自三不见'的方式从事借权经营和挂靠经营"。

② 所谓"四自三不见"，是指在代理出口业务中，自带客户、自带货源、自带汇票、自行报关和不见进口产品、不见供货货主、不见外商。

③ 最高人民法院在《关于审理骗取出口退税刑事案件具体应用法律若干问题的解释》第6条中对此作出了明确规定。

中的"四自三不见",是一种不规范的业务,这是因为一旦实施这些行为,国家税款就存在流失的可能性。如果"四自三不见"没有导致国家税款流失,就是一种行政违法行为。有进出口经营权的单位如果在"四自三不见"业务中,出现了不合常理的情况,但仍继续业务,从而造成了国家税款流失的后果,我们就可以推定:该有进出口经营权的单位,是"明知"他人意欲骗取出口退税,这是"明知"中的"应当知道"。

在代理出口过程中,本案被告单位及杨某某等人发现了许多异常情况,比如,相关企业生产能力与所签合同相对照,在产品数量上不符,在产品质量上质次价高等。早在1997年,杨某某等人便知道张某某、林某某从香港黑市买汇到国内结汇。等等。但是,被告单位嗣后一系列的行为(诸如签订虚假内销合同和外销合同、"倒计成本法"做假会计账目,将"四自三不见"的代理业务,处理为自营业务账目),导致国家税款流失,足以证明在主观上,被告单位具有犯罪故意。

案例 4-7　卞某某等盗掘古墓葬案[①]
——盗掘古墓葬罪不要求对古墓葬价值的认识

一　事实

2007年5月22日10时许,被告人卞某某伙同卞某波、卞某天、卞某双、卞某勇、衡某某持铁锹等工具至某古墓群挖找古钱币。至晚上10时许,卞某某等人先后盗掘出青铜编钟二组14件、青铜鼎2件、青铜豆1件、青铜鉴1件、青铜斧1件、马衔12件等文物。卞某某等六人发现盗掘的可能属于国家保护的文物,在还能继续挖掘的情况下,决定停止挖掘,随后向派出所报案,并将挖掘出的文物全部主动上交。经鉴定,卞某某等六名被告人盗掘处系春秋时期的古墓,具有重要的科学、艺术和历史价值;青铜编钟一组(9件)为国家一级文物,青铜编钟一组(5件)为国家二级文物,青铜斧、青铜豆为国家三级文物,青铜鼎、青铜鉴、马衔(完整)、马衔(断)为国家一般文物。

[①] 最高人民法院刑事审判第一、二、三、四、五庭:《中国刑事审判指导案例5(妨害社会管理秩序罪)》,法律出版社2017年版,第267—271页。

凤阳县人民法院认为，被告人卞某某等人的行为，构成盗掘古墓罪。一审宣判后，被告人卞某某等人提出上诉。滁州市中级人民法院二审维持了凤阳县人民法院一审的定罪部分。

二 判旨

明知所盗掘的是古墓葬，即可构成盗掘古墓葬罪。对于所盗掘古墓葬的历史、艺术、科学价值，不必认识。

三 法条

《刑法》

第三百二十八条第一款 盗掘具有历史、艺术、科学价值的古文化遗址、古墓葬的，处三年以上十年以下有期徒刑，并处罚金；情节较轻的，处三年以下有期徒刑、拘役或者管制，并处罚金；有下列情形之一的，处十年以上有期徒刑或者无期徒刑，并处罚金或者没收财产：

（一）盗掘确定为全国重点文物保护单位和省级文物保护单位的古文化遗址、古墓葬的；

（二）盗掘古文化遗址、古墓葬集团的首要分子；

（三）多次盗掘古文化遗址、古墓葬的；

（四）盗掘古文化遗址、古墓葬，并盗窃珍贵文物或者造成珍贵文物严重破坏的。

《最高人民法院、最高人民检察院关于办理妨害文物管理等刑事案件适用法律若干问题的解释》（法释〔2015〕23号）

第八条 刑法第三百二十八条第一款规定的"古文化遗址、古墓葬"包括水下古文化遗址、古墓葬。"古文化遗址、古墓葬"不以公布为不可移动文物的古文化遗址、古墓葬为限。

实施盗掘行为，已损害古文化遗址、古墓葬的历史、艺术、科学价值的，应当认定为盗掘古文化遗址、古墓葬罪既遂。

采用破坏性手段盗窃古文化遗址、古墓葬以外的古建筑、石窟寺、石刻、壁画、近代现代重要史迹和代表性建筑等其他不可移动文物的，依照刑法第二百六十四条的规定，以盗窃罪追究刑事责任。

四 评释

本案的主要问题是：盗掘古墓葬罪中，是否要求明知古墓葬的历史、艺术、科学价值？

盗掘古墓葬罪是故意犯罪，对于认识因素上的"明知"，应该包括哪些内容，有两种观点：（1）只要明知其盗掘的是古墓葬即可。这可称为古墓葬认识说。（2）需明知其盗掘的是具有历史、艺术、科学价值的古墓葬。这可称为古墓葬价值认识说。从被告人上诉理由来看，是第二种观点，而法院则采纳了第一种观点。法院的结论，是妥当的。

第一，古墓葬被掩埋于地下，通常情况下，是不可能确切知道所盗掘古墓葬的历史、艺术、科学价值的。并且，对于古墓葬的历史、艺术、科学价值，需要受过专门教育的专业人员，才有可能较为准确地判断，通常情况下，作为"盗墓者"的行为人不大可能具备鉴定能力。况且，即便专业人员，也是根据专业书籍的记载以及古墓葬内的物品，通过自己的专业知识进行判断的，在古墓葬被完全发掘、文物出土之前，由于相关信息量不足，对古墓葬的历史、艺术、科学价值，即便专业人员，也是很难作出准确评估的。司法实务中，盗墓者中，绝大多数并非专业人员，即便具备一定的挖掘古墓技术，但这也不能等同于其确切知道古墓葬的历史、艺术、科学价值。此外，即便有个别盗墓者有一定的知识储备，但是，该知识储备与专业人员无法相提并论。因此，在盗掘之前，要求盗墓者确切知道所盗古墓葬的历史、艺术、科学价值，既不可能也不合理。

第二，要求盗掘者明知盗掘古墓葬的价值，既不具有可操作性，也不利于司法实践中处理此类案件。要在刑事诉讼程序中，通过搜集证据来证明行为人具有这种"明知"，难度无疑也是相当大的。最终所导致的结果，就是不当地放纵犯罪，会有损对盗掘古墓葬行为的惩治和预防。

第三，从一般人的角度来讲，古墓葬是受国家保护的、禁止私自挖掘，古墓葬属于国家所有，也是常识。因此，只要行为人对于自己盗掘的对象是古墓葬，就可以判断在认识因素上属于"明知"，但行为人依然决定实施盗掘行为，就具备了故意犯罪的意志因素，从而满足了成立本罪所要求的故意。现实生活中，绝大多数盗掘者，并不是追求古墓葬历史、艺术、科学价值，而是文物的经济价值。

本案中，在施工机械推出青砖和古钱币之后，六被告人知道施工工地有古墓葬，在这种明知下，实施了挖掘行为，而且，客观上该古墓葬是春秋时期的古墓，具有重要的历史、艺术、科学价值。因此，六被告人在主观上具有盗掘古墓葬罪的犯罪故意。

案例 4-8　沈某某盗窃案[①]
——数额认识错误的意义

一　事实

2002年12月2日晚12时许，被告人沈某某在与潘某某进行完卖淫嫖娼准备离开时，乘潘某某不备，顺手将潘某某放在床头柜上的嫖资及一只"伯爵牌"男装手表拿走，藏匿于其租住屋灶台内。次日上午，潘某某发现手表不见，怀疑系沈某某所为，便通过他人约见了沈某某。潘某某对沈某某称：该表不值钱，但对自己意义很大，如果沈某某退还，愿意送2000元给沈某某。沈某某否认。潘某某报案后，公安机关将已收拾好行李准备离开的沈某某抓获，手表仍在灶台内。在被羁押期间，沈某某供述了事实及手表的藏匿地点。在讯问中，沈某某一直不能准确说出所盗手表，认为该表只值六七百元。拿走潘某某的手表是因为性交易中潘某某行为粗暴，为了发泄不满。经鉴定：涉案手表价值人民币123879.84元。

某市某区人民法院认为：被告人沈某某的行为已构成盗窃罪。但被告人主观上只有非法占有他人"数额较大"财物的故意。一审宣判后，某市某区人民检察院提出抗诉。由于被告人下落不明，二审法院依法中止了该案的审理。

二　判旨

认定犯罪，要坚持主客观相统一原则，对所盗物品价值，行为人存在重大误解，所认识的数额远远低于实际数额，应当按照实际认识数额处理。

[①] 最高人民法院刑事审判第一、二、三、四、五庭：《中国刑事审判指导案例4（侵犯财产罪）》，法律出版社2017年版，第240—244页。

三 法条

《刑法》

第二百六十四条 盗窃公私财物，数额较大的，或者多次盗窃、入户盗窃、携带凶器盗窃、扒窃的，处三年以下有期徒刑、拘役或者管制，并处或者单处罚金；数额巨大或者有其他严重情节的，处三年以上十年以下有期徒刑，并处罚金；数额特别巨大或者有其他特别严重情节的，处十年以上有期徒刑或者无期徒刑，并处罚金或者没收财产。

四 评释

本案的核心问题是：对物品的价值有重大错误认识的，应如何处理？

对于被告人沈某某行为的性质，被告人和辩护人均以不是"秘密窃取"为由，认为不构成犯罪，但是，"秘密窃取"是盗窃罪的典型形态，而不是本质特征，盗窃罪是以和平方式移转财物占有的行为。沈某某拿走手表的行为，已构成盗窃罪，当无疑问。

但是，本案存在对手表价值存在重大认识错误。就被盗物品价值，是否存在重大认识错误，司法者在作出判断之时，当然不能仅凭被告人的供述或辩解来进行。行为人对被盗物品价值是否有重大认识错误，还是需要进行综合判断。被盗物品的特殊性、存放地点、行为人的个人情况、生活阅历、受教育程度、行为前后的表现等，都是判断的资料。本案中，从以下实际情况来看，沈某某的确存在对被盗物品价值的认识错误：（1）沈某某出生于贫困山区，与社会接触有限。（2）沈某某不知道有此类名贵手表。（3）沈某某年龄较小，文化程度低，受教育程度不高，不具备对此类罕见手表价值的正确认识。（4）沈某某到城市时间不长，接触外界有限。（5）案发地附近没有此类名表出售。（6）被害人将手表与几百元嫖资随意放在一起，也使沈某某误以为手表价值不是太大。（7）被害人虽表示愿意以2000元换回手表，但并没有强调该表价值巨大，而是仅称该表"对自己意义重大"，并不太值钱。加深了被告人的误认。（8）沈某某得手后，既未马上逃走，也未将财物迅速处理，而是放在灶台内。（9）甚至沈某某准备离开时仍未将手表随身携带或藏入行李，依然放在灶台内。（10）到案后，在历次讯问中，沈某某供述稳定。因此，对所盗手表的实际价值，沈某某没有明确的或概括的认识，具有相当的可信度。故而，沈某某主观故意内容是非法占有他人"数额较大"的财物，而非"数额特别巨大"的财物。

　　刑法上的认识错误，包括事实认识错误和法律认识错误。本案属于事实认识错误。事实认识错误，是指行为人主观认识与客观发生的事实不一致。一般情况下要排除针对最终发生的事实的故意，如果有认识可能性的话，就认定为过失。按照事实认识错误的处理规则，对于"数额特别巨大"这一部分，排除沈某某的盗窃故意，而过失盗窃不是犯罪行为。当然，对于沈某某认识到的"数额较大"这一部分，因为与最终发生的结果之间具有重合，在重合的范围内，不排除故意，因此，法院认定沈某某的行为构成盗窃罪，数额较大的结论，是妥当的。

　　需要指出的是，本案与行为人本着"能偷多少偷多少，偷到什么算什么"而实施的盗窃行为是不同的。"能偷多少偷多少，偷到什么算什么"状况下的盗窃行为，行为人对于被盗对象的价值，属于概括故意，无论财物价值有无、价值高低、价值多少都与其主观内容一致，所以，自应以最终被盗物品的实际价值论。当然，司法实务中，绝大多数盗窃案件中，对于盗窃对象的性质、价值的"明知"问题，只需要查明行为人认识到盗窃的是他人财物，就足够了，至于所盗财物的价值是否达到了"数额较大"，并不一定要求行为人明知，更不要求对财物价值有准确认识。否则，这种要求，是勉为其难，也是不现实的。

　　本案与"天价葡萄案"[①] "天价豆角案"[②] 一样，都属于罕见的对于被盗物品价值认识错误的情形，对此，需要本着责任主义原则，遵从主客

---

　　① 天价葡萄案：2003年8月7日凌晨，四名男子在北京香山附近盗窃了47斤科研用葡萄。案发后，市物价局价格认证中心对被偷的葡萄进行估价，被偷葡萄的直接经济损失为11220元。2004年4月，最终按照葡萄的市场价格估算，"天价葡萄"价值仅为376元，未达到北京地区实行的盗窃财物追究刑事责任的标准。后检察机关作出了不起诉的决定。

　　② 天价豆角案：2004年7月6日，犯罪嫌疑人刘某某从一个蔬菜大棚里偷摘了两袋看似一般的豆角，出售得款110元。他没有料到：他进的是哈尔滨市农业科学院蔬菜花卉分院的实验棚，偷的是该院投资数万元、经四年苦心研究培育的"太空豆角"。据受害方介绍，这些用于科研的豆角是经过四年时间培育，又经过太空育种后的CHC55号种子培育出来的。这样的种子一共仅有几十粒，极为珍贵。这些豆角被盗，使整个试验的完整性受到影响，并使实验数据失去了准确性，直接导致整个研究链断裂，损失无法估算。

观相统一，进行准确定罪量刑。

案例 4-9 蒋某、李某过失致人死亡案[①]
——过失的同时犯

一 事实

蒋某、李某受人雇用，驾驶农用车在某村道上行驶时，与徐某某驾驶的农用车对向相遇，双方发生争执并扭打。徐某某持手机打电话，蒋某、李某以为徐某某纠集人员，即欲驾车离开现场。徐某某上前拦在车前方并抓住右侧反光镜，意图阻止蒋某、李某离开。蒋某、李某将徐某某拉至车后，由李某拉住徐某某，蒋某上车驾驶该车缓慢行驶。后李某跳上后车厢。徐某某迅速追赶，双手抓住右侧护栏欲爬上车。蒋某在驾车过程中，从驾驶室的后视窗看到这一情形，但未停车。李某为阻止徐某某爬进车厢，将徐某某的双手沿护栏扳开。徐某某身体右倾面朝下跌在地上，被该车右后轮当场碾轧致死。李某拍打驾驶室车顶，将此事告知了蒋某，并下车先行离开。

无锡市惠山区人民法院认为，二被告人的行为构成过失致人死亡罪。

二 判旨

二被告人的主观目的，是为了摆脱被害人的纠缠，并无意思上的沟通与联络，故不构成共同犯罪，而是分别违反了各自的结果预见义务和结果避免义务。二被告人的行为，各自符合过失致人死亡罪。

三 法条

《刑法》

第二百三十二条 故意杀人的，处死刑、无期徒刑或者十年以上有期

[①] 最高人民法院刑事审判第一、二、三、四、五庭：《中国刑事审判指导案例 2（危害国家安全罪·危害公共安全罪·侵犯公民人身权利、民主权利罪）》，法律出版社 2017 年版，第 523—526 页。

徒刑；情节较轻的，处三年以上十年以下有期徒刑。

第二百三十三条　过失致人死亡的，处三年以上七年以下有期徒刑；情节较轻的，处三年以下有期徒刑。本法另有规定的，依照规定。

四　评释

本案的核心问题是：二被告人的行为如何定性？

对蒋某、李某的行为，有两种意见：（1）间接故意杀人罪。（2）过失致人死亡罪。法院认为本案属于过失致人死亡罪。法院的判决，是妥当的。

二被告人不构成（间接）故意杀人罪的共同犯罪，而是分别构成过失致人死亡罪。间接故意和过于自信过失在认识因素和意志因素上都有区别。在认识因素上，两者在认识程度上有所区别。意志因素不同，是间接故意与过于自信过失的关键所在。间接故意是"放任"结果发生，对结果发生，行为人持容忍、纵容，发生了就接受的态度。相反的，过于自信过失中，行为人不接受结果发生，对结果发生持反对态度。所以，二者的区别，就在于如何准确理解"放任"。对此，应注意以下几点：（1）判断客观危险（结果发生的盖然性大小）。间接故意属于高度的危险性认识，在经过认真地计算之后，行为人对于最终发生的结果便显出"容认"发生的态度。过于自信的过失虽然认识到结果的危险，但是这是一种低度盖然性的认识，并且正是这种低程度的认识，就不认真地对待危险，相信危险不会转变为现实结果。因此，行为人在意志因素上是反对结果的发生的。通常而言，结果发生盖然性高低，与行为的风险性大小有关。而风险性大小，又与法益的重要性有关。日常性的风险还是异常风险，是必须要考虑的。如果死亡结果发生具有高度盖然性，则通常情况下，是间接故意，否则，就可能是过于自信的过失。（2）行为人是否进行了认真的估算。对于死亡结果，如果经过认真估算，能够判断结果极有可能发生，就是间接故意。如果反对结果的发生，就是过失。（3）行为人对于死亡结果的态度。间接故意中，行为人抱"无所谓"的态度。而过于自信的过失中，则是"有所谓"的态度。当行为人认为结果可能发生，但是进而采取行动，就属于间接故意。相反的，当行为人认为结果可能不会发生，而采取行动的，就是过于自信的过失。

本案中，虽与被害人事前有争执，当意识到被害人打电话可能纠集人员，为了防止再次发生冲突，避免事态扩大，二被告人随即驾车离开现场。当时车辆低速缓慢行驶，这种情况下，即便被害人紧抓车辆，行为人扳开被害人双手，也在客观上没有死亡结果发生的高度盖然性。在结果没有高度盖然发生的情况下，蒋某低速行车，李某扳开被害人双手，能够得出二被告人经过认真估算，不会发生严重结果。而对于被害人死亡结果，二被告人是"有所谓"的，否则，蒋某可以随心所欲地加快驾驶速度，李某也可以采取其他更为激烈的措施，以解脱被害人的纠缠。所以，尽管在客观行为上，蒋某、李某之间存在某种程度的默契，但是，这种默契，不能评价为共同犯罪的意思联络。实质上，二人缺乏犯意联络和相互配合，而是基于相互信赖，相信自己和另一方的行为是有节制的，也会避免结果发生。因此，蒋某、李某二人不构成共同故意杀人罪，而是过失致人死亡罪。

第五章　正当防卫与紧急避险的判例

为了使国家、公共利益、本人或者他人的人身、财产和其他权利免受正在进行的不法侵害，而实施制止不法侵害的行为，是正当防卫。正当防卫可以区分为一般正当防卫和特殊正当防卫。两者所针对的不法侵害是不同的，特殊正当防卫是针对行凶、杀人、抢劫、强奸、绑架以及其他严重危及人身安全的暴力犯罪的，而一般的正当防卫是针对普通的违法侵害。在是否成立防卫过当上，两者也不相同。特殊正当防卫又称无过当防卫，不存在防卫过当的问题，一般正当防卫则不然。

成立一般正当防卫，需具备以下条件：（1）必须存在现实的不法侵害。这就意味着对合法行为不能实施正当防卫，对法益有侵害或者威胁的行为，可以实施正当防卫。对没有刑事责任能力、未达刑事责任年龄的防卫问题，存在争议。（2）不法侵害正在进行。这就意味着，原则上不允许提前防卫，更不存在事后防卫。（3）应当具有防卫认识。这就意味着偶然防卫、相互斗殴、防卫挑拨的场合，原则上不能成立正当防卫，因为不符合正当防卫的"正对不正"的构造。（4）防卫对象是不法侵害者本人。（5）防卫行为不得超出必要限度。

紧急避险，是指在诸多利益面临无法避免的危险之时，不得不选择牺牲较小的利益以保全较大的利益的情形。

正当防卫是"正对不正"，紧急避险是"正对正"。因此，对紧急避险的要求要比正当防卫严格。紧急避险行为导致他人死亡，不能被正当化。在特殊情况下，正当防卫允许防卫行为导致侵害人的生命被剥夺，正当防卫致使他人死亡的，并不必然意味着防卫行为是超过限度的，是不被正当化的。

成立紧急避险，需具备以下条件：（1）必须发生了现实危险，自己或者他人的生命、健康、自由、财产等法益受到侵害或侵害危险。但是，对他人的合法行为，不得主张紧急避险。自招危险者，原则上有忍受的义务。紧急避险不适用于职务上、业务上负有特定义务的人。(2) 危险正在发生。这就意味着，原则上不允许提前避险，更不能事后避险。(3) 为了保护更高利益，不得已损害另一利益。紧急避险是相对最小损害的避险手段，被救助利益必须要"明显高于"被牺牲利益，才能符合保护优越法益原则，阻却违法。(4) 具有避险意思。(5) 没有超过必要限度，造成不应有的损害。

案例 5-1　叶某某故意杀人案[①]
——无过当防卫

一　事实

1997 年 1 月上旬，王某某等人在被告人叶某某饭店吃饭未付钱。数天后，王某某等人路过时，叶某某向其催讨所欠饭款，王某某认为有损声誉，于同月 20 日晚纠集郑某某等人到该店滋事，叶某某持刀反抗，王某某等人即逃离。次日 6 时许，王某某、郑某某纠集王某明、卢某某、柯某某等人又到叶某某的饭店滋事，言语威胁，要叶某某请客了事。叶某某不从。王某某即从郑某某处取过东洋刀往叶某某的左臂及头部各砍一刀。叶某某拔出尖刀还击，在店门口刺中王某某胸部一刀后，冲出门外侧身将王某某抱住，互相扭打砍刺。郑某某拿起一张方凳砸向叶某某的头部，叶某某转身还击一刀，刺中郑某某的胸部后又继续与王某某扭打，将王某某压在地上并夺下东洋刀。王某某和郑某某经送医院抢救无效死亡，被告人也多处受伤。

台州市路桥区人民法院判决被告人叶某某无罪。

一审宣判后，台州市路桥区人民检察院提出抗诉。某市中级人民法院裁定驳回抗诉，维持原判。

二　判旨

在分别遭到王某某的不法暴力侵害时，叶某某持尖刀还击，刺死二

[①] 最高人民法院刑事审判第一、二、三、四、五庭：《中国刑事审判指导案例 1（刑法总则）》，法律出版社 2017 年版，第 35—37 页。

人，属正当防卫。

三 法条

《刑法》

第二十条 为了使国家、公共利益、本人或者他人的人身、财产和其他权利免受正在进行的不法侵害，而采取的制止不法侵害的行为，对不法侵害人造成损害的，属于正当防卫，不负刑事责任。

正当防卫明显超过必要限度造成重大损害的，应当负刑事责任，但是应当减轻或者免除处罚。

对正在进行行凶、杀人、抢劫、强奸、绑架以及其他严重危及人身安全的暴力犯罪，采取防卫行为，造成不法侵害人伤亡的，不属于防卫过当，不负刑事责任。

《最高人民法院 最高人民检察院 公安部关于依法适用正当防卫制度的指导意见》

为依法准确适用正当防卫制度，维护公民的正当防卫权利，鼓励见义勇为，弘扬社会正气，把社会主义核心价值观融入刑事司法工作，根据《中华人民共和国刑法》和《中华人民共和国刑事诉讼法》的有关规定，结合工作实际，制定本意见。

一、总体要求

1. 把握立法精神，严格公正办案。正当防卫是法律赋予公民的权利。要准确理解和把握正当防卫的法律规定和立法精神，对于符合正当防卫成立条件的，坚决依法认定。要切实防止"谁能闹谁有理""谁死伤谁有理"的错误做法，坚决捍卫"法不能向不法让步"的法治精神。

2. 立足具体案情，依法准确认定。要立足防卫人防卫时的具体情境，综合考虑案件发生的整体经过，结合一般人在类似情境下的可能反应，依法准确把握防卫的时间、限度等条件。要充分考虑防卫人面临不法侵害时的紧迫状态和紧张心理，防止在事后以正常情况下冷静理性、客观精确的标准去评判防卫人。

3. 坚持法理情统一，维护公平正义。认定是否构成正当防卫、是否防卫过当以及对防卫过当裁量刑罚时，要注重查明前因后果，分清是非曲直，确保案件处理于法有据、于理应当、于情相容，符合人民群众的公平正义观念，实现法律效果与社会效果的有机统一。

4. 准确把握界限，防止不当认定。对于以防卫为名行不法侵害之实的违法犯罪行为，要坚决避免认定为正当防卫或者防卫过当。对于虽具有防卫性质，但防卫行为明显超过必要限度造成重大损害的，应当依法认定为防卫过当。

二、正当防卫的具体适用

5. 准确把握正当防卫的起因条件。正当防卫的前提是存在不法侵害。不法侵害既包括侵犯生命、健康权利的行为，也包括侵犯人身自由、公私财产等权利的行为；既包括犯罪行为，也包括违法行为。不应将不法侵害不当限缩为暴力侵害或者犯罪行为。对于非法限制他人人身自由、非法侵入他人住宅等不法侵害，可以实行防卫。不法侵害既包括针对本人的不法侵害，也包括危害国家、公共利益或者针对他人的不法侵害。对于正在进行的拉拽方向盘、殴打司机等妨害安全驾驶、危害公共安全的违法犯罪行为，可以实行防卫。成年人对于未成年人正在实施的针对其他未成年人的不法侵害，应当劝阻、制止；劝阻、制止无效的，可以实行防卫。

6. 准确把握正当防卫的时间条件。正当防卫必须是针对正在进行的不法侵害。对于不法侵害已经形成现实、紧迫危险的，应当认定为不法侵害已经开始；对于不法侵害虽然暂时中断或者被暂时制止，但不法侵害人仍有继续实施侵害的现实可能性的，应当认定为不法侵害仍在进行；在财产犯罪中，不法侵害人虽已取得财物，但通过追赶、阻击等措施能够追回财物的，可以视为不法侵害仍在进行；对于不法侵害人确已失去侵害能力或者确已放弃侵害的，应当认定为不法侵害已经结束。对于不法侵害是否已经开始或者结束，应当立足防卫人在防卫时所处情境，按照社会公众的一般认知，依法作出合乎情理的判断，不能苛求防卫人。对于防卫人因为恐慌、紧张等心理，对不法侵害是否已经开始或者结束产生错误认识的，应当根据主客观相统一原则，依法作出妥当处理。

7. 准确把握正当防卫的对象条件。正当防卫必须针对不法侵害人进行。对于多人共同实施不法侵害的，既可以针对直接实施不法侵害的人进行防卫，也可以针对在现场共同实施不法侵害的人进行防卫。明知侵害人是无刑事责任能力人或者限制刑事责任能力人的，应当尽量使用其他方式避免或者制止侵害；没有其他方式可以避免、制止不法侵害，或者不法侵害严重危及人身安全的，可以进行反击。

8. 准确把握正当防卫的意图条件。正当防卫必须是为了使国家、公共利益、本人或者他人的人身、财产和其他权利免受不法侵害。对于故意以语言、行为等挑动对方侵害自己再予以反击的防卫挑拨，不应认定为防卫行为。

9. 准确界分防卫行为与相互斗殴。防卫行为与相互斗殴具有外观上的相似性，准确区分两者要坚持主客观相统一原则，通过综合考量案发起因、对冲突升级是否有过错、是否使用或者准备使用凶器、是否采用明显不相当的暴力、是否纠集他人参与打斗等客观情节，准确判断行为人的主观意图和行为性质。

因琐事发生争执，双方均不能保持克制而引发打斗，对于有过错的一方先动手且手段明显过激，或者一方先动手，在对方努力避免冲突的情况下仍继续侵害的，还击一方的行为一般应当认定为防卫行为。

双方因琐事发生冲突，冲突结束后，一方又实施不法侵害，对方还击，包括使用工具还击的，一般应当认定为防卫行为。不能仅因行为人事先进行防卫准备，就影响对其防卫意图的认定。

10. 防止将滥用防卫权的行为认定为防卫行为。对于显著轻微的不法侵害，行为人在可以辨识的情况下，直接使用足以致人重伤或者死亡的方式进行制止的，不应认定为防卫行为。不法侵害系因行为人的重大过错引发，行为人在可以使用其他手段避免侵害的情况下，仍故意使用足以致人重伤或者死亡的方式还击的，不应认定为防卫行为。

三、防卫过当的具体适用

11. 准确把握防卫过当的认定条件。根据刑法第二十条第二款的规定，认定防卫过当应当同时具备"明显超过必要限度"和"造成重大损害"两个条件，缺一不可。

12. 准确认定"明显超过必要限度"。防卫是否"明显超过必要限度"，应当综合不法侵害的性质、手段、强度、危害程度和防卫的时机、手段、强度、损害后果等情节，考虑双方力量对比，立足防卫人防卫时所处情境，结合社会公众的一般认知作出判断。在判断不法侵害的危害程度时，不仅要考虑已经造成的损害，还要考虑造成进一步损害的紧迫危险性和现实可能性。不应当苛求防卫人必须采取与不法侵害基本相当的反击方式和强度。通过综合考量，对于防卫行为与不法侵害相差悬殊、明显过激的，应当认定防卫明显超过必要限度。

13. 准确认定"造成重大损害"。"造成重大损害"是指造成不法侵害人重伤、死亡。造成轻伤及以下损害的，不属于重大损害。防卫行为虽然明显超过必要限度但没有造成重大损害的，不应认定为防卫过当。

14. 准确把握防卫过当的刑罚裁量。防卫过当应当负刑事责任，但是应当减轻或者免除处罚。要综合考虑案件情况，特别是不法侵害人的过错程度、不法侵害的严重程度以及防卫人面对不法侵害的恐慌、紧张等心理，确保刑罚裁量适当、公正。对于因侵害人实施严重贬损他人人格尊严、严重违反伦理道德的不法侵害，或者多次、长期实施不法侵害所引发的防卫过当行为，在量刑时应当充分考虑，以确保案件处理既经得起法律检验，又符合社会公平正义观念。

四、特殊防卫的具体适用

15. 准确理解和把握"行凶"。根据刑法第二十条第三款的规定，下列行为应当认定为"行凶"：（1）使用致命性凶器，严重危及他人人身安全的；（2）未使用凶器或者未使用致命性凶器，但是根据不法侵害的人数、打击部位和力度等情况，确已严重危及他人人身安全的。虽然尚未造成实际损害，但已对人身安全造成严重、紧迫危险的，可以认定为"行凶"。

16. 准确理解和把握"杀人、抢劫、强奸、绑架"。刑法第二十条第三款规定的"杀人、抢劫、强奸、绑架"，是指具体犯罪行为而不是具体罪名。在实施不法侵害过程中存在杀人、抢劫、强奸、绑架等严重危及人身安全的暴力犯罪行为的，如以暴力手段抢劫枪支、弹药、爆炸物或者以绑架手段拐卖妇女、儿童的，可以实行特殊防卫。有关行为没有严重危及人身安全的，应当适用一般防卫的法律规定。

17. 准确理解和把握"其他严重危及人身安全的暴力犯罪"。刑法第二十条第三款规定的"其他严重危及人身安全的暴力犯罪"，应当是与杀人、抢劫、强奸、绑架行为相当，并具有致人重伤或者死亡的紧迫危险和现实可能的暴力犯罪。

18. 准确把握一般防卫与特殊防卫的关系。对于不符合特殊防卫起因条件的防卫行为，致不法侵害人伤亡的，如果没有明显超过必要限度，也应当认定为正当防卫，不负刑事责任。

五、工作要求

19. 做好侦查取证工作。公安机关在办理涉正当防卫案件时，要依法及时、全面收集与案件相关的各类证据,为案件的依法公正处理奠定事实根基。取证工作要及时,对冲突现场有视听资料、电子数据等证据材料的,应当第一时间调取;对冲突过程的目击证人,要第一时间询问。取证工作要全面,对证明案件事实有价值的各类证据都应当依法及时收集,特别是涉及判断是否属于防卫行为、是正当防卫还是防卫过当以及有关案件前因后果等的证据。

20. 依法公正处理案件。要全面审查事实证据,认真听取各方意见,高度重视犯罪嫌疑人、被告人及其辩护人提出的正当防卫或者防卫过当的辩解、辩护意见,并及时核查,以准确认定事实、正确适用法律。要及时披露办案进展等工作信息,回应社会关切。对于依法认定为正当防卫的案件,根据刑事诉讼法的规定,及时作出不予立案、撤销案件、不批准逮捕、不起诉的决定或者被告人无罪的判决。对于防卫过当案件,应当依法适用认罪认罚从宽制度;对于犯罪情节轻微,依法不需要判处刑罚或者免除刑罚的,人民检察院可以作出不起诉决定。对于不法侵害人涉嫌犯罪的,应当依法及时追诉。人民法院审理第一审的涉正当防卫案件,社会影响较大或者案情复杂的,由人民陪审员和法官组成合议庭进行审理;社会影响重大的,由人民陪审员和法官组成七人合议庭进行审理。

21. 强化释法析理工作。要围绕案件争议焦点和社会关切,以事实为根据、以法律为准绳,准确、细致地阐明案件处理的依据和理由,强化法律文书的释法析理,有效回应当事人和社会关切,使办案成为全民普法的法治公开课,达到办理一案、教育一片的效果。要尽最大可能做好矛盾化解工作,促进社会和谐稳定。

22. 做好法治宣传工作。要认真贯彻"谁执法、谁普法"的普法责任制,做好以案说法工作,使正当防卫案件的处理成为全民普法和宣扬社会主义核心价值观的过程。要加大涉正当防卫指导性案例、典型案例的发布力度,旗帜鲜明保护正当防卫者和见义勇为人的合法权益,弘扬社会正气,同时引导社会公众依法、理性、和平解决琐事纠纷,消除社会戾气,增进社会和谐。

四 评释

本案的争议问题是无限防卫权应如何理解与适用?

检察机关抗诉的主要理由是:叶某某的行为属于斗殴,"斗殴无防卫"，对照起因、时机、主观、限度等条件，考察叶某某的行为，均不符合《刑法》第20条第3款。某市中级人民法院裁定驳回抗诉，维持原判的二审结论，是妥当的。

本案案发期间，1979年《刑法》还有效，审理本案期间，1997年《刑法》已经生效。相对而言，1979年《刑法》第17条对防卫过当"超过必要限度造成不应有的危害"的规定，比较抽象、笼统，缺乏可操作性，成为导致对正当防卫的限度条件，在实践中普遍掌握过严的原因之一。对正当防卫条件掌握的过严，使得正当防卫权的行使和认定，受到了严重束缚，与正当防卫的精神严重不符。1997年《刑法》则进一步明确了防卫过当的范围，成立防卫过当，须同时具备以下两个条件：（1）在行为表现上，必须明显超过必要限度，（2）在结果上，必须造成重大损害。仅具备一个条件，还是正当防卫。这个规定，具有可操作性。更引人注目的是，我国《刑法》在第20条第3款，特别规定了无过当防卫制度，具有鲜明特色，适用该款的前提条件，是客观上存在严重的危及公民人身安全的暴力犯罪。

本案中，王某某等人吃饭后，不给钱，叶某某向被害人王某某追索饭钱，并无任何不妥。这是主张自己合法债权的行为，当然是合理、合法的。在被追索欠款后，王某某不但不还，还寻衅报复滋事。叶某某虽准备了尖刀随身携带，但是，其目的是为防身，并非准备斗殴，并且，叶某某也从未主动使用。斗殴的特征是参加人双方均属不法行为，双方参与人是"不正对不正"，不符合正当防卫的"正对不正"，因此，"斗殴无防卫"。王某某纠集诸多社会闲散人员到叶某某饭店寻衅滋事，发泄不满，以威慑叶某某。并且，王某某持东洋刀砍击叶某某身体，对于叶某某的身体健康（乃至生命）造成了巨大威胁，当属严重侵害人身安全的行凶行为，满足了无过当防卫的前提条件。在被砍两刀，自己的身体遭受严重的不法侵害后，叶某某遂持尖刀反击，这属于合法的防卫行为。其间，叶某某向用持凳砸自己的郑某某反击一刀后，对郑某某再没有进一步反击，而是转向正在持东洋刀攻击自己的王某某，制止其不法行为。在压制住王某某，夺过东洋刀后，叶某某停止了防卫行为。综观整个过程，叶某某的反击手段，有利、有节，并无任何不当。叶某某在受到不法攻击后，被迫防卫，在防卫的时间、对象上均符合法律的规定，检察机关的抗诉，并不妥当。

案例 5-2 吴某某故意伤害案[①]
——无过当防卫中"行凶"的含义

一 事实

北京市某村农民孙某某、李某某曾是饭店职工。孙某某于 2003 年 8 月离开饭店，李某某后被饭店开除。9 月 9 日晚 20 时许，李某某、张某某将孙某某叫到张某某家，称李某某被饭店开除，是尹某某向饭店经理告发所致；并说孙某某追求尹某某，尹某某不同意，还骂孙某某傻。孙某某很气恼，通过电话威胁尹某某，扬言要在尹某某身上留记号。三人当即密谋强行将尹某某带到山下旅馆关押两天。当晚 23 时许，三人酒后来到饭店敲大门，遇客人阻拦未入，便在饭店外伺机等候。次日凌晨 2 时许，孙某某蹚开女工宿舍小院的木门而入，并敲打女工宿舍的房门叫尹某某出屋。尹某某拒绝。凌晨 3 时许，孙某某、李某某、张某某三人再次来到女工宿舍外，继续要求尹某某开门，又被尹某某拒绝后，遂强行破门而入。孙某某走到尹某某床头，李某某站在同宿舍居住的被告人吴某某床边，张某某站在宿舍门口。孙某某掀开尹某某的被子，欲强行带尹某某下山，遭拒绝后，便殴打尹某某并撕扯尹某某的睡衣，致尹某某胸部裸露。吴某某见状，下床劝阻。孙某某转身殴打吴某某，扯开吴某某的睡衣致其胸部裸露，后又踢打吴某某。吴某某顺手从床头柜上摸起一把水果刀将孙某某的左上臂划伤。李某某拿起一把铁挂锁欲砸吴某某，吴某某即持刀刺向李某某，李某某当即倒地。吴某某见李某某倒地，惊悚片刻后，跑出宿舍给饭店经理拨打电话。

北京市海淀区人民法院一审判决被告人吴某某无罪。

一审宣判后，北京市海淀区人民检察院提出抗诉，附带民事诉讼原告人也提出上诉，请求改判吴某某承担刑事责任和民事赔偿责任。二审审理期间，北京市人民检察院第一分院认为抗诉不当，决定撤回抗诉。北京市第一中级人民法院裁定驳回附带民事诉讼原告人的上诉，维持原审附带

[①] 北大法宝：https://www.pkulaw.com/pfnl/a25051f3312b07f3d1625d26b3accf280085f74543-cd3ac3bdfb.html? keyword =% E5% 90% B4% E9% 87% 91% E8% 89% B3&way = listView，最后访问日期：2022 年 1 月 30 日。

民事部分判决，准许北京市人民检察院第一分院撤回抗诉。

二 判旨

根据《刑法》第 20 条第 3 款和《民法通则》第 128 条的规定，对深夜非法闯入住宅，暴力不法攻击者，公民采取防卫行为，造成不法侵害人死亡的，既不承担刑事责任，也不承担民事赔偿责任。

三 法条

《刑法》

第二十条　为了使国家、公共利益、本人或者他人的人身、财产和其他权利免受正在进行的不法侵害，而采取的制止不法侵害的行为，对不法侵害人造成损害的，属于正当防卫，不负刑事责任。

正当防卫明显超过必要限度造成重大损害的，应当负刑事责任，但是应当减轻或者免除处罚。

对正在进行行凶、杀人、抢劫、强奸、绑架以及其他严重危及人身安全的暴力犯罪，采取防卫行为，造成不法侵害人伤亡的，不属于防卫过当，不负刑事责任。

《民法通则》

第一百二十八条　因正当防卫造成损害的，不承担民事责任。正当防卫超过必要的限度，造成不应有的损害的，应当承担适当的民事责任。

四 评释

本案的焦点问题是李某某等三人的行为，是否是"行凶"，是否严重危及人身安全？

海淀区人民检察院以吴某某的行为构成故意伤害罪，提起公诉。吴某某辩称，李某某咎由自取，应自行承担损失。辩护人提出吴某某的行为属于正当防卫。

《刑法》第 20 条第 3 款规定的"行凶"，是指一种具有严重危及人身安全的暴力手段，不是具体罪名。

本案中，孙某某等三人经过事前充分预谋，在设定了作案目标后，强行进入女服务员宿舍。在宿舍中，又随意殴打服务员，这些行为，足以使三名孤立无援的女服务员产生极大的心理恐慌。三名服务员的合法权益，受到不法侵害，当属无疑，正当防卫的前提条件自然满足。当孙某某被吴某某持刀逼退，李某某又举起铁锁欲砸吴某某，不法侵害依然在进行。对此，辩护人关于李某某的行为属于不法侵害的辩护观点，是符合事实的。公诉人答辩称李某某拿锁欲击打吴某某，目的是制止孙某某与吴某某的争斗，而非侵害。但是，这个答辩，并不成立。李某某、张某某和孙某某纠集在一起，在事先谋划好之后，三人进入吴某某等人的宿舍。目睹同伙被吴某某逼退后，李某某用锁欲击打吴某某的行为，并不是为了制止孙某某与吴某某的争斗，而是不法侵害的组成部分。在进入女工宿舍后，尽管最初李某某并未实施任何揪扯、殴打行为，但这也不能否定李某某用锁欲击打吴某某的行为具有不法侵害的实质的理由，因为，李某某遵照事前密谋而行事，既不是旁观者，更不是劝架人，而是共同侵害人。此时，其他人实施的侵害行为，不能单独评价，应当是共同侵害行为，同时，李某某并没有从共同侵害行为脱离，其他人的侵害行为，也是李某某的侵害行为。此外，李某某举起铁锁欲砸吴某某，针对的是吴某某的人身，具有严重的暴力侵害性质，应当认定为"行凶"。所以，针对无罪辩护意见，公诉人关于李某某没有任何伤害行为的答辩，并不符合客观事实。

此外，考虑其他因素，也可以认定李某某等人的行为是"行凶"。

第一，李某某等人闯入女工宿舍，严重侵犯他人的合法权利，当无疑问。更为重要的是当时时间是凌晨3时左右，涉案地点为女工宿舍，供女性服务员休息和处理个人隐私事务。在这种时空条件下，三名女工被围困在狭小的宿舍内，处于孤立无援的境地。孙某某进屋后，实施了一系列侵害行为，使得吴某某等人极度恐慌，产生这种心理是正常的反应。

第二，从双方的力量对比及实际情况来看，吴某某的行为，也是正当防卫。公诉人针对无罪辩护意见，答辩称吴某某虽然受到孙某某的攻击，但当时尚有多种求助选择，故吴某某持刀扎伤李某某，不属于正当防卫。公诉人的答辩，不符合客观情况。李某某等三人是成年男子，又是北京当地居民，受胁迫、受侵害的是三名在饭店打工的外地女子，力量显著不对等。而在深夜被三名成年男子困在宿舍，在客观上并无其他求助选择，更何况正当防卫并不是以不存在其他可供选择的方案为成立条件的，即便有其他选择，也不足以妨碍正当防卫权的行使。

第三，在自己和他人的人身安全受到严重暴力侵害之时，吴某某用水果刀逼退孙某某，符合防卫前提和防卫时间的要求，该行为显系正当防卫。此时，李某某又举起铁锁向其砸来，无论是在被侵害人，还是在一般人看来，李某某都属"行凶"无疑。因此，公诉人答辩称李某某等人的行为没有达到严重危及他人人身安全的暴力程度，没有危害后果产生，并不妥当。

第四，在面临李某某的继续加害威胁时，吴某某持刀刺向李某某，符合防卫意思的目的性要求，依然是为避免遭受更为严重的暴力侵害。

因此，吴某某的行为，从防卫前提、防卫目的、防卫对象、防卫时间等要素来看，都符合正当防卫的要求，是正当的。公诉人在答辩中称吴某某有其他可供选择的方案，但是，苛求吴某某慎重选择其他方式，以制止或避免孙某某、李某某和张某某不法侵害的意见，不符合正当防卫的基本精神就不用说了，即便该说法有一定道理，也完全属于"上帝视角"，严重忽略本案中不法侵害发生的时间、地点，根本无视具体侵害的情节、不法侵害人的实际情况等客观因素，并不妥当。

案例 5-3　张某某拉故意伤害案[①]
——无过当防卫中不法侵害的综合判断

一　事实

被告人张某某拉与其兄张某某均在天津市打工。2016 年 1 月 11 日，张某某拉驾驶摩托车与李某某驾驶的汽车发生交通事故。李某某驾车逃逸。在处理事故过程中，张某某拉认为交警处置懈怠，遂通过牛某某找到自称在交警队有人脉关系的周某某，请周某某向交警打招呼，周某某应允。3 月 10 日，在交警队处理纠纷时，张某某拉与交警发生争吵。这时周某某给张某某拉打来电话。张某某拉就让交警直接接听周某某电话，引起周某某不满。当日，此起交通事故纠纷以李某某一方赔偿 4 万元的方式调解解决。次日，牛某某在电话里提醒张某某拉小心点，周某某对此事没完。

---

① 北大法宝：https://www.pkulaw.com/gac/f4b18d978bc0d1c7a191abf78b6a59de2bd87aebcc-458bb0bdfb.html? keyword=%E5%BC%A0%E9%82%A3%E6%9C%A8%E6%8B%89，最后访问日期：2022 年 2 月 20 日。

2016年3月12日8时许,张某某拉与其兄张某某均及赵某明在天津市西青区精武镇牛坨子村鱼塘旁的小屋内闲聊,周某某纠集丛某某、张某、陈某某,由丛某某驾车,并携带了陈某某事先准备好的两把砍刀,至张某某拉暂住处。四人确认张某某拉在屋后,即取出事前准备好的两把砍刀。周某某、陈某某二人各持一把砍刀,丛某某、张某分别从鱼塘边操起铁锹、铁锤进入屋内。张某某均见状,将走在最后边的张某截在外屋,二人厮打。周某某、陈某某、丛某某进入里屋,三人向屋外拉拽张某某拉,张某某拉向后挣脱。周某某、陈某某持刀砍向张某某拉后脑部,张某某拉抓起一把尖刀捅刺陈某某胸部一刀,陈某某被捅后退到外屋倒地。丛某某持铁锹击打张某某拉后脑处。周某某、丛某某见陈某某倒地后也跑出屋外。张某某拉将尖刀放回原处,发现张某仍与张某某均相互厮打。为防止张某某均被殴打,张某某拉拿起门口处的铁锹将正挥舞砍刀的周某某打入鱼塘中。周某某爬上岸后,张某某拉再次将其打落水中,致周某某左尺骨近段粉碎性骨折,砍刀落入鱼塘中。张某某均将张某手中铁锤夺下,将张某打落鱼塘中。张某某拉随即拨打电话报警并在现场等待。陈某某被送往医院后,因单刃锐器刺破心脏致死。

公诉机关认为张某某拉犯故意伤害罪。被告人张某某拉及辩护人认为张某某拉为正当防卫,不构成犯罪。

天津市西青区人民法院认为,张某某拉的行为构成故意伤害罪。

一审宣判后,张某某拉提出上诉。天津市第一中级人民法院认为,张某某拉的行为,属于正当防卫,遂改判上诉人张某某拉无罪。

二 判旨

判断是否为特殊防卫,应当综合考虑不法侵害的性质、行为方式、行为强度、可能或者现实的危害程度、作案地点、凶器、双方力量对比等因素,来确定不法侵害是否具有严重危及人身安全的暴力犯罪的性质。防卫人为制止正在进行的严重暴力犯罪致他人伤亡的,应认定为特殊防卫。

三 法条

《刑法》

第二十条 为了使国家、公共利益、本人或者他人的人身、财产和其他权利免受正在进行的不法侵害,而采取的制止不法侵害的行为,对不法侵害人造成损害的,属于正当防卫,不负刑事责任。

正当防卫明显超过必要限度造成重大损害的,应当负刑事责任,但是应当减轻或者免除处罚。

对正在进行行凶、杀人、抢劫、强奸、绑架以及其他严重危及人身安全的暴力犯罪,采取防卫行为,造成不法侵害人伤亡的,不属于防卫过当,不负刑事责任。

第二百三十四条 故意伤害他人身体的,处三年以下有期徒刑、拘役或者管制。

犯前款罪,致人重伤的,处三年以上十年以下有期徒刑;致人死亡或者以特别残忍手段致人重伤造成严重残疾的,处十年以上有期徒刑、无期徒刑或者死刑。本法另有规定的,依照规定。

四 评释

本案的争议问题是:对张某某拉在屋内捅刺行为和在屋外打斗行为如何评价?

首先,对张某某拉的行为应该整体评价。天津市西青区人民法院经认为,被告人张某某拉导致一死一伤,其行为构成故意伤害罪。这是将张某某拉在屋内捅刺行为和在屋外打斗行为分阶段进行了评价,并且将两个行为都做了构成犯罪的评价。此外,在审理过程中,也有以下观点:将在屋内将陈某某捅死的行为属于特殊防卫,但是在屋外将周某某打伤系不法侵害停止后的报复伤害行为,属于犯罪行为,应评价为故意伤害罪。

一审法院及以上观点,均不妥当。

(1) 张某某拉两个阶段的行为连贯,没有中断。视听资料显示,2016年3月12日8时39分8秒,周某某第一个持械进入张某某拉暂住处;39分25秒时,四人全部进屋,39分39秒时,周某某已经出屋,张某某拉随即出屋与周某某打斗。张某某拉在屋内捅刺行为和屋外的打斗行为,发生在31秒之内,并且对方是四人,强行作出时间上的间隔,显然强人所难,张某某拉的行为,系连贯行为。

(2) 防卫对象具有一致性。张某某拉在屋内捅刺陈某某、在屋外鱼塘边与周某某争斗,最终将周某某打落鱼塘中。尽管行为对象分别是陈某某和周某某,但是陈、周二人共同实施了不法侵害行为,所以,张某某拉的防卫行为指向的对象具有一致性。

(3) 在出租屋内，周某某、陈某某持刀砍向张某某拉后脑部，是"行凶"行为。周某某跑向屋外后仍然挥舞砍刀，也属于"行凶"。同时，周某某等4人的行为具有类似性、连续性，应当整体评价为一个规范意义上正在进行的不法侵害行为。与之对应，对张某某拉的行为，也应该作出整体评价。

其次，张某某拉的行为，属于特殊防卫。对张某某拉的行为具有防卫因素，应该没有争议，但是，对其行为是否超过防卫限度，有可能存在较大争议。将张某某拉致一死一伤行为定性为防卫过当还是特殊防卫是本案主要的争议焦点。

(1) 本案存在现实的不法侵害，符合正当防卫的起因条件。张某某拉之所以实施致人一死一伤行为，是因为遭到了周某某等四人的现实不法侵害。对周某某、丛某某、张某等人持械砍伤张某某拉的行为，司法机关已经以聚众斗殴作出了评价，三人均已被判刑，且判决已生效。既然周某某等四人的行为性质系持械聚众斗殴，当然具有不法性、侵害性和现实性。而张某某拉的行为，既然具有防卫的性质，说明至少司法机关不认同张某某拉的行为也是聚众斗殴，因为聚众斗殴一开始就具有不法性，不可能具有正价值，所以，本案不存在"斗殴无防卫"。既然如此，本案符合正当防卫所要求的起因条件的结论当无疑问。

(2) 本案不法侵害尚未结束，符合正当防卫的时间条件。本案法益处在紧迫的现实危险之中。从案发时双方人员力量对比来看，张某某拉处于绝对劣势。周某某、陈某某一共四人，并且提前准备了砍刀等作案工具。在进入现场时，周某某、陈某某一伙人中，有两人分别手持长约半米的砍刀，其他两人中，一人持铁锹，一人持铁锤，均为具有致命能力的凶器。而张某某拉一方三人，其中一人因腿部有残疾未参与，并且张某某拉等人并无任何准备。

周某某等人的不法侵害，从时间上来看，具有紧迫性和连续性。周某某等人闯入屋内后，随即暴力拖拽张某某拉。在张某某拉转身向后挣脱时，周某某等人使用所携带的凶器砸砍张某某拉致命部位后脑部。显然，张某某拉的人身安全已受到严重威胁。所以，对张某某拉的不法侵害，是现实的、紧迫的。

张某某拉捅刺陈某某之后，周某某等三人退出屋外，需要判断周某某等人的不法侵害是否结束的问题。在判断不法侵害是否结束上，需要结合侵害人周某某等人是否已经脱离了现场、是否丧失了侵害能力、是否放弃了侵害意图等因素进行综合考量。在张某某拉捅刺陈某某后，虽然周某某等人退到屋外，但是，张某某均和张某在屋外依然争斗。监控录像显示，周某某还在挥舞砍刀，显然，不能认定周某某等三人已经停止了不法侵害、放弃了侵害意图。周某某等人随时可能再次对张某某拉的人身安全构成威胁。所以，周某某等人出屋后，张某某拉的人身危险并没有排除，此时不法侵害依然是连续的，尚未结束。需要指出的是，即便侵害人暂时停止侵害行为，但仍然具备侵害能力时，不能当然地就认为侵害行为已经结束。

（3）张某某拉具有防卫意思。是否具备防卫意思，应综合考察行为人的供述、所处的场景、行为实施场所等因素，加以判断。张某某拉在遭到不法侵害，自己的人身安全面临严重威胁之际，为制止正在进行的不法侵害，顺手抓起一把刀具捅刺不法侵害人，是正常的反应，具有正当性。

（4）张某某拉防卫的对象是不法侵害人。对于共同不法侵害人，可以对任何一名正在进行不法侵害者进行防卫。本案中，周某某、陈某某等四人属于共同不法侵害人，是一个整体。当时，周某某、陈某某二人均用所带器械，实施了砍人行为，张某某拉后脑受伤，构成轻伤二级。所以，无论对陈某某还是周某某，或者是现场的其他人实施防卫行为，均为针对不法侵害人所实施的正当防卫，不能因为张某某拉针对了多人，就否定其行为属于正当防卫性质。

（5）周某某、陈某某等人实施的不法侵害，所使用的工具是砍刀、铁锹、铁锤，所击打的部位包括了头脑部等致命部位，当属于严重危及人身安全的暴力犯罪。张某某拉的损害结果较轻，从最终所受损害来看，没有达到严重危及人身健康和生命安全的程度，但是，不能据此就做如此推论：周某某、陈某某等人实施的不法侵害，不属于严重危及人身安全的暴力犯罪行为，从而，张某某拉的行为属于防卫过当。不能从最终防卫人受伤的严重与否，作为认定不法侵害行为人是否有严重危及人身安全的暴力犯罪行为的标准，从而决定是否具备特殊防卫的前提条件。回顾本案，周某某一方人数较多，且持两把砍刀、一把铁锹、一把铁锤，在闯入张某某拉住处后，目标指向张某某拉，对其实施拖拽，用砍刀砍击后脑部、用铁锹砸击其后脑部的行为。从使用的工具、击打作用的部位来看，当属严重危及人身安全的暴力犯罪无疑。在张某某拉面对四名手持足以致人死伤凶器的侵害人，后脑部已经受到攻击，且精神高度紧张、情况极为紧迫的情况下，苛求其作出对方行为对自己可能造成何种致害程度的精准判断，显然强人所难。再则，在面对正在进行的严重危及人身安全的暴力犯罪，当然可以行使特殊防卫权。鉴于特殊防卫没有防卫过当存在的空间，当然也就无须进一步要求张某某拉采取的防卫措施"不要明显超过必要限度，也不要造成重大损害"了，所以，张某某拉在人身安全受到严重危险的情况下采取防卫行为，导致一死一伤后果，属于特殊防卫。二审法院无罪结论，是妥当的。

案例 5-4 李某某故意伤害案[①]
——先前行为对正当防卫的影响

一　事实

李某某系许某某的继子，许某某与李某某的母亲结婚后一直与李某某居住在一起。李某某因不满许某某在其母亲去世后仍居住在自己的房屋内，将许某某的个人物品搬至村内广场上，许某某因此与李某某产生矛盾。

2018年5月6日凌晨1时许，许某某带着锄头、木棍等工具，与其弟许某良撬锁进入李某某家中，李某某与许某某相互殴打，李某某、许某某均不同程度受伤。

邹平法院经审理认为，被告人李某某的行为构成故意伤害罪。

一审宣判后，被告人李某某上诉，称自己系正当防卫，应宣告无罪。滨州市人民检察院的出庭意见是：上诉人李某某有伤害故意，不能构成正当防卫；被害人有一定过错，对上诉人从轻处罚。

滨州市中级人民法院认为，李某某的行为属于正当防卫，且未超过必要限度，不应负刑事责任。遂判决撤销原判、李某某无罪。

[①] 北大法宝：https://www.pkulaw.com/pfnl/a6bdb3332ec0adc4755d634a48714d1f8285b59a8-9accdabbdfb.html?keyword=%E6%9D%8E%E9%92%A6%E4%B9%8B&way=listView，最后访问日期：2022年2月20日。

二 判旨

即便先前存在纠纷，后续又有争斗，但是，倘若不属于同类型纠纷，即使防卫人先前行为不当，亦不能影响后续争斗中正当防卫的认定。

三 法条

《刑法》

第二十条 为了使国家、公共利益、本人或者他人的人身、财产和其他权利免受正在进行的不法侵害，而采取的制止不法侵害的行为，对不法侵害人造成损害的，属于正当防卫，不负刑事责任。

正当防卫明显超过必要限度造成重大损害的，应当负刑事责任，但是应当减轻或者免除处罚。

对正在进行行凶、杀人、抢劫、强奸、绑架以及其他严重危及人身安全的暴力犯罪，采取防卫行为，造成不法侵害人伤亡的，不属于防卫过当，不负刑事责任。

第二百三十四条 故意伤害他人身体的，处三年以下有期徒刑、拘役或者管制。

犯前款罪，致人重伤的，处三年以上十年以下有期徒刑；致人死亡或者以特别残忍手段致人重伤造成严重残疾的，处十年以上有期徒刑、无期徒刑或者死刑。本法另有规定的，依照规定。

四 评释

本案的争议焦点是李某某的行为是否为正当防卫。

对此，有故意伤害罪（防卫过当）与正当防卫两种对立观点。一审法院持故意伤害罪（防卫过当）的结论，二审法院持是正当防卫的观点。二审法院的观点是正确的。

首先，李某某的行为符合正当防卫的构成要件。（1）本案存在现实的不法侵害。许某某称去李某某家的目的是要打李某某一顿出出气，让李某某服软，并且还要让李再给其两间屋住。叫上许某良，是要让许某良抱住李某某，自己好实施殴打李某某的行为。许某某的陈述与许某良的证言相互印证，能够证明许某某有伤害李某某的故意。从实践上来看，当时为凌晨1时许，李某某正在家中休息。许某某与许某良手持工具，撬锁闯入李某某家中，侵犯了李某某的住宅安宁权，二人的不法侵害行为十分明显。而且，自闯进李某某住宅那一刻起，许某某与许某良的不法侵害已经开始，客观存在。(2) 不法侵害正在进行。非法侵入住宅是继续犯，而不是状态犯，更不是即成犯。所以，在许某某二人非法侵入住宅之后，直到离开这一持续时间内，都应当被认定为不法侵害正在进行。因此，本案符合正当防卫的前提条件，防卫人可以实行正当防卫。在非法侵入他人住宅后，许某良抱住李某某，许某某则使用三角带，殴打李某某，因此，二人又实施了针对李某某的身体健康的另一种不法侵害（故意伤害）。李某某手持手锯还击，在两个向度上，都具有防卫的意义，即李某某的行为，既是对非法侵入住宅的不法行为的防卫，也是针对伤害自己身体的不法行为的防卫，这两个行为都是"正在发生"，满足了正当防卫的时间条件。(3) 李某某的行为，针对实施不法攻击的许某某和许某良，符合正当防卫的对象条件。同时，李某某在自己的合法权益遭受侵害之时，为了防止自身合法权益受到进一步伤害，所实施的反击行为，当然具备防卫意思。一审法院以李某某与许某某相互斗殴为由，认定李某某构成故意伤害罪。这种认定，是错误的。相互斗殴应当有事前的或者现场临时的斗殴约定和合意。而本案中，事先，李某某对许某某和许某良的合谋并不知情，根本不可能有斗殴的合意。案发时，李某某曾经拨打电话报警，寻求公权力介入，以避免冲突发生，证明李某某既没有与许某某斗殴的意思表示，更没有与许某某斗殴的合意。在冲突过程中，李某某喊其女儿拨打电话报警，也是力图通过寻求公权力介入，避免冲突扩大。在报警后，李某某在现场等待公安民警到来，以上诸多实施，足以证实李某某主观上没有斗殴故意。在住宅被非法侵入、自己的身体健康和生命安全面临现实的不法侵害的情况下，李某某实施了挣脱许某良的紧抱、用手锯反击许某某的行为，这既是针对非法侵入住宅行为所实施的防卫行为，也是为了制止对本人人身健康的不法伤害行为，而实施的防卫行为，符合防卫对象和防卫意思的要求。(4) 李某某的行为并未超出必要限度，更没有造成重大损害。针对许某某和许某良的非法侵入住宅、故意伤害双重不法行为，李某某实施的反击行为，是必要的。综观李某某的反击行为，与许某某的入侵行为相当，并没有明显超过必要限度。从后果看，双方的伤情亦具有相当性，许某某和许某良受的伤，并不属于重大损害。综上考虑手段要素和结果要素，应认定李某某的防卫行为未超过必要限度。

其次，行为人与不法侵害人先前的纠纷，不能成为判定行为人是否构成正当防卫的考量因素。行为人与不法侵害人的关系因素及先前的纠纷被考虑到认定正当防卫的因素中去是不妥的。正当防卫是否成立，只能考量起因、对象、时间、防卫意识、限度等要件，无须考虑双方之间的人身关系及先前纠纷。如果之前李某某将许某某的个人物品扔到门口广场的行为构成侵权，也与后来发生的打斗不同，两者属于性质截然不同的两种纠纷，不能因之前防卫人行为不当，就当然否认其后续的人身健康权利应受法律保护。

综上，二审法院关于李某某的行为属于正当防卫，不负刑事责任的判决，是正确的。

案例 5-5　申某故意伤害案[①]
——正当防卫成立的综合判断

一　事实

2016 年 8 月 11 日 0 时许，在朝阳区东旭新村路边，被害人戚某与其朋友崔某某酒后拦下被告人申某驾驶的机动车，要求申某送崔某某回家。在申某拒绝后，二人仍强行要求并殴打申某，戚某持自行车铁链锁抡打申某，用脚踹申某，又手持铁链锁跳起来打申某。崔某某用拳脚殴打申某。申某的伤构成轻微伤。在此过程中，申某用拳脚殴打戚某，并将戚某踹倒。戚某倒地后起身的过程中，申某用脚踹戚某的脚部，将戚某踹倒，后戚某未再起身。戚某的伤属轻伤一级。戚某倒地后，申某即停止殴打戚某并报警。申某到医院治疗后投案。

朝阳区法院认为，被告人申某的行为属于正当防卫，不负刑事责任，应当宣告无罪。在一审宣告判决前，朝阳区检察院申请撤回对申某的起诉。朝阳区法院裁定准许撤回对申某的起诉。

[①] 北大法宝：https://www.pkulaw.com/pfnl/a6bdb3332ec0adc41d49e7ae279ed6d936fd6d074-c1443e7bdfb.html？keyword=%E7%94%B3%E5%B7%8D&way=listView，最后访问日期：2022 年 2 月 15 日。

二 判旨

作为公民的一项基本权利，正当防卫是阻却违法性的法定事由，防卫人不负刑事责任。应当在准确认定案件事实的基础上，综合考察防卫诸条件，准确判定行为人的行为是否符合正当防卫。

三 法条

《刑法》

第二十条　为了使国家、公共利益、本人或者他人的人身、财产和其他权利免受正在进行的不法侵害，而采取的制止不法侵害的行为，对不法侵害人造成损害的，属于正当防卫，不负刑事责任。

正当防卫明显超过必要限度造成重大损害的，应当负刑事责任，但是应当减轻或者免除处罚。

对正在进行行凶、杀人、抢劫、强奸、绑架以及其他严重危及人身安全的暴力犯罪，采取防卫行为，造成不法侵害人伤亡的，不属于防卫过当，不负刑事责任。

第二百三十四条　故意伤害他人身体的，处三年以下有期徒刑、拘役或者管制。

犯前款罪，致人重伤的，处三年以上十年以下有期徒刑；致人死亡或者以特别残忍手段致人重伤造成严重残疾的，处十年以上有期徒刑、无期徒刑或者死刑。本法另有规定的，依照规定。

四 评释

本案争议的焦点在于：（1）被害人的轻伤是否由被告人造成？（2）被告人的行为是否为正当防卫？

首先，被害人轻伤是由被告人的行为造成的。针对公诉方的指控，被告人及辩护人辩称被害人的伤是自己造成的。客观上看，本案有被害人倒地前和倒地后两个阶段。

被害人倒地前，双方有如下行为：（1）被害人用脚踹被告人。（2）被害人持铁链跳起来殴打被告人，下落过程中脚触地。（3）被告人用拳脚攻击被害人。辩护人认为第二个行为最有可能造成被害人伤害后果。但是，

(1) 被害人踝关节部位胫腓骨是粉碎性骨折，左踝内部有原始性损伤，这个部位是受力点。而平常往地上跺脚的动作，不可能造成踝关节部位胫腓骨粉碎性骨折，只有致伤点在内踝才能造成。(2) 内外踝骨折一旦形成，其正常站立、行走及实施其他行为和活动较困难。由于以上三个行为的着力点均不在被害人内踝，故均不是被害人致伤的直接行为。如果被害人的伤是这个阶段造成的，那么其将难以站立、行走及实施其他行为，是无法实施倒地后的起身行为的。

被害人倒地后，在起身过程中，被告人用脚踹其脚部，将其踹倒，被害人又倒地，此后未再起身。从监控录像能够断定被告人脚踹的部位是被害人脚部，与被害人的致伤点相符。从被害人倒地后翻身的动作来看，与常人无异，可以断定此时尚未出现伤害后果。在翻身过程中，被告人用脚踹其脚部，其倒地后未能再起身，符合骨折后站立、行走和实施其他行为困难的身体反应。

其次，被告人的行为属于正当防卫。即便符合了构成要件，也并不一定成立刑法分则规定的犯罪。《刑法》第20条规定，正当防卫的场合，不负刑事责任。(1) 本案存在现实的不法侵害。没有现实的不法侵害，就没有正当防卫的前提。在被告人明确拒绝被害人的要求后，被害人及其同伙持铁链锁殴打被告人，这是现实地、紧迫地侵害对被告人的人身权益的行为。为保护自己的人身安全，被告人被迫采取攻击行为，符合防卫的起因条件。(2) 不法侵害正在进行，符合防卫的时间条件。在倒地前，被害人一方主动攻击被告人，危害其人身安全，此时存在正在进行的不法侵害自不待言，被告人的反击行为，当属正当防卫。在倒地后，被害人试图起身，此时虽然尚未攻击被告人，但是，被害人试图起身的行为，并不意味着侵害行为的结束，被告人的人身安全仍然面临现实的危险。我们不能从上帝视角出发，要求被告人准确理性地判断出被害人翻身后是否会继续攻击自己，所以，被告人的行为符合防卫的时间条件。(3) 在遭受到不法侵害后，被告人实施反击行为，是为了保护自身安全。从被告人反击行为的被动性及其事后行为，可以认定其具有防卫的意识。(4) 被告人为制止被害人实施的不法侵害，损害被害人人身，符合正当防卫的对象条件。(5) 被害人一方人数二人，使用了铁链锁等工具实施侵害行为。被告人赤手空拳，只有一人。无论是从人数对比、武器对比，还是行为危害程度，被告人的行为均未超过必要限度，也没有造成重大损害。

本案中，被告人的行为是正当防卫。公诉机关申请撤回起诉、合议庭裁定准许，是妥当的。

案例 5-6　李某故意伤害案[1]
——携带防范性工具不能否定防卫的性质

一　事实

某日凌晨，李某与同事王某某、张某、孙某某等人在某迪厅娱乐时，遇到本单位女服务员王某菲及其朋友王某伟等人，王某伟对李某等人与王某菲等人跳舞感到不满，遂故意撞了李某一下，李某对王某伟说："刚才你撞到我了。"王某伟说："喝多了，对不起。"两人未进一步争执。李某感觉对方怀有敌意，为防身，返回住处取尖刀一把返回迪厅。其间王某伟打电话叫来张某某、董某某等三人，意图报复李某。张某某等人到迪厅时李某已离去，张某某等人也离开迪厅。李某取刀返回后，王某伟打电话叫张某某等人返回迪厅，向张某某指认了李某，并指使张某某等人在附近过街天桥下伺机报复李某。凌晨1时许，李某、王某某、张某、孙某某等人返回单位，途经过街天桥时，张某某、董某某等人即持棍殴打李某等人。孙某某先被打倒，李某、王某某、张某反击。李某持尖刀刺中张某某胸部、腿部数刀。张某某因被刺伤胸部，伤及肺脏、心脏致失血性休克死亡。孙某某为轻伤。

北京市第一中级人民法院认为，被告人李某的行为已构成故意伤害罪。

一审宣判后，李某不服，提出上诉。

北京市高级人民法院认为，李某的行为属于防卫过当，原判对其量刑过重的上诉理由和辩护意见成立。

---

[1]　最高人民法院刑事审判第一、二、三、四、五庭：《中国刑事审判指导案例1（刑法总则）》，法律出版社2017年版，第63—66页。

二 判旨

为预防不法侵害而携带刀具，目的在于防范。在遭遇不法侵害时，运用刀具实施防卫行为，只要最终造成的损害与保护的合法权益之间的价值不明显失衡，且防卫人又是针对正在进行的不法侵害，就应认定为正当防卫。

三 法条

《刑法》

第二十条　为了使国家、公共利益、本人或者他人的人身、财产和其他权利免受正在进行的不法侵害，而采取的制止不法侵害的行为，对不法侵害人造成损害的，属于正当防卫，不负刑事责任。

正当防卫明显超过必要限度造成重大损害的，应当负刑事责任，但是应当减轻或者免除处罚。

对正在进行行凶、杀人、抢劫、强奸、绑架以及其他严重危及人身安全的暴力犯罪，采取防卫行为，造成不法侵害人伤亡的，不属于防卫过当，不负刑事责任。

第二百三十四条　故意伤害他人身体的，处三年以下有期徒刑、拘役或者管制。

犯前款罪，致人重伤的，处三年以上十年以下有期徒刑；致人死亡或者以特别残忍手段致人重伤造成严重残疾的，处十年以上有期徒刑、无期徒刑或者死刑。本法另有规定的，依照规定。

四 评释

本案的核心问题是：随身携带防范性工具，意在预防不法侵害，能否阻却正当防卫？

对此，有互殴与正当防卫两种对立的观点。法院最终认定李某的行为属于防卫过当，说明其行为有防卫的性质，这个判断是正确的。

首先，关于携带防范性工具的性质。与他人摩擦后，李某返回住所，取上刀具，随身携带，用于防身，显然，这是一种预防性措施。当然，预防措施指向的是"可能发生的不法侵害"，而非"正在进行的不法侵害"，这与刑法所规定的正当防卫的前提条件并不完全一致。但是，不能因为携带管制刀具的行为是违法的，就进而逻辑地推论出李某的行为不具有防卫性质。所以，为预防不法侵害而携带防身道具，并不能成为否定正当防卫的理由。

其次，有无防卫意思，是区分互殴与正当防卫的一个重要辨准。之所以"互殴无防卫"，正是因为斗殴双方都以侵害对方为目的，没有正当防卫意思。司法实践中，从有无防卫意思上来判断行为人的某行为属于互殴还是正当防卫，可以围绕以下两点：（1）认识因素。（2）意志因素。司法实践中，互殴行为一般多表现出预谋性特征，相反的，正当防卫行为一般多具有突发性。从认识因素来看，互殴与正当防卫是不一样的，互殴是认识到自己在与对方实施相互攻击的行为，而正当防卫认识到的是自己所实施的行为属于反击他人不法攻击。从意志因素看，互殴具有积极追求他人伤害结果的主动性和不法侵害性，相反的，针对他人伤害结果，是防卫人实施反击中造成，故而正当防卫行为具有被动性和防卫性。

被告人李某与王某伟发生冲突后，取刀返回迪厅，在此过程中，李某既未主动用刀伤害王某伟，对与他人有过冲突一事，也未向在场同事讲述，显然，李某返回取刀，只不过是一种防卫准备，在受到他人攻击时使用，主观上并无侵害他人的意思。按照王某伟的安排，张某某等人预先埋伏在途中，在李某路过时，张某某即对李某等人实施殴打，明显的，就李某等人而言，张某某等人对自己实施殴打的行为具有突发性。在李某某没有任何不法攻击行为，且与张某某等人并无任何约架行为和约架意思的情况下，张某某等人的殴打行为，具有不法侵害的性质，所以，一审法院认定李某的行为属于互殴，构成故意伤害罪，是不妥当的。在突遭他人不法侵害时，李某被动地加入事件之中，目的在于保护自身合法权益，并且，李某反击的对象，是正在实施不法侵害行为的张某某。因此，李某的行为，构成正当防卫。张某某所受致命刀伤，形成于李某的防卫过程中，对此，不应过多谴责。本案中，二审法院关注的是：张某某停止侵害，身受重伤，已部分丧失了攻击能力。李某继续追赶、踢打张某某，行为明显超过了有效制止不法侵害的必要限度，且造成了重大损害，该行为属防卫过当。

案例 5-7 于某故意伤害案
——持续性侵害与正当防卫

一 事实

于某的母亲苏某经营某公司，于某为公司员工。2014 年 7 月 28 日，苏某及丈夫于某 1 向吴某、赵某 1 借款 100 万元，约定月息 10%。至 2015 年 10 月 20 日，还款 154 万元。其间，因苏某还款不及时，吴某、赵某 1 曾指使郭某 1 等人在某公司内，采取车棚内驻扎、办公楼前支锅做饭等方式催债。11 月 1 日，苏某、于某 1 再向吴某、赵某 1 借款 35 万元。其中 10 万元，约定月息 10%；剩余 25 万元，用于某 1 名下的一套住房作为抵押，并订立房屋买卖合同，约定如逾期还款，则将该住房过户给赵某 1。2015 年 11 月 2 日至 2016 年 1 月 6 日，苏某共计向赵某 1 还款 29.8 万元。对于该 29.8 万元还款，吴某等人认为属于偿还第一笔 100 万元借款的利息，而苏某夫妇认为是偿还第二笔借款。吴某、赵某 1 多次催促苏某夫妇继续还款或办理住房过户手续，但苏某夫妇未再还款，也未办理住房过户。

2016 年 4 月 1 日，赵某 1 与杜某 2、郭某 1 等人将于某 1 抵押的住房门锁更换并入住，苏某报警。赵某 1 出示房屋买卖合同，民警调解后离去。同月 13 日上午，吴某、赵某 1 与杜某 2、郭某 1、杜某 7 等人将房内物品搬出，苏某报警。民警处警时，吴某称系房屋买卖纠纷，民警告知双方协商或通过民事诉讼予以解决。民警离开后，吴某责骂苏某，并将苏某头部按入座便器接近水面位置。当日下午，赵某 1 等人将房内物品搬至某公司门口。在此期间，苏某、于某 1 多次拨打市长热线，寻求帮助。当晚，通过他人调解，于某 1 与吴某达成口头协议，约定次日将住房过户，此后再付 30 万元，借款本息即全清。

次日，于某 1、苏某未办理住房过户手续。16 时许，赵某 1 纠集郭某 2、郭某 1、苗某、张某 3 到某公司讨债。郭某 1 报警称某公司私刻财务

---

① 北大法宝：https://www.pkulaw.com/pfnl/a6db3332ec0adc48cdd344a8f9e3f527b841b6aa6-f1907cbdfb.html? keyword=%E4%BA%8E%E6%AC%A2&way=listView，最后访问日期：2021 年 12 月 12 日。

章,意图找到于某1、苏某。民警到达某公司后,苏某与赵某1等人发生争吵。民警告知双方,可通过协商解决或到法院提起民事诉讼后离开。赵某1打电话,让李某3同么某、张某2和严某、程某到达某公司。赵某1等人先后采取办公楼前呼喊,财务室内、餐厅外盯守,办公楼门厅外烧烤、饮酒等方式,催促苏某还款。后赵某1、苗某离开。20时许,杜某2、杜某7到某公司,与李某3等人饮酒。20时48分,按郭某1的要求,苏某到一楼接待室,于某及公司员工张某1、马某陪同。21时53分,杜某2等人进入接待室,将苏某、于某的手机收走,放在办公桌上。杜某2辱骂苏某、于某及其家人,将烟头弹到苏某胸前,将裤子褪至大腿处裸露下体。在他人劝阻下,杜某2穿好裤子,又脱下于某的鞋让苏某闻,被苏某打掉。杜某2用手拍打于某面颊,其他讨债人员揪抓于某头发、按压于某肩部不准其起身。22时07分,刘某(公司员工)打电话报警。22时17分,民警朱某带领两名辅警到达接待室,了解情况。苏某、于某指认杜某2殴打于某,杜某2否认,并称自己前来讨债。朱某警告双方不能打架,然后到院内带领辅警寻找报警人,并给值班民警徐某通报警情。于某、苏某想随民警离开接待室,遭杜某2等人阻拦。杜某2强迫于某坐下,于某拒绝。杜某2等人卡于某颈部,将于某推拉至接待室东南角。于某持单刃尖刀,警告不要靠近。杜某2出言挑衅并逼近于某,于某捅刺杜某2腹部一刀,又捅刺围逼在其身边的程某胸部、严某腹部、郭某1背部各一刀。辅警闻声返回接待室。辅警责令于某交出尖刀。杜某2等四人被送至医院救治。后杜某2死亡。严某、郭某1重伤,程某轻伤。

山东省聊城市中级人民法院于2017年2月17日作出〔2016〕鲁15刑初33号刑事附带民事判决,认定被告人于某犯故意伤害罪,判处无期徒刑,剥夺政治权利终身,并赔偿附带民事原告人经济损失。

宣判后,于某及部分附带民事诉讼原告人不服,提出上诉。山东省高级人民法院判决:驳回附带民事上诉;撤销原判刑事部分,以故意伤害罪改判于某有期徒刑五年。

二 判旨

1. 正在进行的非法限制他人人身自由的行为,属于正在进行的"不法侵害",对此,可以进行正当防卫。

2. 在非法限制他人人身自由过程中,伴随有侮辱、轻微殴打行为,不属于"严重危及人身安全的暴力犯罪"。

3. 应当综合考虑不法侵害的性质、行为方式、行为强度、可能或者现实的危害程度、作案地点、凶器、双方力量对比等因素,来确定不法侵害是否具有严重危及人身安全的暴力犯罪的性质。

4. 如不法侵害严重贬损他人人格尊严或者亵渎人伦,对此防卫过当的,在量刑时,应予充分考虑。

三 法条

《刑法》

第二十条 为了使国家、公共利益、本人或者他人的人身、财产和其他权利免受正在进行的不法侵害,而采取的制止不法侵害的行为,对不法侵害人造成损害的,属于正当防卫,不负刑事责任。

正当防卫明显超过必要限度造成重大损害的,应当负刑事责任,但是应当减轻或者免除处罚。

对正在进行行凶、杀人、抢劫、强奸、绑架以及其他严重危及人身安全的暴力犯罪,采取防卫行为,造成不法侵害人伤亡的,不属于防卫过当,不负刑事责任。

第二百三十四条 故意伤害他人身体的,处三年以下有期徒刑、拘役或者管制。

犯前款罪,致人重伤的,处三年以上十年以下有期徒刑;致人死亡或者以特别残忍手段致人重伤造成严重残疾的,处十年以上有期徒刑、无期徒刑或者死刑。本法另有规定的,依照规定。

四 评释

本案争议焦点主要是:于某的捅刺行为,是否具有防卫性、属于防卫过当?

该案经报道后,引发了社会各界人士的广泛关注。二审法院认为,于某的行为系防卫过当,受到主流舆论、法学专家的高度好评,社会公众也普遍认可。多数观点认为,该裁判坚守了法律底线,回应了公众期待。

成立一般正当防卫的五个条件中,防卫起因、防卫时间、防卫对象、防卫意思确定了防卫行为"正当性"的性质和前提条件。防卫限度作为定量条件，确定了正当防卫"适当性"要求和合理限度。缺乏防卫起因、防卫时间、防卫对象、防卫意思等条件的"反击行为"，不是正当防卫，不具有防卫的性质。相反的，正当防卫超过必要限度的，仍有防卫的性质。防卫过当不是正当防卫，不能阻却违法。防卫过当，一定建立在具备防卫的前提条件和制止不法侵害目的基础之上，倘若行为不过当，就是正当防卫。之所以是防卫过当，是因为在制止不法侵害过程中，防卫人没有合理控制住有效防止侵害行为所必需的防卫行为强度，从而使防卫行为明显超过了必要限度，并造成了重大损害后果。正因为如此，超过正当防卫限度的行为，与正当防卫行为在性质上已经不同，成了有害的违法犯罪行为。但是，在无过当防卫的场合，由于遭受到严重危及人身安全的暴力犯罪行为的侵害，就不存在防卫行为是否过当的问题。山东省高级人民法院认为于某的行为有防卫性质，但属于防卫过当。既然本案被认定为防卫过当，也就意味着杜某2等人实施的不法侵害行为，不属于严重危及人身安全的暴力犯罪。

于某的行为具有防卫性。在案发当日，杜某2等人先后实施了如下行为，使得杜某2实施的不法侵害，具有持续性侵害的特点：（1）收走苏某、于某的手机，放在办公桌上，不让苏某、于某使用。（2）实施了一系列下流的言行举止。如杜某2用污秽言语辱骂苏某和于某及其家人、将烟头弹到苏某胸前、裸露下体、让苏某闻于某的鞋。（3）拍打于某面颊、揪抓头发、按压肩部。这些行为，属于持续实施的限制他人人身自由的非法拘禁行为，同时，在非法拘禁的过程中，伴有侮辱人格和轻微人身侵害行为。（4）民警走出接待室时，杜某2等人阻止于某和苏某，推拉、围堵于某，不准他们离开。以上这些行为，先后发生，各自成为一系列连续进行的不法侵害行为的组成部分，因此，本案存在正在进行的不法侵害行为。以上行为，针对他人人格、人身自由和人身安全，反复实施，在面临现实侵害和威胁的情况下，于某奋起反击，在使用水果刀捅刺之前，向对方发出了警告，捅刺的对象都是不顾警告、靠近围逼的那些人，这些人属于不法侵害人。因此，本案具备正当防卫的客观和主观条件，于某的反击行为具有防卫性质。

于某的行为不属于特殊防卫。本案中，杜某2等人对于某等人实施的人身侵害，属于"软暴力"，尽管这些暴力行为具有连续性，持续进行，但是，在客观上，与严重危及人身安全的暴力犯罪的程度，不能相提并论，因此，不能成为适用特殊防卫的适格前提条件，而属于一般防卫行为的前提条件，故于某的行为只能是一般正当防卫，而不属于特殊防卫。

关于于某的捅刺行为是否属于防卫过当的问题，山东省高级人民法院给出了肯定的结论。在符合正当防卫前提之下，于防卫限度上，明显超越必要限度，并造成重大损害结果。防卫是否"明显超过必要限度"，主要是手段过限。防卫是否"造成重大损害"，一方面要根据最终发生的结果来考量；另一方面，不能脱离防卫行为作为制止不法侵害手段的必要性，而仅仅关注实际损害结果。防卫过当，须同时具备行为"明显超过必要限度"和结果"造成重大损害"这两个条件。因此，用较轻微的方式反击，足以制止不法侵害，却用严厉的手段进行回击，比如，只有一名不法侵害人，且只用手轻微拍击防卫人的肩膀，防卫人使用军刺反击，刺伤对方，就是"明显超过必要限度"。造成轻微致伤即可制止不法侵害，却用剥夺生命的方式来制止不法侵害，就是结果"造成重大损害"。

仅从于某的防卫行为造成的结果来看，一人死亡、二人重伤、一人轻伤，确实属于重大损害。但是，仅因此还是不能当然得出于某的行为属于防卫过当的结论，否则就是"唯结果论"。在结果损害重大的情况下，判断于某的行为是正当防卫还是防卫过当，就取决于防卫行为自身是否为有效防止不法侵害的最低手段，如果超出了这个要求，就是"明显超过必要限度"。防卫限度，必须围绕防卫行为是否是制止不法侵害所必需，否则就文不对题。山东省高级人民法院在这个问题上，得出了肯定结论。纵观法院判决，主要理由是：（1）虽然杜某2一方人数较多，但在催债过程中，未携带器械，也未使用任何器械。（2）杜某2实施不法侵害，意图在于给苏某夫妇施加压力，以顺利催讨债务，这与随意侵害有所区别。（3）民警进入接待室前，杜某2的行为，是非法限制人身自由、侮辱和轻微殴打，属于软暴力，达不到具有危及人身安全的严重程度。（4）民警进入接待室时，双方都相对克制，并没有爆发激烈的对峙和肢体冲突。（5）民警走出接待室后，即便在接待室内，也可清晰看见院内警车警灯闪烁，根据一般生活常识，于某和讨债人员都应当知道民警并未离开。（6）于某持刀警告时，杜某2等人有语言挑衅并围逼，但这些行为相对和缓，并非强烈地针对人身安全的攻击行为。于某面临的不法侵害，并没有达到紧迫性和严重性的程度。（7）于某一人持刀连续捅刺四人致一死二重伤一轻伤。但是，仔细观察法院的理由，只不过是对当时现象的客观描述，没有从价值上对于于某的行为，是否是制止杜某2等人不法攻击的最低限度的反击手段，从根本上还是过多考虑了一死二重伤一轻伤的实际损害结果，而对于行为是否为具备制止不法侵害的"相当性"，没有正面回应，这就留有本案依然是正当防卫的疑问。

案例5-8　牟某1等故意伤害案[①]
——防卫过当的判断

一　事实

2009年1月19日凌晨2时许，被告人牟某1与牟某2、李某某、何某某、李某宗从某路V吧酒吧出来，到不远处的A3酒吧门口等候出租车。牟某1与牟某2内急，想到A3酒吧内上卫生间，这时偶遇从A3酒吧K歌出来的被害人宁某某1和宁某某2、傅某某、黄某某、宁某1、宁某某3、宁某2等十多人。黄某某发现了与其有积怨的牟某2后，持刀在A3酒吧门口守候。当牟某2走到酒吧门口时，黄某某即持刀砍伤牟某2的头部、手部。牟某2跑开躲避。宁某某1与宁某某2、傅某某、宁某1、宁某3、宁某2等十多人手拿砖头、啤酒瓶等追打牟某2，但未追上，部分人返回A3酒吧。牟某1见到牟某2被砍伤后，到A3酒吧内告知牟某某，并与牟某某及何某某、李某宗、李某某在V吧酒吧附近的停车场找到牟某2。在牟某1等人扶牟某2到公路边准备离开时，宁某某1与宁某某2、傅某某、宁某1、宁某某3、宁某2等人又拿砖头等赶来。牟某某见状，上前拦住宁某某1等人并问要干什么，被其中一人用砖头打伤头部。牟某1、牟某2、何某某、李某宗、李某某见状，即与对方打起来。打斗中，牟某1持一把小刀胡乱挥舞，刺中宁某某1的腹部。宁某某1当日死亡。傅某某被刀刺破腹壁、肠、下腔静脉，宁某某2被钝器打伤后枕部。经法医鉴定，宁某某1系主动脉弓出血口处刺破致大出血休克而死亡；傅某某损伤程度为重伤；宁某某2、牟某2、牟某某的损伤程度为轻微伤。

[①]　北大法宝：https://www.pkulaw.com/pfnl/a25051f3312b07f395f6501da1d36347bde7c9bd8-208c2bfbdfb.html?keyword=%E7%89%9F%E6%AD%A6&way=listView，最后访问日期：2022年2月16日。

广西壮族自治区玉林市人民检察院指控被告人牟某1、牟某2、牟某某、何某某、李某宗、李某某犯故意伤害罪,向广西壮族自治区玉林市中级人民法院提起公诉。法院审理期间,检察院以事实、证据有变化为由,决定撤回对牟某2、牟某某、何某某、李某宗、李某某的起诉。法院裁定准许广西壮族自治区玉林市人民检察院撤回对被告人牟某2、牟某某、何某某、李某宗、李某某的起诉。本案附带民事诉讼原告人宁某3、邹某某不服,向广西壮族自治区高级人民法院提起上诉。广西壮族自治区高级人民法院裁定宁某3、邹某某的上诉不成立。

玉林市人民检察院指控被告人牟某1犯故意伤害罪。

广西壮族自治区玉林市中级人民法院认为,被告人牟某1的行为,明显超过了必要限度,属防卫过当,构成故意伤害罪。

二 判旨

1. 仅从双方多人发生打斗,不能得出具有互殴性质。
2. 只要一方正在进行不法侵害,防卫人可以对非直接加害人实施正当防卫。

三 法条

《刑法》

第二十条 为了使国家、公共利益、本人或者他人的人身、财产和其他权利免受正在进行的不法侵害,而采取的制止不法侵害的行为,对不法侵害人造成损害的,属于正当防卫,不负刑事责任。

正当防卫明显超过必要限度造成重大损害的,应当负刑事责任,但是应当减轻或者免除处罚。

对正在进行行凶、杀人、抢劫、强奸、绑架以及其他严重危及人身安全的暴力犯罪,采取防卫行为,造成不法侵害人伤亡的,不属于防卫过当,不负刑事责任。

第二百三十四条 故意伤害他人身体的,处三年以下有期徒刑、拘役或者管制。

犯前款罪,致人重伤的,处三年以上十年以下有期徒刑;致人死亡或者以特别残忍手段致人重伤造成严重残疾的,处十年以上有期徒刑、无期徒刑或者死刑。本法另有规定的，依照规定。

四　评释

本案的核心问题是：

1. 一般意义的打斗举动与刑法意义上的相互斗殴有无区分？
2. 在共同侵害中，部分人正在侵害，对参与但尚未直接加害到被害人的其他同伙能否实施正当防卫？

首先，本案不是相互斗殴。本案特殊之处在于双方有积怨，双方多人参与打架，表面来看，形似互殴。检察机关也认为在客观上，被告人有时间离开现场，事前事后有机会报警，但是，被告人既没有离开现场，也没有报警。在主观上，被告人有侵害故意，所以，本案是逞凶斗狠，打架斗殴，被告人的行为构成故意伤害罪。

本案的发展可分为两个相对独立的阶段：第一阶段是在 A3 酒吧，牟某 2 被对方发现之前，没有与被告人牟某 1 等人商量过要与他人斗殴。牟某 2 被黄某某用刀砍伤，被多人追打，处于无防备的挨打状态，只好跑离。牟某 1 等人当时对此完全不知情。此阶段，牟某 1 等人没有不法侵害他人的故意，不能以互殴论。

第二阶段是在公路边，被害人一方发现牟某 2，遂持刀、砖头追来，牟某 1 等人并没有主动迎击，也没有做任何商议。牟某某上前询问，对方直接讲要打人，并用砖头打伤牟某某。显然，被害人一方实施了不法侵害行为。被告人一方的人身安全受到威胁，且处于现实的紧迫状态。牟某 1、牟某 2 拔出随身携带的水果刀，与对方打斗，显然，牟某 1 等人只是维护自己及朋友权益，而没有不法侵害的意图。

在看到牟某 2 被砍伤流血后，牟某 1 等人欲送牟某 2 去医院。后被害一方十多人来到，牟某 1 等人已无法离开，且对方已实施了侵害行为，即使报警，也无法及时获得公安机关出警保护。检察机关认为，受到不法侵害时，被侵害者只能选择报警或逃跑，除非在报警或逃跑无效时，才能实施防卫行为。显然，在正当防卫的成立条件上，检察机关的意见，附加了不必要的限制，过于苛刻，不利于保护公民合法权利，也与正当防卫的立法精神截然相悖。

因此，牟某 1 等人没有侵害对方的故意，虽然双方发生了打斗，但不具有互殴性质。

其次，防卫对象是否适格？当时，宁某某1及傅某某、宁某某2手持凶器，但未伤害到人，不是直接加害人。牟某1等人的行为不是针对打击牟某某的黄某某实施（黄没有参与第二阶段的打斗），而是针对没有直接实施加害行为的宁某某1、傅某某、宁某某2，这就有是否存在防卫对象错误的疑问。这是本案的特别之处，也是法院与检察机关分歧之关键点之一。检察机关认为，牟某1及其同伙不分对象进行伤害，表明其有伤害他人的故意，没有体现保护牟某某的身体健康的目的，应构成故意伤害罪。相反的，法院认为牟某1的行为，有防卫的性质，只不过防卫过当。

宁某某1及傅某某、宁某某2是共同侵害人，都能成为防卫的对象。本案证据证明：(1) 在A3酒吧，宁某某1、傅某某、宁某某2拿砖头追赶受伤的牟某2。(2) 在得知牟某2他们在公路边停车场，宁某某1等人又拿砖头赶到现场。以上客观事实说明，宁某某1等三人与黄某某、宁某1、宁某某3、宁某2等人是共同不法侵害人，尽管牟某2、牟某某的伤不是宁某某1、傅某某、宁某某2所为，但是，这并不意味着宁某某1等三人不应当成为防卫对象。存在共同不法侵害的场合，防卫对象不应当只局限于直接实行侵害者，其他共同行为人，尤其是共同实行人，当然能够作为防卫的对象。

需要指出的是，既然宁某某1等三人与黄某某、宁某1、宁某某3、宁某2等人是共同不法侵害人，就不存在假想防卫的问题。假想防卫可能表现为误以为存在不法侵害，而对他人实施防卫行为，也可能表现为在不法攻击人数众多的情况下，防卫对象选择错误，将与不法侵害人无关的第三人误以为是不法侵害人同伙，而对之实行防卫。既然宁某某1等十多人是一个正在进行不法侵害的整体，宁某某1等三人是共同侵害者，且已有同伙伤到人，对方的合法权益正面临直接、现实的威胁，如不实施防卫行为，就可能遭受更为严重的侵害，面对多人的共同侵害，要求防卫人只能针对伤害牟某某的特定个体实行防卫，是不切实际的。

再次，本案防卫是否过当？防卫过当必须同时具备"明显超过必要限度"和"造成重大损失"。但是，什么是必要限度？应适当考虑防卫时双方的手段、强度、损失后果等因素，只强调一面而忽略另一面是不妥的。法院认定被告人牟某1防卫过当，是注意到本案被告人一方牟某2、牟某某只受轻微伤，而且，牟某2是在A3酒吧门前被砍伤的，牟某某是双方第二次刚开始接触时被打伤的。而被害人一方一人死亡、一人重伤、一人轻微伤。所以，防卫行为过当了。成立防卫过当，须具备"正当防卫明显超过必要限度"和"造成重大损害",既然如此,对于防卫行为的相当性与结果的相当性,就必须同时进行判断,而不是目光聚焦损害结果,只关注重大损失。如果防卫行为是制止不法侵害行为最低限度的手段,那么,即便有"重大损害",也不属于防卫过当。本案在是否属于防卫过当这一问题上,的确值得进一步讨论。

最后,如果本案是防卫过当,可否按照共同犯罪来追究牟某1、牟某2、牟某某、何某某、李某明、李某宗等人的刑事责任。在打斗过程中,牟某1、牟某2持水果刀,牟某某持砖头,何某某赤手空拳,李某宗、李某明朝对方扔花盆。宁某某1是牟某1用刀刺中心脏死亡的,宁某某2是牟某某打伤的,傅某某的伤是谁造成则无法认定。

检察机关认为,牟某1等人是共同犯罪。而法院则认为,防卫过当的主体具有防卫人和犯罪人双重身份。即使认定防卫过当是间接故意,也不能成立共同犯罪,因为各防卫人彼此之间,缺少犯意联络,并没有共同犯罪的故意。因为当面对十多人的突然打击,各防卫人只能仓促被动应对,来不及联络犯意,只能本能地分散各自防卫,对其他人的防卫行为与限度,互不了解。所以,最终造成的严重结果,只能由直接造成严重后果的防卫人承担,而不能以共同犯罪为由,追究其他防卫人的刑事责任。本案防卫行为中,牟某某造成他人轻微伤,李某宗、李某明没有造成人员伤亡,均没有防卫过当。同时,没有证据证实牟某2、何某某用刀捅人,也无法认定牟某2、何某某防卫过当。因此,防卫过当只能由牟某1一人承担。按照这种分析,检察机关撤回对牟某2、牟某某、何某某、李某宗、李某明的起诉,是正确的。

案例 5-9　王某某过失致人死亡案[①]
——假想防卫阻却故意

一　事实

某日晚,王某某一家入睡后,听见有人在屋外喊叫王某某与其妻佟某某。王某某到外屋查看,见一人伸进手开门闩。王某某即用拳头打那人的

[①] 最高人民法院刑事审判第一、二、三、四、五庭:《中国刑事审判指导案例1(刑法总则)》,法律出版社2017年版,第37—39页。

手，该人抽手逃走。王某某出屋追赶未及，亦未认出是何人。王某某回屋带上一把尖刀，与其妻同去村书记吴某某家告知此事，随后又向派出所电话报警。当王某某与其妻返回时，发现自家窗前处有俩人影。此二人系何某某、齐某某来串门，见房门上锁正欲离去。王某某未能认出二人，误以为是刚才欲进入其宅之人，又见二人走来，疑为要袭击自己，随即用尖刀刺向前面的齐某某胸部，致齐当场死亡。何某某抱住王某某，并说："我是何某某！"王某某闻声停住，方知出错。

通辽市中级人民法院认为被告人王某某属于假想防卫，构成过失致人死亡罪。

一审宣判后，被告人王某某未上诉。通辽市人民检察院提出抗诉。

内蒙古自治区高级人民法院裁定驳回抗诉，维持原判。

二 判旨

误认对方为不法侵害者，实施"防卫"，致人死亡，属于假想防卫，行为人构成过失致人死亡罪。

三 法条

《刑法》

第二十条 为了使国家、公共利益、本人或者他人的人身、财产和其他权利免受正在进行的不法侵害，而采取的制止不法侵害的行为，对不法侵害人造成损害的，属于正当防卫，不负刑事责任。

正当防卫明显超过必要限度造成重大损害的，应当负刑事责任，但是应当减轻或者免除处罚。

对正在进行行凶、杀人、抢劫、强奸、绑架以及其他严重危及人身安全的暴力犯罪，采取防卫行为，造成不法侵害人伤亡的，不属于防卫过当，不负刑事责任。

第二百三十三条 过失致人死亡的，处三年以上七年以下有期徒刑；情节较轻的，处三年以下有期徒刑。本法另有规定的，依照规定。

四 评释

本案的核心问题是假想防卫致人死亡的行为应如何定性？

首先，王某某的行为是假想防卫。假想防卫不是正当防卫。当然，假想防卫者误认为存在客观的"不法侵害"或"不法侵害人"，是有一定的客观前提，有一定的合理根据。在实行假想防卫时，基于某些存在的事由，假想防卫人误认为发生了某种不法侵害，但是，实际上，该不法侵害并不存在。本案中，被告人的"假想"，确有一定的合乎情理性。在疑惧中被告人王某某实施了"防卫"行为。综观案发前后，本案应认定为假想防卫。

其次，假想防卫是事实认识错误，应当排除故意，对行为人的行为，不能以故意犯罪论处，在有认识可能性时，行为人成立过失犯罪。假想防卫属于故意犯罪还是过失犯罪，与刑法理论中的错误论相关联。刑法中的故意，是一种规范性概念。对于《刑法》第14条的规定，应当规范地理解。故意的认知与假想防卫的认知具有本质性不同，故意的认知，是建立在正确认识的基础上的，相反的，假想防卫的认知，是建立在错误认识的基础上的。故意的认知，是认识到自己行为的性质具有危害性，假想防卫的认知，是误以为自己行为的性质是合法的，但事实上，其实不然。假想防卫中伴随行为的所谓主观"故意"，仅仅是一种事实现象，对该主观，必须结合认知因素进行规范性分析，这种"故意"，是建立在对客观事实错误认识基础之上的，是事实认识错误。对于事实认识错误，按照以下处断规则处理：对于最终发生的结果，阻却行为人的故意，在有认识可能性时，按照过失犯来处理。事实上，假想防卫中的"故意"，仅仅属于一种心理活动，只具有心理学上的意义，不属于规范性的犯罪故意。正是在误认齐某某等人是不法侵害者这种错误认识的基础上，王某某出于保护本人的合法权益而实施了"正当防卫"，当属假想防卫。一、二审法院变更指控罪名，以过失致人死亡罪处理本案，是正确的。

案例 5-10　何某等聚众斗殴案[①]

——斗殴无防卫

一　事实

2010年11、12月，忠发公司法定代表人徐某某经他人介绍多次至澳门

[①] 北大法宝：https://www.pkulaw.com/pfnl/a25051f3312b07f396f8acd2ce21febd64dbecf346d-ff2e4bdfb.html? keyword=%E4%BD%95%E5%BC%BA&way=listView，最后访问日期：2022年1月12日。

赌博，欠下曾某等人为其提供的巨额赌资。后曾某亲自或指使杨某、龚某、朱某等人多次向徐某某讨要赌债。2011年4月2日上午，被告人何某受徐某某指派，同张某、陈某等人一起到某咖啡店与杨某等人就如何归还该笔赌债谈判未果。其间，李某携带菜刀与他人在外等候，在杨某等人离开咖啡店时进行跟踪。何某等人返回公司，向徐某某报告相关情况。当日中午，被告人何某与杨某手机通话过程中，双方言语不和，发生冲突。后何某打电话给曾某，双方恶语相向，互有挑衅。何某打电话给被告人张某，要求张某带人至忠发公司。张某即纠集陈某、张某某、龙某某及李某某至忠发公司，并准备了菜刀等工具。何某再次拨打曾某电话，言语刺激、相互挑衅，矛盾升级激化。曾某纠集杨某、龚某、胡某等人，持砍刀赶至忠发公司。何某等人通过监控看到有多人下车持砍刀上楼，便在徐某某办公室持菜刀以待。当曾某等人进入徐某某办公室后，何某、张某、陈某、张某某及李某某与曾某等人相互持械斗殴，龙某某持电脑键盘等物品参与斗殴。

江苏省常熟市人民检察院以被告人何某、张某、陈某、张某某、龙某某犯聚众斗殴罪向江苏省常熟市人民法院提起公诉。

被告人何某、张某、陈某、张某某、龙某某及其辩护人称，5被告人作为忠发公司员工，其行为系正当防卫。

江苏省常熟市人民法院认为，被告人何某等人的行为均已构成聚众斗殴罪，系共同犯罪。

一审宣判后，被告人何某、张某、陈某、张某某、龙某某提出上诉。5上诉人及相关辩护人均提出，认定何某具有挑衅行为的证据不足；5上诉人无斗殴故意，其为保护自身安全而实施的行为构成正当防卫。

江苏省苏州市中级人民法院驳回上诉，维持原判。

二 判旨

为赌债等非法利益之争，言语挑衅导致矛盾升级，招致多人互殴，应以聚众斗殴罪处罚。

三 法条

《刑法》

第二十条 为了使国家、公共利益、本人或者他人的人身、财产和其他权利免受正在进行的不法侵害,而采取的制止不法侵害的行为,对不法侵害人造成损害的,属于正当防卫,不负刑事责任。

正当防卫明显超过必要限度造成重大损害的,应当负刑事责任,但是应当减轻或者免除处罚。

对正在进行行凶、杀人、抢劫、强奸、绑架以及其他严重危及人身安全的暴力犯罪,采取防卫行为,造成不法侵害人伤亡的,不属于防卫过当,不负刑事责任。

第二百九十二条 聚众斗殴的,对首要分子和其他积极参加的,处三年以下有期徒刑、拘役或者管制;有下列情形之一的,对首要分子和其他积极参加的,处三年以上十年以下有期徒刑:

(一)多次聚众斗殴的;

(二)聚众斗殴人数多,规模大,社会影响恶劣的;

(三)在公共场所或者交通要道聚众斗殴,造成社会秩序严重混乱的;

(四)持械聚众斗殴的。

聚众斗殴,致人重伤、死亡的,依照本法第二百三十四条、第二百三十二条的规定定罪处罚。

《最高人民法院研究室关于对参加聚众斗殴受重伤或者死亡的人及其家属提出的民事赔偿请求能否予以支持问题的答复》(法研〔2004〕179号)

江苏省高级人民法院:

你院苏高法〔2004〕296号《关于对聚众斗殴案件中受伤或死亡的当事人及其家属提出的民事赔偿请求能否予以支持问题的请示》收悉。经研究,答复如下:

根据《刑法》第二百九十二条第一款的规定,聚众斗殴的参加者,无论是否首要分子,均明知自己的行为有可能产生伤害他人以及自己被他人的行为伤害的后果,其仍然参加聚众斗殴的,应当自行承担相应的刑事和民事责任。根据《刑法》第二百九十二条第二款的规定,对于参加聚众斗殴,造成他人重伤或者死亡的,行为性质发生变化,应认定为故意伤害罪或者故意杀人罪。聚众斗殴中受重伤或者死亡的人,既是故意伤害罪或者故意杀人罪的受害人,又是聚众斗殴犯罪的行为人。对于参加聚众斗殴受重伤或者死亡的人或其家属提出的民事赔偿请求,依法应予支持,并适用混合过错责任原则。

四 评释

本案的核心问题是主动挑衅,引起对方纠集多人打上门来,挑衅者一方在挑衅后,也积极准备工具,组织人马,与对方打斗,如何定性?

本案发生不久,双方打斗过程的监控录像就被上传到视频网站,引发了对正当防卫权的广泛讨论。

本案中何某等人的行为是否构成正当防卫,存在截然相反的两种意见。法院认定何某等人犯聚众斗殴罪,显然,持否定态度。

两级人民法院都认为,因赌债纠纷引发,系非法利益之争,双方行为均非正当,属于斗殴。何某积极参与其中,并电话挑衅,叫人来加强力量、准备工具,最后与人斗殴,不符合正当防卫的成立条件。

首先,在事件起因上,本案不具有正当防卫的基础。本案中,徐某某欠曾某等人巨额赌债,徐某某指派何某等人就归还赌债事宜与曾某交涉未果,因此而引发本案暴力争斗。在起因上就不具备保护合法利益的基础。在非法利益之争中,双方均为不法,从一开始,何某等人的行为就没有任何正当性基础。

其次,双方纠纷源起赌债,何某等欠债一方看似在整个案件中处于被动,但是,归还赌债谈判未果,之后,何某却多次电话挑衅对方,意图通过逞强、"秀肌肉"的方式,迫使曾某等人接受还款数额和还款时间。综合这些信息,不难得出如下结论:何某意图向对方传递信息,要通过"丛林法则"来解决双方的债务纠纷。在本质上,何某的行为,就是一种约架行为。对方在这种挑衅下,带人打上门来。何某等人的法益,就不具有受到不法侵害的紧迫性特点,既然"互殴",当然"无防卫",本案就不存在正当防卫成立的前提条件。

再次,何某等人没有防卫意思。与曾某相互挑衅之后,何某立即打电话联系张某,要求张某纠集多人,准备好斗殴用的菜刀等工具,做好斗殴的人员和工具准备。待这些前期准备工作完成之后,何某又打电话挑衅、刺激曾某,直接导致双方的矛盾升级。后曾某等人持砍刀到忠发公司打上门来,并与何某等人相互持械斗殴。从事件发展脉络上来看,何某故意挑拨,待曾某等人来忠发公司,就以对方人员占绝对优势、手持砍刀并且先动手为由，借口正当防卫，实施了加害对方之实，显然有斗殴意思而无防卫意思，属于挑拨防卫而非正当防卫。

最后，本案双方相互言语挑衅之后，互相纠集多人持械，希望通过打斗来解决非法债权债务问题。双方对于对方可能采取的行为及其目的，了如指掌。双方的手段行为，反映出争霸、泄愤或者满足其他非法欲求的心态。在主观上，双方明显具有互殴故意，因此，均不能主张正当防卫。

需要指出的是，本案打斗地点在忠发公司办公室，因此，就有案发地点不是公共场所，不符合聚众斗殴的场所特征，故不是聚众斗殴罪的质疑。其实，这种观点，不值一驳，并不符合《刑法》第292条的规定。聚众斗殴，无非就是聚集多人，互相斗殴。在司法实践中，人们常见到的是：典型的聚众斗殴，多发生在公共场所，但是，成立本罪，不以发生在公共场所为必要，公共场所，不应成为影响聚众斗殴罪是否成立的一个要素。正如盗窃罪的典型样态是"秘密窃取"，但并非所有的盗窃行为都是"秘密窃取"一样。从《刑法》第292条规定来看，在公共场所或者交通要道的聚众斗殴，造成社会秩序严重混乱，不是判定是否成立聚众斗殴的要素，而是法定刑升格的情形之一。

案例 5-11　王某故意伤害致人重伤案[①]
——"明显超过必要限度，造成重大损害"的认定

一　事实

某日晚，因不满女友陈某的单位同事梅某经常拉陈某外出跳舞，王某打了梅某脸部一拳。两天后，陈某打电话约梅某次日上午来家，由王某赔礼道歉。梅某的朋友邱某、陈某某知情后，随梅某赶到陈某的住处敲门。陈某见梅某带来了两名男性同来，便拒不开门，邱某、陈某某即将门踢开，冲入室内，殴打王某。王某随手从碗橱边抽出菜刀还击，两刀砍中邱

[①] 北大法宝：https://www.pkulaw.com/pfnl/c05aeed05a57db0a52714b5d2357d74d62b1adac-fa708d39bdfb.html? keyword =%E7%8E%8B%E6%9F%90%E6%95%85%E6%84%8F%E4%BC%A4%E5%AE%B3%E8%87%B4%E4%BA%BA%E9%87%8D%E4%BC%A4%E6%A1%88&way =listView，最后访问日期：2022年3月20日。

某的面部，构成重伤。邱某、陈某某抢夺王某的菜刀，后邻居夺下王某的菜刀，王某逃至室外；邱某、陈某继续追击王某，后被警察制止。

法院认定王某的行为，构成故意伤害罪。

二　判旨

虽属防卫性质，但王某的行为，明显超过必要限度，造成重大损害，应当承担刑事责任。

三　法条

《刑法》

第二十条　为了使国家、公共利益、本人或者他人的人身、财产和其他权利免受正在进行的不法侵害，而采取的制止不法侵害的行为，对不法侵害人造成损害的，属于正当防卫，不负刑事责任。

正当防卫明显超过必要限度造成重大损害的，应当负刑事责任，但是应当减轻或者免除处罚。

对正在进行行凶、杀人、抢劫、强奸、绑架以及其他严重危及人身安全的暴力犯罪，采取防卫行为，造成不法侵害人伤亡的，不属于防卫过当，不负刑事责任。

第二百三十四条　故意伤害他人身体的，处三年以下有期徒刑、拘役或者管制。

犯前款罪，致人重伤的，处三年以上十年以下有期徒刑；致人死亡或者以特别残忍手段致人重伤造成严重残疾的，处十年以上有期徒刑、无期徒刑或者死刑。本法另有规定的，依照规定。

四　评释

本案的焦点问题是王某的行为是否防卫过当？

本案虽经判决有罪，但对于王某的行为，仍然有较大的意见分歧。"正当防卫明显超过必要限度造成重大损害"，应如何理解，是问题的关键。

对防卫限度的理解，需要注意以下几个方面：（1）为了强化防卫行为的目的性，防卫行为在手段、工具、强度及其后果等几个方面，可以适度"超过"侵害行为,因此,立法将防卫过当的行为以"明显超过"作为边界。(2) 是否"明显超过"必要限度,包括"防卫行为的合理性"与防卫行为所造成的"重大损害"结果。(3) 防卫过当必须同时具备以下两个条件:"防卫行为"明显超过"必要限度"和造成结果上的"重大损害"。

据此,对王某的行为是否防卫过当,需要围绕以下三个问题展开:(1) 王某可不可以使用器械来防卫。(2) 邱某重伤,是否属于"重大损害"。(3) 本案是否同时满足"防卫行为明显超过必要限度"和造成结果上的"重大损害"。

首先,关于王某能否使用器械防卫的问题。在审理过程中,多数人认为,本案起因日常生活中的琐事纷争,梅某带两男子破门入室,最多是报复一下,以解被打一拳之恨,王某动刀伤人,显得过分。这一看法并不妥当,不切实际。在陈某的家里,王某遭到邱某、陈某某两个人的殴击,在人身权利受到现实的暴力侵犯之时,王某行使正当防卫权利的前提要件已经具备,当无疑问。而在制止不法侵害过程中,不能苛求王某赤手空拳反击两个男子,所以,评判防卫行为是否过当,不应当只用"对比双方的手段,持工具者的责任要重于徒手者",以防卫人与攻击人所使用的工具的性能去判断,而应该以"防卫手段是制止侵害所必需"进行判断。当然,一般情况下,从防卫行为有效性上来看,对徒手侵害行为,防卫人不可以使用锐器,即便动用锐器,也要尽量避免致人重伤或者死亡。当然,这并不能绝对适用于所有情况。在有些情形下,防卫人也应该有使用锐器的必要性。在弱不敌强或寡不敌众情况下,不法攻击人徒手侵害,尽管防卫人使用锐器反击,只要是制止不法侵害所必需的最低手段,同样也是被允许的,符合防卫行为目的性要求。被两名身高、力量均超过自己的男子猛击,倘若要求王某不能借助器械,只能徒手反击,结局显而易见。因此,王某举刀还击,并非超过限度,应当被认为是为制止不法侵害所必需,我们不能过多苛责王某的防卫手段。

其次,邱某的重伤结果,是否属于"造成重大损害"这种法定情形?对此,需要结合以下因素具体分析:(1) 不法侵害行为可能造成什么后果。(2) 王某能否准确使用锐器,将伤害程度控制在特定范围内。(3) 重伤后果是否一概属于"重大损害"。

评判不法侵害的可能造成的危害性大小,不能以客观上最终对于防卫人造成的伤害后果为依据，而只能根据一般人所能认识到的可能性后果为依据。否则，大多数正当防卫都会被错误认定为防卫过当。本案中，邱某、陈某某的初衷有可能是要"教训一下"王某，但是，陈某拒绝开门时，邱某、陈某某破门而入，随即殴打王某，从一般人看来，这已经与一般报复、教训行为有别，有可能使人遭受严重侵害。

面对正在进行的不法侵害，王某用菜刀反击，是为实现防卫所必需。从一般人而言，在突然遭受不法侵袭，精神当然会处于极度紧张状态，此时，要和平常那样来理性判断、有效控制自己的情绪和举止，显然不能。这种情况下，要求防卫人准确控制防卫行为，进而精确掌握伤害程度，将伤害严格控制在只能轻伤，不得重伤的范围内，实在是过于苛求。所以，只要大体上掌握在伤害范围之内，就没有达到"重大损害"程度。

面对可能遭受的伤害后果，王某的防卫强度是"相当"的，至多是稍微"超过"，而绝对不能被认定为"明显超过"。仅以被防卫人"构成重伤"为由，认定属于防卫过当，无疑就是"唯结果论"，并不妥当。法院的结论，值得推敲。

案例 5-12　王某某故意伤害案[①]

——事后防卫不是正当防卫

一　事实

2015 年 12 月 30 日 23 时许，被害人赵某某的朋友刘某（未到案）至深圳市罗湖区湖贝新村 186 栋附近寻欢时，调戏了被告人王某某的妻子潘某。王某某得知后，打了刘某几个耳光。刘某被打后，打电话给赵某某，让其过来帮忙，意图报复王某某夫妻。次日凌晨，刘某和赵某某等五人来到湖贝新村 186 栋一楼，对王某某夫妻进行殴打。被打后，王某某拿出店内的西瓜刀将在场的人乱砍一通，赵某某等人随即逃散。王某某持刀追击被害人赵某某，砍伤被害人左手。随后民警接到报警，到场将被告人王某

[①] 北大法宝：https://www.pkulaw.com/pfnl/a6bdb3332ec0adc445416a473437a9df39c3a08e0-d5bfae0bdfb.html?keyword=%E7%8E%8B%E6%B8%85%E6%98%8E%E6%95%85%E6%84%8F%E4%BC%A4%E5%AE%B3%E6%A1%88&way=listView，最后访问日期：2022 年 3 月 26 日。

某抓获。经鉴定,赵某某所受损伤属轻伤二级。

深圳市罗湖区人民法院一审认为,被告人王某某的行为,属于事后防卫,构成故意伤害罪。

一审宣判后,被告人王某某服从判决,附带民事诉讼原告人赵某某不服,提出上诉。二审过程中,赵某某申请撤回上诉。

深圳市中级人民法院裁定准予撤诉。

二 判旨

事后防卫中也存在不法侵害,也具备防卫起因和对象,需要与正当防卫从时间条件、侵害的急迫性、防卫的必要性等方面加以区分。

三 法条

《刑法》

第二十条 为了使国家、公共利益、本人或者他人的人身、财产和其他权利免受正在进行的不法侵害,而采取的制止不法侵害的行为,对不法侵害人造成损害的,属于正当防卫,不负刑事责任。

正当防卫明显超过必要限度造成重大损害的,应当负刑事责任,但是应当减轻或者免除处罚。

对正在进行行凶、杀人、抢劫、强奸、绑架以及其他严重危及人身安全的暴力犯罪,采取防卫行为,造成不法侵害人伤亡的,不属于防卫过当,不负刑事责任。

第二百三十四条 故意伤害他人身体的,处三年以下有期徒刑、拘役或者管制。

犯前款罪,致人重伤的,处三年以上十年以下有期徒刑;致人死亡或者以特别残忍手段致人重伤造成严重残疾的,处十年以上有期徒刑、无期徒刑或者死刑。本法另有规定的,依照规定。

四 评释

本案的核心问题是王某某在被害人逃离现场时,继续实施追砍的行为,是否属于正当防卫?

深圳市罗湖区人民法院认为,被告人王某某在被害人逃离现场即不法侵害已结束时仍继续实施追砍行为，属于事后防卫，不是正当防卫。

本案辩护人提出被告人属于正当防卫。但是，从本案的事实来看，被害人逃离侵害现场，王某某持刀追击，砍伤了被害人。因此，王某某的防卫，发生在被害人的侵害事实结束之后，这就是事后防卫。不法侵害已结束，就不存在正当防卫的前提条件。正当防卫与事后防卫，有以下不同：（1）从时间上来看，正当防卫针对正在发生的不法侵害，而事后防卫针对的不法侵害已经结束，不存在正当防卫的时机条件。（2）从侵害的急迫性上来看，倘若被侵害者法益存在新的受侵害可能，就能肯定依然存在侵害的急迫性，仍可以正当防卫。如果侵害者已经明示不再侵害或者主动放弃侵害行为，或被迫离开现场，则不存在继续侵害的急迫性，也就不存在正当防卫的条件，此时若继续对侵害者实施"防卫行为"，就是事后防卫。（3）从二是否存在防卫的必要性上来看，正当防卫是处于不得已而为之。事后防卫则不然。

下列情形，不法侵害结束：（1）侵害者自动中止或放弃侵害。（2）侵害者已被制服。（3）侵害人丧失侵害能力。（4）侵害结果已发生。在不法侵害已经结束之后，除非时空非常紧密的场合，在极小限度内可能存在正当防卫的空间。状态犯的场合，比如盗窃行为人得手后，被害人很快发现，当场对行为人实施反击，夺回被盗物品，就可以认定为是正当防卫。通常情况下，事后防卫大多是报复性侵害，特殊情形下，也有可能出于认识错误。报复性的事后防卫，若造成重大法益侵害结果，构成犯罪的，应以故意伤害罪或者故意杀人罪论处。而认识错误的事后防卫，则属于事实认识错误，根据具体情况，按照过失犯罪或意外事件处理。

案例 5-13 陈某某危险驾驶案[①]
——紧急避险的判断

一 事实

某日晚，为庆祝妻子生日，陈某某邀请朋友到住处吃晚饭。陈某某喝

[①] 北大法宝：https://www.pkulaw.com/pfnl/a6bdb3332ec0adc4755a92e0d5a6622f45d1b5ac3-71188f5bdfb.html? keyword =％E9％99％88％E7％A5％96％E5％8B％87％E5％8D％B1％E9％99％A9％E9％A9％BE％E9％A9％B6％E6％A1％88&way=listView，最后访问日期：2022年2月20日。

了一杯多红酒。当日 23 时许,陈某某妻子突然倒地昏迷不醒,陈某某让女儿拨打 120 求救。120 回复附近没有急救车辆,需从别处调车,不能确定具体到达时间。陈某某即驾驶小型轿车,将妻子送至医院抢救。当时,被告人陈某某血液中乙醇含量为 223 毫克/100 毫升。

江阴市检察院认为,陈某某的行为构成危险驾驶罪。

被告人陈某某对事实及罪名均无异议。辩护人提出,本案事出有因,社会危害性较小,陈某某如实供述,有悔罪态度,无前科劣迹,请求从轻处罚。

江阴市人民法院认为,被告人陈某某的行为已构成危险驾驶罪。在审理过程中,江阴市人民法院就被告人陈某某能否适用缓刑向无锡市中级人民法院请示。无锡市中级人民法院认为,陈某某认识到其妻子正在面临生命危险,出于不得已而醉酒驾驶,符合紧急避险的条件,不负刑事责任。

江阴市检察院决定对被告人陈某某撤回起诉,江阴法院裁定准许撤回起诉。

二 判旨

在他人面临生命危险,医疗救护资源无法及时到达,行为人醉酒驾驶机动车,深夜送病人就医,客观上,所保护的生命法益,要比危险驾驶罪所保护的一般公共安全重大,属于迫不得已牺牲较小价值法益,保护较大价值法益,符合紧急避险的构成要件,醉酒驾驶的行为,不构成犯罪。

三 法条

《刑法》

第二十一条 为了使国家、公共利益、本人或者他人的人身、财产和其他权利免受正在发生的危险,不得已采取的紧急避险行为,造成损害的,不负刑事责任。

紧急避险超过必要限度造成不应有的损害的,应当负刑事责任,但是应当减轻或者免除处罚。

第一款中关于避免本人危险的规定,不适用于职务上、业务上负有特定责任的人。

第一百三十三条之一 在道路上驾驶机动车,有下列情形之一的,处拘役，并处罚金：

（一）追逐竞驶，情节恶劣的；

（二）醉酒驾驶机动车的；

（三）从事校车业务或者旅客运输，严重超过额定乘员载客，或者严重超过规定时速行驶的；

（四）违反危险化学品安全管理规定运输危险化学品，危及公共安全的。

机动车所有人、管理人对前款第三项、第四项行为负有直接责任的，依照前款的规定处罚。

有前两款行为，同时构成其他犯罪的，依照处罚较重的规定定罪处罚。

《关于办理醉酒驾驶机动车刑事案件适用法律若干问题的意见》

为保障法律的正确、统一实施，依法惩处醉酒驾驶机动车犯罪，维护公共安全和人民群众生命财产安全，根据刑法、刑事诉讼法的有关规定，结合侦查、起诉、审判实践，制定本意见。

一、在道路上驾驶机动车，血液酒精含量达到80毫克/100毫升以上的，属于醉酒驾驶机动车，依照刑法第一百三十三条之一第一款的规定，以危险驾驶罪定罪处罚。

前款规定的"道路""机动车"，适用道路交通安全法的有关规定。

二、醉酒驾驶机动车，具有下列情形之一的，依照刑法第一百三十三条之一第一款的规定，从重处罚：

（一）造成交通事故且负事故全部或者主要责任，或者造成交通事故后逃逸，尚未构成其他犯罪的；

（二）血液酒精含量达到200毫克/100毫升以上的；

（三）在高速公路、城市快速路上驾驶的；

（四）驾驶载有乘客的营运机动车的；

（五）有严重超员、超载或者超速驾驶，无驾驶资格驾驶机动车，使用伪造或者变造的机动车牌证等严重违反道路交通安全法的行为的；

（六）逃避公安机关依法检查，或者拒绝、阻碍公安机关依法检查尚未构成其他犯罪的；

（七）曾因酒后驾驶机动车受过行政处罚或者刑事追究的；

（八）其他可以从重处罚的情形。

三、醉酒驾驶机动车，以暴力、威胁方法阻碍公安机关依法检查，又构成妨害公务罪等其他犯罪的，依照数罪并罚的规定处罚。

四、对醉酒驾驶机动车的被告人判处罚金，应当根据被告人的醉酒程度、是否造成实际损害、认罪悔罪态度等情况，确定与主刑相适应的罚金数额。

五、公安机关在查处醉酒驾驶机动车的犯罪嫌疑人时，对查获经过、呼气酒精含量检验和抽取血样过程应当制作记录；有条件的，应当拍照、录音或者录像；有证人的，应当收集证人证言。

六、血液酒精含量检验鉴定意见是认定犯罪嫌疑人是否醉酒的依据。犯罪嫌疑人经呼气酒精含量检验达到本意见第一条规定的醉酒标准，在抽取血样之前脱逃的，可以以呼气酒精含量检测结果作为认定其醉酒的依据。

犯罪嫌疑人在公安机关依法检查时，为逃避法律追究，在呼气酒精含量检验或者抽取血样前又饮酒，经检验其血液酒精含量达到本意见第一条规定的醉酒标准的，应当认定为醉酒。

七、办理醉酒驾驶机动车刑事案件，应当严格执行刑事诉讼法的有关规定，切实保障犯罪嫌疑人、被告人的诉讼权利，在法定诉讼期限内及时侦查、起诉、审判。

对醉酒驾驶机动车的犯罪嫌疑人、被告人，根据案件情况，可以拘留或者取保候审。对符合取保候审条件，但犯罪嫌疑人、被告人不能提出保证人，也不交纳保证金的，可以监视居住。对违反取保候审、监视居住规定的犯罪嫌疑人、被告人，情节严重的，可以予以逮捕。

四　评释

本案的争议问题是：应该如何对陈某某的行为进行评价？

对陈某某行为的性质及处理，有三种意见：（1）定罪缓刑。（2）紧急避险。（3）定罪免刑。无锡市中级人民法院认为构成紧急避险，这是正确的。

作为一种违法阻却事由，成立紧急避险，应具备以下条件：（1）有现实危险；（2）危险正在发生；（3）出于不得已损害另一法益；（4）行为人有避险意识；（5）没有超过必要限度造成不应有的损害。无锡市中级人民法院认定本案属于紧急避险，这个结论是妥当的。理由如下：

第一，存在现实的正在发生的危险。当时，陈某某妻子突然摔倒，口吐白沫，昏迷不醒，生命处于极度危险之中，非常紧迫，急需救治。

第二，醉酒驾车系不得已而为之。根据本案的具体情况，除了陈某某醉酒驾车将病人送医之外，别无选择。当时，陈某某女儿拨打120急救电话，寻求救援未果，而被告人的住处偏僻，无他人可以帮忙开车，被告人醉酒驾驶送病人就医，是一种迫不得已手段。

第三，陈某某有避险意识。避险意识的内容，包括以下两个方面：（1）认识到了合法权益正面临危险；（2）主观上是为了保护合法权益。被告人看到妻子倒地昏迷，口吐白沫，认识到妻子的生命面临着正在发生的危险。陈某某醉酒驾驶行为，目的是及时医治妻子，因此，具有避险意识。

第四，没有超过必要限度造成不应有的损害。由于是"正"对"正"对构造，因此，在紧急避险中，就存在利益权衡与取舍。保护的利益大于被损害的利益，避险行为才有意义。生命权当属最高、最重要的权利，对此，无论理论还是实务，都没有什么争议。生命法益在与其他法益比较时总要被优先考虑。危险驾驶罪的保护法益是抽象的公共安全，而陈某某妻子的生命面临紧迫危险，生命权当然要大于抽象的公共安全。此外，从对法益的危险程度来看，妻子的生命权危险是真实的、紧迫的，而抽象的公共安全危险是法律拟制的。抽象的公共安全与生命权相比，后者显然是更为紧迫、重要的权利。所以，被告人在不得已时醉酒驾驶送妻子就医的行为，在客观上，并没有超过必要限度造成不应有的损害。除此之外，以下情节，也可以说明被告人对法益的损害程度相对较小：（1）被告人驾驶汽车证照齐全，不存在无证无照等情形。（2）醉酒驾驶的道路为农村道路。（3）行驶距离为2—3公里，相对较短。（4）案发时间为深夜，路上基本无车辆行人，不是交通高峰期。

综上，被告人陈某某醉酒驾驶机动车，应当认定为紧急避险。

第六章　犯罪未完成形态的判例

故意犯罪的发展过程中，可能由于特殊的原因（有些是行为人主动放弃，有些是行为人被迫放弃），而没有到达终点（发生结果），这就是犯罪未完成形态所要研究的内容。犯罪未完成形态，包括犯罪预备、犯罪未遂和犯罪中止。犯罪未完成只能存在于故意犯之中。过失犯都是结果犯，没有未完成形态。

犯罪预备，是指已实施犯罪预备行为，由于意志以外的原因，而未能进一步着手实行的犯罪形态。犯罪预备有以下特征：第一，开始实施了犯罪的预备行为。第二，主观上是为了实行犯罪。第三，行为停顿在预备阶段，未能进一步着手实行。第四，未能着手实行犯罪，是因为意志以外的原因，而不是主动放弃。犯罪预备有准备工具、制造条件两种类型。犯罪预备与犯意表示不同，前者是犯罪行为，后者仅仅是意见表达。

犯罪未遂，是指行为人已经着手实行犯罪，但因为意志以外的原因，被迫放弃犯罪行为，犯罪未得逞。处罚未遂犯，与责任主义原则兴起紧密相关。在结果责任时期，不考虑行为人的主观，只要造成了客观的现实损害，就要追究行为人的刑责，因此，对未遂通常是不处罚的。在责任主义兴起之后，在犯罪的成立上，一方面要求行为人必须有主观的犯罪故意与过失，另一方面也处罚尚未造成侵害结果的犯罪未遂。处罚未遂犯，是因为未遂犯中存在为法所反对的危险。这种危险，是指行为具有侵害法益的危险性和为行为所造成的侵害法益的危险状态。只有综合考虑了"行为——（危险）结果"这种逻辑，才能客观地、完整地评价未遂犯中的犯罪行为。换言之，仅有行为本身的危险，或者仅有作为结果的危险存在，还不足以认定成立未遂犯，当然也就欠缺处罚所谓的"未遂犯的犯罪行为"的基础。犯罪未遂有以下三个特征：第一，行为人已经着手实行犯罪。第二，犯罪被迫停留在实行阶段，未得逞。第三，犯罪未得逞是出于行为人意志以外的原因。

犯罪中止，就是指在犯罪过程中，行为人自动放弃犯罪或者自动有效地防止犯罪结果发生。犯罪中止是为犯罪分子放弃犯罪而架设一座黄金大桥，这是基于刑事政策的考量。同时，由于是行为人自动放弃犯罪或者自动有效地防止犯罪结果发生，相对于犯罪未遂，在可谴责性上要小一些，因此，对于中止犯就是减免处罚。犯罪中止的条件是：第一，在时间上，犯罪预备阶段、实行阶段存在中止。而犯罪预备前阶段和既遂阶段，不存在犯罪的中止。第二，中止具有自动性。中止就是"能达目的而不欲"。第三，中止具有有效性。必须"自动放弃犯罪"或者"自动有效地防止犯罪结果发生"。

案例 6-1　黄某等抢劫（预备）案[①]
——犯罪预备阶段的中止也须具备"自动性"

一　事实

1998年3月，黄某邀被告人舒某某去外地抢劫，并一同精心策划，准备了杀猪刀、绳子、地图册等作案工具，流窜到某市伺机作案，并在该市购买了准备作案用的手套两双。3月20日晚7时许，黄某、舒某某骗租司机吴某夫妇驾驶的一辆夏利出租车前往湖南省新晃侗族自治县，准备在僻静处抢劫。行至新晃后，黄某、舒某某仍感到没有机会下手，又出价5元要求前往该县波洲镇。至波洲镇，司机夫妇警觉，向波洲镇政府报案。

新晃侗族自治县人民法院认为，被告人黄某、舒某某的行为构成抢劫罪，属于犯罪预备。

一审宣判后，被告人黄某、舒某某不服，提出上诉。

湖南省怀化市中级人民法院裁定驳回上诉，维持原判。

二　判旨

被告人共同策划，准备作案工具，选定抢劫对象，并诱骗出租车，往

[①] 最高人民法院刑事审判第一、二、三、四、五庭：《中国刑事审判指导案例1（刑法总则）》，法律出版社2017年版，第76—78页。

预定路线行驶，这一系列行为，是为实施抢劫作前期准备，是准备工具和制造条件，属于犯罪预备。

三　法条

《刑法》

第二十二条　为了犯罪，准备工具、制造条件的，是犯罪预备。

对于预备犯，可以比照既遂犯从轻、减轻处罚或者免除处罚。

第二十四条　在犯罪过程中，自动放弃犯罪或者自动有效地防止犯罪结果发生的，是犯罪中止。

对于中止犯，没有造成损害的，应当免除处罚；造成损害的，应当减轻处罚。

第二百六十三条　以暴力、胁迫或者其他方法抢劫公私财物的，处三年以上十年以下有期徒刑，并处罚金；有下列情形之一的，处十年以上有期徒刑、无期徒刑或者死刑，并处罚金或者没收财产：

（一）入户抢劫的；

（二）在公共交通工具上抢劫的；

（三）抢劫银行或者其他金融机构的；

（四）多次抢劫或者抢劫数额巨大的；

（五）抢劫致人重伤、死亡的；

（六）冒充军警人员抢劫的；

（七）持枪抢劫的；

（八）抢劫军用物资或者抢险、救灾、救济物资的。

《最高人民法院关于审理抢劫案件具体应用法律若干问题的解释》（法释〔2000〕35号）

第二条　刑法第二百六十三条第（二）项规定的"在公共交通工具上抢劫"，既包括在从事旅客运输的各种公共汽车，大、中型出租车，火车，船只，飞机等正在运营中的机动公共交通工具上对旅客、司售、乘务人员实施的抢劫，也包括对运行途中的机动公共交通工具加以拦截后，对公共交通工具上的人员实施的抢劫。

《最高人民法院关于审理抢劫、抢夺刑事案件适用法律若干问题的意见》

二、关于"在公共交通工具上抢劫"的认定

公共交通工具承载的旅客具有不特定多数人的特点。根据《抢劫解释》第二条规定,"在公共交通工具上抢劫"主要是指在从事旅客运输的各种公共汽车、大、中型出租车、火车、船只、飞机等正在运营中的机动公共交通工具上对旅客、司售、乘务人员实施的抢劫。在未运营中的大、中型公共交通工具上针对司售、乘务人员抢劫的,或者在小型出租车上抢劫的,不属于"在公共交通工具上抢劫"。

十 抢劫罪的既遂、未遂的认定

抢劫罪侵犯的是复杂客体,既侵犯财产权利又侵犯人身权利,具备劫取财物或者造成他人轻伤以上后果两者之一的,均属抢劫既遂;既未劫取财物,又未造成他人人身伤害后果的,属抢劫未遂。据此,刑法第二百六十三条规定的八种处罚情节中除"抢劫致人重伤、死亡的"这一结果加重情节之外,其余七种处罚情节同样存在既遂、未遂问题,其中属抢劫未遂的,应当根据刑法关于加重情节的法定刑规定,结合未遂犯的处理原则量刑。

《关于审理抢劫刑事案件适用法律若干问题的指导意见》

二、关于抢劫犯罪部分加重处罚情节的认定

2. "公共交通工具",包括从事旅客运输的各种公共汽车,大、中型出租车、火车、地铁、轻轨、轮船、飞机等,不含小型出租车。对于虽不具有商业营运执照,但实际从事旅客运输的大、中型交通工具,可认定为"公共交通工具"。接送职工的单位班车、接送师生的校车等大、中型交通工具,视为"公共交通工具"。

"在公共交通工具上抢劫",既包括在处于运营状态的公共交通工具上对旅客及司售、乘务人员实施抢劫,也包括拦截运营途中的公共交通工具对旅客及司售、乘务人员实施抢劫,但不包括在未运营的公共交通工具上针对司售、乘务人员实施抢劫。以暴力、胁迫或者麻醉等手段对公共交通工具上的特定人员实施抢劫的,一般应认定为"在公共交通工具上抢劫"。

四 评释

本案的核心问题是：犯罪预备应如何认定？

被告人黄某、舒某某认为自己的行为是"犯罪中止"，而法院则认为属于犯罪预备。法院的结论，是正确的。

首先，被告人黄某、舒某某实施了预备行为。为了实施抢劫行为，两被告人经过谋划，准备了杀猪刀等作案工具，是准备工具的行为。黄某、舒某某让出租车驶往自己预设的作案地点，是制造条件的行为。犯罪预备与犯意表示的区别，根本标准就是：是否有外在的准备工具、制造条件的行为。犯意表示，在客观上，不可能有实际危害，没有刑法意义，不罚。犯罪预备则不然，由于预备行为已具有了值得刑法关注的法益侵害危险性（抽象危险），因此，也就有了可罚性的客观基础。

其次，被告人黄某、舒某某尚未着手实施犯罪行为。犯罪预备与犯罪未遂的关键区别，是有无着手实行犯罪。着手实行犯罪，是指已经开始实施了符合构成要件的行为。按照黄某、舒某某的计划，是要实施抢劫行为。根据《刑法》第263条的规定，抢劫罪的实行行为是用暴力、胁迫或者其他方法，压制被害人反抗，获取财物的行为。抢劫罪实行行为的着手标志，就是开始实施压制被害人反抗的行为。显然，准备工具、让出租车开往指定地点的行为，并不符合这一要求，在本质上不过是为下一步实施暴力、胁迫以压制被害人反抗，进而获取财物的行为做前期准备，所以，这些行为对法益侵害是抽象的危险，不是具体的危险，因此，不属于抢劫罪的实行行为的着手。

再次，被告人黄某、舒某某未着手实施犯罪行为，是出于意志以外。二被告人辩解自己的行为，是犯罪中止。犯罪中止有预备阶段的中止和实行阶段的中止两种类型。二者的相同之处在于：都是未着手实行犯罪。在是否着手上，二者具有根本性的不同。预备阶段的中止，行为人止于预备行为。实行阶段的中止，行为人或者止于实行行为，或者在实行行为结束后，采取有效措施，防止了犯罪结果的发生。从二被告人的辩解来看，意在辩解自己的行为属于预备阶段的中止。尽管犯罪预备与预备阶段的中止，都处于犯罪预备阶段，没有着手实行犯罪行为，但是，二者有本质性不同。犯罪预备与预备阶段中止的根本性区别在于：未着手实行犯罪的原因，究竟是由于意志以外的原因还是行为人基于自己的自由意志决定，自动放弃了进一步实行的决定。预备阶段的犯罪中止，行为人自动放弃了预备行为，或者在可以进一步着手实行预设犯罪的情况下，自动有效地放弃了着手犯罪。这两种情形下的放弃，具有自动性和主动性，而不是因外部原因被迫放弃。犯罪预备则不然，是被迫放弃。反观本案，两被告人之所以没有着手实行进一步的犯罪行为，是因出租车司机警觉报案，因此，未能实行，并非是两被告人出于自己的自由意志决定，自动放弃，而是出现了意志以外的原因，才迫使两被告人不情愿地放弃了进一步的行为，从而未能着手实行抢劫行为。因此，两被告人并非预备阶段的犯罪中止，而是犯罪预备。

最后，被告人黄某、舒某某准备工具、制造条件，在主观上是为了犯罪而实施的，具有犯罪的目的性。

综上，二被告人为了实施抢劫行为，经过谋划，准备作案工具，并让出租车驶往自己预设的作案地点，属于犯罪预备。

案例 6-2　肖某某等代替考试案[①]
——代替考试罪实行着手的认定

一　事实

2016 年 10 月 30 日上午，被告人肖某某应被告人王某某的请求，在北京市东城区宝钞胡同甲 12 号北京市第一中学考点内，代替被告人王某某参加全国成人高校招生统一考试，后被监考人员当场发现。被告人肖某某于 2016 年 10 月 30 日被公安机关查获；被告人王某某于 2016 年 10 月 30 日向公安机关投案。公安机关当场从被告人肖某某处起获王某某的身份证、准考证各 1 张并扣押在案。

北京市东城区人民法院认为：被告人肖某某、王某某的行为，构成代

[①] 北大法宝：https://www.pkulaw.com/pfnl/a25051f3312b07f3a8484450ce2a61dcab221002b-384d0dfbdfb.html?keyword=%E8%82%96%E9%83%A7%E7%8E%89%E7%AD%89%E4%BB%A3%E6%9B%BF%E8%80%83%E8%AF%95%E6%A1%88&way=listView，最后访问日期：2022 年 3 月 1 日。

替考试罪，被告人肖某某、王某某已着手实施犯罪，因意志以外的原因而未得逞，系犯罪未遂。

二　判旨

代替考试罪中，区分犯罪未遂与犯罪预备的标准，应当是进入考场、准备实施代替考试。代替考试罪的量刑需要结合考试的重要程度、行为人的主观恶性、代替的次数和人数、犯罪形态以及组织形式等综合加以考量。

三　法条

《刑法》

第二十二条　为了犯罪，准备工具、制造条件的，是犯罪预备。

对于预备犯，可以比照既遂犯从轻、减轻处罚或者免除处罚。

第二十三条　已经着手实行犯罪，由于犯罪分子意志以外的原因而未得逞的，是犯罪未遂。

对于未遂犯，可以比照既遂犯从轻或者减轻处罚。

第二百八十四条之一　在法律规定的国家考试中，组织作弊的，处三年以下有期徒刑或者拘役，并处或者单处罚金；情节严重的，处三年以上七年以下有期徒刑，并处罚金。

为他人实施前款犯罪提供作弊器材或者其他帮助的，依照前款的规定处罚。

为实施考试作弊行为，向他人非法出售或者提供第一款规定的考试的试题、答案的，依照第一款的规定处罚。

代替他人或者让他人代替自己参加第一款规定的考试的，处拘役或者管制，并处或者单处罚金。

《最高人民法院、最高人民检察院关于办理组织考试作弊等刑事案件适用法律若干问题的解释》（法释〔2019〕13号）

为依法惩治组织考试作弊、非法出售、提供试题、答案、代替考试等犯罪，维护考试公平与秩序，根据《中华人民共和国刑法》《中华人民共和国刑事诉讼法》的规定，现就办理此类刑事案件适用法律的若干问题解释如下：

第一条 刑法第二百八十四条之一规定的"法律规定的国家考试"，仅限于全国人民代表大会及其常务委员会制定的法律所规定的考试。

根据有关法律规定，下列考试属于"法律规定的国家考试"：

（一）普通高等学校招生考试、研究生招生考试、高等教育自学考试、成人高等学校招生考试等国家教育考试；

（二）中央和地方公务员录用考试；

（三）国家统一法律职业资格考试、国家教师资格考试、注册会计师全国统一考试、会计专业技术资格考试、资产评估师资格考试、医师资格考试、执业药师职业资格考试、注册建筑师考试、建造师执业资格考试等专业技术资格考试；

（四）其他依照法律由中央或者地方主管部门以及行业组织的国家考试。

前款规定的考试涉及的特殊类型招生、特殊技能测试、面试等考试，属于"法律规定的国家考试"。

第七条 代替他人或者让他人代替自己参加法律规定的国家考试的，应当依照刑法第二百八十四条之一第四款的规定，以代替考试罪定罪处罚。

对于行为人犯罪情节较轻，确有悔罪表现，综合考虑行为人替考情况以及考试类型等因素，认为符合缓刑适用条件的，可以宣告缓刑；犯罪情节轻微的，可以不起诉或者免予刑事处罚；情节显著轻微危害不大的，不以犯罪论处。

四 评释

本案的焦点问题是：肖某某、王某某的行为系犯罪未遂还是犯罪预备？

对于本案，有犯罪预备与犯罪未遂两种观点。法院认定构成犯罪未遂。

《刑法》第284条之一所规定的犯罪行为，在刑法理论上被称为行为犯，行为完成，即构成犯罪既遂。是否开始了犯罪的实行行为的着手，是判定犯罪未遂与犯罪预备的关键。而着手，就是开始实施具体犯罪构成要件行为，唯此，才具有对法益的现实的紧迫危险存在。代替考试罪，是代替他人或者让他人代替自己参加法律规定的国家考试的行为。行为一旦着手，就意味着法益侵害的具体危险也随之产生，所以，本罪的着手，应当是进入考场、准备开始实施答题的行为。在本案中，肖某某已经进入考场，坐在被替考者的位置，准备实施答题行为。按照法院的结论，此时，被告人的行为已经属于代替考试罪犯罪构成中的实行行为，而不再是准备工具，创造条件的预备行为。鉴于被告人已经着手实施犯罪行为，但因被监考人员发现而被迫停止，由于出乎意料，使得代替考试行为没有进一步实施下去，故应构成代替考试罪的犯罪未遂。

但是，本案属于犯罪未遂的结论，还是值得讨论。一旦开始实施答题行为，将试题答案写在答题卷上，就应成立代替考试罪的犯罪既遂，这当无疑问。所以，是否"开始实施答题"，是本罪实行行为的着手。一个完整的考试流程是：进入考场—做好考前准备（包括核对信息等）—分发试卷、准备实施答题—开始实施答题—答题结束—交卷。在这里，"开始实施答题"具有分水岭的作用。一旦"开始实施答题"，就是实行行为。准备开始实行行为，就是实行行为的着手，所以，代替考试罪的实行行为着手，就是"准备开始实施答题"。"准备开始实施答题"与"准备实施答题"有所不同。显然，"准备实施答题"相对宽泛，对于前实行行为着手之前的行为，都可以归入"准备实施答题"，因此，法院以"肖某某已经进入考场，坐在被替考者的位置，准备实施答题行为"为由，认定被告人成立犯罪未遂，有些仓促。不能否认，"准备开始实施答题"依然相对抽象，需要更为具体一些，本书认为，可以以"行为人拿起考试用笔，准备在试卷上写下相关信息"作为标准，一旦行为人落笔，试卷上留有相关信息，就是犯罪既遂，在落笔之前，就可以认定为"准备开始实施答题"，成立犯罪未遂。这样，本案不是没有存在犯罪预备的余地。

此外，根据《刑法》第284条之一第4款，代替考试者和被代替考试者均构成代替考试罪。这样，代替考试者与被代替考试者是什么关系，就值得讨论。本书认为，二者属于刑法理论中的对向犯，同时处罚处于对向地位的两个行为人。对象犯属于必要的共同犯罪，是共同正犯。根据本案的实际情况，也应当认定被代替者行为与代替者行为所处的未完成形态是一致的。

需要注意的是，对于本案，也有从教唆犯的角度和社会危害性的角度来论证本案属于犯罪未遂的结论。"从教唆犯的角度来看……本案中，被告人王某某具有教唆肖某某进行代替考试的故意及行为，肖某某由于被抓获而致使王某某的犯罪结果未能实现，故应构成代替考试罪的未遂……如果肖某某自己处于真诚悔悟或者畏惧法律惩戒而主动停止犯罪行为，其本人构成犯罪中止，而王某某的行为则构成未遂，因为教唆犯罪具有双重性……""从社会危害性的角度来看……国家考试制度……主要特色即在于程序上的公平公正，而替考行为则是对程序公正的直接挑战……犯罪预备是以不惩罚犯罪行为为必要，处罚为例外，而犯罪未遂刚好相反……二被告人的行为严重侵害了公平的考试制度及管理秩序……如果认定为犯罪预备，则二被告人的行为就无法予以惩治，与立法的宗旨及行为的危害性相悖。"① 既然本罪属于必要的共犯，替考者与被替考者是共同正犯，就不存在被替考者是教唆犯而替考者是正犯的问题，用教唆犯的从属性原理来认定本案被替考者的地位，显然文不对题。而仅以社会危害性为由，将本案定行为犯罪未遂，迷信刑法万能表露无遗，实际上，对于本案的未完成形态的准确把握，还是要从刑法规定出发，结合个罪的实际情况，仔细考证、谨慎对待，才是合适的。

案例 6-3　胡某、张某某等故意杀人——运输毒品（未遂）案②

——误认"尸块"为毒品的意义

一　事实

胡某因赌博、购房等欠下债务，起图财害命之念。准备了羊角铁锤、纸箱、编织袋、打包机等作案工具，以合伙做生意为名，骗取被害人韩某某信任。某年 11 月 29 日下午，韩某某携带装有 19 万元人民币的密码箱，

---

① 北大法宝：https://www.pkulaw.com/pfnl/a25051f3312b07f3a8484450ce2a61dcab221002b-384d0dfbdfb.html?keyword=%E8%82%96%E9%83%A7%E7%8E%89%E7%AD%89%E4%BB%A3%E6%9B%BF%E8%80%83%E8%AF%95%E6%A1%88&way=listView，最后访问日期：2022 年 3 月 1 日。

② 最高人民法院刑事审判第一、二、三、四、五庭：《中国刑事审判指导案例 1（刑法总则）》，法律出版社 2017 年版，第 73—75 页。

来到胡某住处。胡某在韩某某茶中放入五片安眠药，韩某某喝后昏睡。胡某某用羊角铁锤对韩某某的头部猛击数下，又用尖刀乱刺韩某某背部，致使韩某某死亡。次日晨，胡某用羊角铁锤和菜刀将韩某某的尸体肢解，套上塑料袋后分别装入两只纸箱中，用编织袋套住并用打包机封住。嗣后，胡某以内装"毒品"为名，唆使张某某和张某峰将两只包裹送往南京。张某某、张某峰于11月30日中午乘出租车驶抵南京，将两只包裹寄存于南京火车站小件寄存处。后因尸体腐烂案发。

上海铁路运输中级法院认为：被告人胡某的行为构成故意杀人罪；被告人张某某、张某峰犯运输毒品罪，系未遂。

一审宣判后，被告人张某某不服，提出上诉，在二审时又表示服判，要求撤回上诉；附带民事诉讼原告人王某某亦提出上诉。

上海市高级人民法院裁定准予上诉人张某某撤回上诉，驳回王某某的上诉，维持原审各项判决。

二 判旨

明知是"毒品"仍帮助运往异地，构成运输毒品罪，但因意志以外的原因未得逞，系未遂。

三 法条

《刑法》

第二十三条 已经着手实行犯罪，由于犯罪分子意志以外的原因而未得逞的，是犯罪未遂。

对于未遂犯，可以比照既遂犯从轻或者减轻处罚。

第三百四十七条 走私、贩卖、运输、制造毒品，无论数量多少，都应当追究刑事责任，予以刑事处罚。

走私、贩卖、运输、制造毒品，有下列情形之一的，处十五年有期徒刑、无期徒刑或者死刑，并处没收财产：

（一）走私、贩卖、运输、制造鸦片一千克以上、海洛因或者甲基苯丙胺五十克以上或者其他毒品数量大的；

（二）走私、贩卖、运输、制造毒品集团的首要分子；

（三）武装掩护走私、贩卖、运输、制造毒品的；

(四) 以暴力抗拒检查、拘留、逮捕,情节严重的;

(五) 参与有组织的国际贩毒活动的。

走私、贩卖、运输、制造鸦片二百克以上不满一千克、海洛因或者甲基苯丙胺十克以上不满五十克或者其他毒品数量较大的,处七年以上有期徒刑,并处罚金。

走私、贩卖、运输、制造鸦片不满二百克、海洛因或者甲基苯丙胺不满十克或者其他少量毒品的,处三年以下有期徒刑、拘役或者管制,并处罚金;情节严重的,处三年以上七年以下有期徒刑,并处罚金。

单位犯第二款、第三款、第四款罪的,对单位判处罚金,并对其直接负责的主管人员和其他直接责任人员,依照各该款的规定处罚。

利用、教唆未成年人走私、贩卖、运输、制造毒品,或者向未成年人出售毒品的,从重处罚。

对多次走私、贩卖、运输、制造毒品,未经处理的,毒品数量累计计算。

《全国部分法院审理毒品犯罪案件工作座谈会纪要》的通知(法〔2008〕324号)

十、主观明知的认定问题

毒品犯罪中,判断被告人对涉案毒品是否明知,不能仅凭被告人供述,而应当依据被告人实施毒品犯罪行为的过程、方式、毒品被查获时的情形等证据,结合被告人的年龄、阅历、智力等情况,进行综合分析判断。

具有下列情形之一,被告人不能作出合理解释的,可以认定其"明知"是毒品,但有证据证明确属被蒙骗的除外:(1) 执法人员在口岸、机场、车站、港口和其他检查站点检查时,要求行为人申报为他人携带的物品和其他疑似毒品物,并告知其法律责任,而行为人未如实申报,在其携带的物品中查获毒品的;(2) 以伪报、藏匿、伪装等蒙蔽手段,逃避海关、边防等检查,在其携带、运输、邮寄的物品中查获毒品的;(3) 执法人员检查时,有逃跑、丢弃携带物品或者逃避、抗拒检查等行为,在其携带或者丢弃的物品中查获毒品的;(4) 体内或者贴身隐秘处藏匿毒品的;(5) 为获取不同寻常的高额、不等值报酬为他人携带、运输物品,从中查获毒品的;(6) 采用高度隐蔽的方式携带、运输物品,从中查获毒品的；（7）采用高度隐蔽的方式交接物品，明显违背合法物品惯常交接方式，从中查获毒品的；（8）行程路线故意绕开检查站点，在其携带、运输的物品中查获毒品的；（9）以虚假身份或者地址办理托运手续，在其托运的物品中查获毒品的；（10）有其他证据足以认定行为人应当知道的。

《办理毒品犯罪案件适用法律若干问题的意见》

二、关于毒品犯罪嫌疑人、被告人主观明知的认定问题

走私、贩卖、运输、非法持有毒品主观故意中的"明知"，是指行为人知道或者应当知道所实施的行为是走私、贩卖、运输、非法持有毒品行为。具有下列情形之一，并且犯罪嫌疑人、被告人不能作出合理解释的，可以认定其"应当知道"，但有证据证明确属被蒙骗的除外：

（一）执法人员在口岸、机场、车站、港口和其他检查站检查时，要求行为人申报为他人携带的物品和其他疑似毒品物，并告知其法律责任，而行为人未如实申报，在其所携带的物品内查获毒品的；

（二）以伪报、藏匿、伪装等蒙蔽手段逃避海关、边防等检查，在其携带、运输、邮寄的物品中查获毒品的；

（三）执法人员检查时，有逃跑、丢弃携带物品或逃避、抗拒检查等行为，在其携带或丢弃的物品中查获毒品的；

（四）体内藏匿毒品的；

（五）为获取不同寻常的高额或不等值的报酬而携带、运输毒品的；

（六）采用高度隐蔽的方式携带、运输毒品的；

（七）采用高度隐蔽的方式交接毒品，明显违背合法物品惯常交接方式的；

（八）其他有证据足以证明行为人应当知道的。

四 评释

本案的焦点问题是误认尸块为毒品而运输，能否构成运输毒品罪（未遂）？

被告人胡某犯故意杀人罪，没有任何争议。问题是对于被告人张某某、张某峰行为如何处理。

法院的结论是，应以运输毒品罪（未遂）定性。借助绝对不能与相

对不能的理论，指导案例的结论是：被告人张某某、张某峰的行为，不是手段不能，也不是工具不能，而是对象不能，当然不能归属于绝对不能犯。对象不能不影响犯罪故意的认定，只影响犯罪形态，因此，被告人张某某、张某峰的行为，构成运输毒品罪（未遂）。

我国通说认为，诸如使用"烧香念咒""香灰投毒"等迷信方法杀人，是绝对不能犯。鉴于此类出于极端迷信、愚昧无知而采取的"犯罪行为"，从科学法则上来看，在任何情况下都不可能产生实际危害结果，所以，绝对不能犯就是迷信犯。相对不能犯，是指对行为性质、手段性质没有错误认识，但是，由于对于犯罪工具或手段出现误认，以致不能实现犯罪的情况（工具不能犯、手段不能犯）。如误把白糖当砒霜，意图毒杀人未果（工具不能犯）的情况，或者诸如用胡猜乱想的方式破解他人信用卡密码未果（手段不能犯）。绝对不能犯由于根本不可能产生结果，不具有实质的社会危害性。相对不能犯则不同，有可能产生危害结果。因此，绝对不能犯不是犯罪，而相对不能犯则属于犯罪未遂。通说的观点，其实就是未遂犯与不能犯判断中的纯粹主观说。实际上仅仅将迷信犯排除在犯罪之外，但是，仅仅以行为人个体的危险性作为判断依据，进而肯定未遂犯，在思考方法上，实际上是从主观到客观，有主观归罪的嫌疑，不足为取。

处罚未遂犯，与行为违反行为规范，有侵害法益的可能性相关联，表面看来，有些行为违反了行为规范，但是，如果该行为根本任何没有侵害法益的可能性，就没有必要预防此类行为，没有必要作为犯罪来对待。不能犯不是犯罪，就是因为：即便出于犯罪的意思而行为，但是，客观上根本不可能引起任何侵害结果，完全没有实现犯罪构成要件的可能。既然如此，不能犯就没有任何法益侵害的危险。如果行为是绝对不能发生侵害结果的话（如用小麦面粉意图"毒死"身体健康的人，连致人死亡的抽象可能都不具备，何必再妄谈有导致他人死亡结果发生），由于该行为连抽象法益侵害都不具备，处罚行为人，无非就是行为人的内心过于邪恶而已。从客观主义刑法的立场出发，对"绝对不能"发生法益侵害结果的行为，没有必要发动刑法。在规范上，之所以处罚未遂犯，是因为存在"对法益的现实的紧迫的危险"。因此，是否存在"对法益的现实的紧迫的危险"，是界分未遂犯与不能犯的重要标尺。

再来看本案，被告人张某某、张某峰意图运输毒品，但事实上运输的根本不是毒品，而是尸块。行为人的确有意图违反不得违法运输毒品的行为规范，并且客观上也实施了他们所认为的运输毒品的行为。再来看是否存在"对法益的现实的紧迫的危险或者威胁"，运输毒品罪的保护法益是国家对于毒品的管理制度和秩序。本案运输对象是"尸块"，与毒品大相径庭，从根本上没有对运输毒品罪法益的侵害可能。当然，如果采取不能犯判断中的具体危险说，可能本案的真相是在小件寄存处，因尸体腐烂才被发现，在行为当时，一般人都有可能认为这是"毒品"，因此，可以按照未遂犯来处理。这种说法是错误的。因为，被告人张某某、张某峰所谓的运输"毒品"的行为，是故意杀人者胡某设的一个"局"，一切真相都是幕后的胡某所操纵。如果加上这个因素，立足事前考量，那么，就不难得出被告人张某某、张某峰所谓的运输毒品的行为，就是不能犯，不能认定为运输毒品罪的犯罪未遂。

此外，可以借助错误论的思考方法，也能得出被告人张某某、张某峰的行为，不是运输毒品罪（未遂）。本案是行为人所认识的事实（自己运输的对象是"毒品"），与客观事实不一致（实际上运输的对象是"尸块"）。张某某、张某峰所认识的事实与现实所发生的事实，分别属于不同的构成要件，认识的事实是"运输毒品"，符合运输毒品罪，而客观上发生的事实是"运输尸块"，符合帮助毁灭、伪造证据罪，这属于事实认识错误中的抽象事实认识错误。按照法定符合说的处理规则与方法，对于抽象事实认识错误，原则上，排除行为人对于最终发生结果的犯罪故意，就行为人所认识到的事实，成立故意的未遂犯；就客观上所发生的事实，如果有预见可能性的话，就成立过失犯，按照未遂犯与过失犯的想象竞合犯，择一重罪处理。但是，如果行为人所认识的事实与最终发生的事实，在构成要件上存在实质性重合的话，那么，就该重合的内容，不能排除行为人的犯罪故意。判断是否重合的标准，需结合具体犯罪构成，特别是所侵害的法益与实行行为是否同质来进行。

按照抽象事实认识错误的处理方法进行判断：第一步：被告人张某某、张某峰对于所认识的事实（运输毒品），成立犯罪未遂，[①] 对于实际上运输的尸块，成立过失。第二步：再来看有无重合的部分。在刑事诉讼

[①] 当然，如上所述，本案不可能存在犯罪未遂，此处讲犯罪未遂，只不过借用处理抽象事实认识错误的一种处理方法，并不是对于上文本案不是运输毒品罪犯罪未遂这一结论的否定。

的证据上，毒品是犯罪对象，属于物证。本案中，尸块也是刑事诉讼中的证据，属于物证，因为本案实际情况是故意杀人案的隐匿证据。所以，在本案行为对象是"物证"这一部分，存在实质性的重合。此外，运输毒品过程中，针对毒品要采取一系列的安全保护措施，以免被发现。而运输尸块，也是通过一系列安全保护措施，以免被发现。考量这两种行为方式，在"帮助毁灭、伪造证据"这一部分，存在实质性重合，所以，就重合的内容，不排除故意。结论就是：就"帮助毁灭、伪造证据"这一部分，存在故意，被告人张某某、张某峰的行为，符合帮助毁灭、伪造证据罪。

案例 6-4　朱某某强奸、故意杀人案[①]
——没有造成刑法意义损害，对中止犯应免除处罚

一　事实

被告人朱某某与被害人陈某系租房邻居。某日晚，朱某某见陈某独自在房内睡觉，产生强奸念头，并准备了老虎钳及袜子各一只。次日凌晨1时许，朱某某用老虎钳将陈某住处防盗窗螺丝拧下，翻窗入室，用袜子塞住陈某的嘴，又用一根绳子将陈某捆绑，将陈某拖至自己住处强奸。朱某某因害怕陈某报警，便用手掐、毛巾勒其颈部，意图灭口。后发现陈某面部恐怖，心生恐惧，不忍心下手，遂解开捆绑被害人的绳子，逃离现场。

合肥市中级人民法院认为，被告人朱某某的行为已构成强奸罪。在实施强奸后，又着手实施故意杀人，后自动放弃犯罪，属犯罪中止。

一审宣判后，朱某某上诉。

安徽省高级人民法院认为，对朱某某故意杀人犯罪应当免除处罚。

二　判旨

没有造成刑法上有意义的损害，行为人中止犯罪行为，应免除处罚。

[①] 最高人民法院刑事审判第一、二、三、四、五庭：《中国刑事审判指导案例1（刑法总则）》，法律出版社2017年版，第88—90页。

三　法条

《刑法》

第二十四条　在犯罪过程中，自动放弃犯罪或者自动有效地防止犯罪结果发生的，是犯罪中止。

对于中止犯，没有造成损害的，应当免除处罚；造成损害的，应当减轻处罚。

第二百三十二条　故意杀人的，处死刑、无期徒刑或者十年以上有期徒刑；情节较轻的，处三年以上十年以下有期徒刑。

四　评释

本案的争议问题是对于被告人朱某某的中止杀人的行为，究竟应该减轻处罚还是免除处罚？

1997年《刑法》修改时，在中止犯的规定中，引入了"损害"这一概念。什么是"损害"，对于这一概念的正确理解，在中止犯的认定与处理上，具有非常重要的意义。

朱某某自动中止故意杀人，应当被认定为犯罪中止，是没有任何争议的，但是，朱某某的杀人行为是否有"损害"，则存在争议。一种意见认为有"损害"，主张中止犯中的"损害"，既包括物质损害，也包括精神损害。本案中，朱某某对被害人实施了掐脖、勒颈等行为，在物质损害上，对被害人的颈部造成了轻微伤，在精神上，也对被害人造成了极大恐慌，所以，本案存在中止犯中的"损害"，应对朱某某杀人行为减轻处罚。另一种意见认为没有"损害"，主张中止犯中的"损害"，是刑法意义上的损害，必须达到了值得刑法评价的严重程度。被害人的颈部勒痕是轻微伤，而在人身伤害犯罪中，轻伤以上的伤害才属于"伤害"，轻微伤不属于刑法中的"伤害"，本身在刑法上没有意义。因此，应对朱某某杀人行为，依照法律规定免除处罚。一审法院持第一种意见，二审法院则是第二种意见。本书认为，二审法院的结论，是妥当的。

对于中止犯，从刑事政策与违法性减少的角度出发，根据是否有"损害"，《刑法》第24条第2款规定了与之对应的应当减轻处罚或者免除处罚的优厚待遇。所以，处罚中止犯，一定要有"损害"，而这个"损害",一定是犯罪成立意义上的"损害",否则,就会出现即便没有充足犯罪构成要件要素,也是犯罪。所以,中止犯中的"损害",与一般意义上的损伤是不能等同的,否则就会出现对中止犯比既遂犯的处罚还要严苛的局面。

本案中,为杀人灭口,朱某某实施了掐脖、勒颈等行为,在中止后,是否有"损害",应当对标其所实施的故意杀人罪进行判断。显然,作为故意杀人罪,作为对象的"人",所遭受的"损害",应该是物质性的,也就是人身伤害的结果。所以,那种认为判断朱某某的行为造成的"损害",包括了精神性的"损害"在内,显然是不妥当的。但是,问题还没有解决,本案存在物质性损害,朱某某的杀人行为,的确导致陈某负轻微伤,但是,轻微伤不属于我国《刑法》中故意伤害、故意杀人中的构成要件要素。《刑法》对于故意伤害等侵犯公民人身权利的犯罪,在成立标准上,对于损害结果要求至少达到轻伤。而故意杀人罪相对于故意伤害罪更重,故而,对于造成陈某身负轻微伤的结果,也就不是故意杀人犯罪中止中的"损害"。因此,对朱某某所犯故意杀人罪,二审法院判决免予刑事处罚,是正确的。

案例 6-5 王某某、邵某某抢劫、故意杀人案[①]
——共同犯罪中,各行为人的犯罪形态未必一致

一 事实

2002年6月6日,王某某主谋并纠集邵某某预谋实施抢劫。当日10时许,二人携带事先准备好的橡胶锤、绳子等作案工具,骗租杨某某驾驶的小型客车。当车行至某村路段时,王某某示意,邵某某用橡胶锤猛击杨某某头部数下,王某某猛掐杨某某的颈部,致杨某某昏迷,抢得汽车及移动电话机、寻呼机等物品。见杨某某昏迷不醒,王某某与邵某某谋划挖坑掩埋,将杨某某灭口。杨某某佯装昏迷,趁王某某不在现场之机,哀求邵某某放其逃走。邵某某同意掩埋杨某某时挖浅坑、少埋土,并告知掩埋时

[①] 最高人民法院刑事审判第一、二、三、四、五庭:《中国刑事审判指导案例1(刑法总则)》,法律出版社2017年版,第82—85页。

将杨某某的脸朝下。王某某返回后，邵某某未将杨某某已清醒的情况告诉王某某。当日 23 时许，二人将杨某某运至一土水渠处。邵某某挖了一个浅坑，并向王某某称其一人埋即可，便按事先约定将杨某某掩埋。王某某、邵某某离开后，杨某某爬出土坑获救。

北京市第二中级人民法院认为：被告人王某某、邵某某的行为，构成抢劫罪，同时二人构成故意杀人罪未遂。

一审宣判后，王某某不服，提出上诉。

北京市高级人民法院认为：邵某某的行为构成故意杀人罪犯罪中止。驳回王某某的上诉，维持原判。

二 判旨

共同犯罪中，各行为人的犯罪形态未必一致。

三 法条

《刑法》

第二十三条 已经着手实行犯罪，由于犯罪分子意志以外的原因而未得逞的，是犯罪未遂。

对于未遂犯，可以比照既遂犯从轻或者减轻处罚。

第二十四条 在犯罪过程中，自动放弃犯罪或者自动有效地防止犯罪结果发生的，是犯罪中止。

对于中止犯，没有造成损害的，应当免除处罚；造成损害的，应当减轻处罚。

第二百三十二条 故意杀人的，处死刑、无期徒刑或者十年以上有期徒刑；情节较轻的，处三年以上十年以下有期徒刑。

四 评释

本案的争议焦点是邵某某的行为属于犯罪中止还是犯罪未遂？

尽管都是犯罪未完成形态，但是，犯罪未遂和犯罪中止在发生时间、未能完成犯罪的原因、行为结果和刑事责任上均存在不同。

本案中，考察当时的环境、条件，不难得出，客观上，邵某某是能够完成杀人灭口行为的。只要邵某某想灭口就可以实施杀人行为，所以，邵某某客观上是能够遂行犯罪的。但是，在主观上，邵某某基于自己的自由决定，自动、彻底地打消了杀人灭口的犯罪意图，同时，在客观上，邵某某也中止了相应的杀人行为，采取浅埋方法，给杨某某制造了逃脱的机会，最终，杨某某得以顺利逃脱，没有造成死亡结果发生，邵某某的行为，当属于犯罪中止。因此，二审法院认定邵某某构成故意杀人罪的犯罪中止，对邵某某减轻处罚是正确的。

相形之下，在实施完抢劫行为之后，王某某杀人灭口意志坚定，在客观上，有寻找作案工具，并让邵某某实施挖坑掩埋，以杀死被害人杨某某的行为；在主观上，王某某的故意自始至终并未发生任何变化，只不过由于邵某某的犯罪中止，使得被害人杨某某并未按照原来的计划被灭口，而是顺利逃脱。邵某某中止杀人行为，被害人杨某某顺利逃脱，完全出乎王某某的预料，是其意志以外的原因，属于故意杀人的"欲达目的而不能"，因此，王某某的行为，当属于故意杀人罪的犯罪未遂。需要指出的是，即便各行为人在犯罪意思联络之下，实施了共同的犯罪行为，构成共同犯罪，但是，在共同犯罪中的犯罪形态上，并不必然意味着各行为人就一定是同一的，本案就是其中一例。遗憾的是，一审法院未能准确区分本案中各共同犯罪人所对应的不同的犯罪形态，没有认定被告人邵某某的犯罪中止，这是错误的。二审法院的认定，值得肯定。

案例 6-6　黄某某等故意伤害案[①]
——如何认定教唆犯的犯罪中止

一　事实

2000 年 6 月初，刘某某被免去某集团公司总经理职务及法人代表资格后，由朱某某兼任某集团公司总经理。同年 6 月上旬，黄某某找到刘某某，提出找人，利用女色教训朱某某。后黄某某找到洪某，商定由洪某负责具体实施。洪某提出 4 万元的报酬，先付一半，事成后再一半。黄某某与刘某某商量后，决定由刘某某挪用其任某公司的这笔钱。同年 6 月 8

[①] 最高人民法院刑事审判第一、二、三、四、五庭：《中国刑事审判指导案例 1（刑法总则）》，法律出版社 2017 年版，第 78—82 页。

日，刘某某写了一张2万元借据。次日由黄某某凭该借据开具现金支票，支取2万元，分两次给了洪某。洪某收钱后，即着手准备，但未能成功。洪某提出不如改为找人打朱某某一顿，黄某某同意。之后，洪某以1万元雇用林某某去砍伤朱某某。后因害怕打伤朱某某的法律后果，黄某某两次打电话给洪某，明确要求洪某取消计划，同时商定用先期支付的钱冲抵黄某某欠洪某饭店的餐费。洪某应承后并未及时通知林某某。林某某找来谢某某、庞某某、林某宁后，准备了两把菜刀，于某晚潜入朱某某住处楼下，等候朱某某开车回家。谢某某持菜刀朝朱某某的背部连砍2刀、臀部砍了1刀，庞某某用菜刀往朱某某的前额面部砍了1刀，将朱某某砍致重伤。

香洲区人民法院认为：被告人黄某某、洪某、林某某、谢某某、庞某某、林某宁等人的行为构成故意伤害罪。被告人黄某某的行为不是犯罪中止。

一审宣判后，附带民事诉讼原告人就民事部分提出上诉，二审法院裁定维持原判。

二 判旨

教唆犯构成犯罪中止，根据所处的阶段，有所不同。在预备阶段，放弃教唆意图即可。在教唆行为实施完毕后，则需要采取积极的补救措施，有效地制止被教唆人实施犯罪或防止犯罪结果发生。

三 法条

《刑法》

第二十四条　在犯罪过程中，自动放弃犯罪或者自动有效地防止犯罪结果发生的，是犯罪中止。

对于中止犯，没有造成损害的，应当免除处罚；造成损害的，应当减轻处罚。

第二十九条　教唆他人犯罪的，应当按照他在共同犯罪中所起的作用处罚。教唆不满十八周岁的人犯罪的，应当从重处罚。

如果被教唆的人没有犯被教唆的罪，对于教唆犯，可以从轻或者减轻处罚。

第二百三十四条　故意伤害他人身体的,处三年以下有期徒刑、拘役或者管制。

犯前款罪,致人重伤的,处三年以上十年以下有期徒刑;致人死亡或者以特别残忍手段致人重伤造成严重残疾的,处十年以上有期徒刑、无期徒刑或者死刑。本法另有规定的,依照规定。

四　评释

本案的核心问题是:如何认定教唆犯的犯罪中止?

黄某某的行为,是否为犯罪中止,有两种观点:(1)肯定说。理由是:在主观上,黄某某已经有了自动放弃了犯罪故意的意思;在客观上,黄某某已经两次亲自通知洪某取消犯罪计划,并且,就先期支付的费用,也已经作出了相应的处理。而之所以发生被害人受伤结果,是因为洪某在接到黄某某的通知后,并未采取有效措施,阻止他人。因此,伤害后果不应由黄某某承担。(2)否定说。理由是:黄某某的行为,依然不构成犯罪中止。除了实施以上行为外,黄某某还必须实施相关行为,有效阻止其他被告人继续实施犯罪行为。法院采纳了不构成犯罪中止的观点,这是妥当的。

犯罪中止有预备阶段的中止和实行阶段的中止。在预备阶段,要成立犯罪中止,只需"自动放弃犯罪"就足够了。实行阶段的犯罪中止,则要具体问题具体对待。如果行为人的行为,不足以产生结果,那么,只要行为人"自动放弃犯罪",即可成立犯罪中止。相反的,倘若行为人的行为,足以产生结果,那么,要成立犯罪中止,行为人就必须自动采取切实措施,以"有效地防止犯罪结果发生"。犯罪可能由一人实施(单独犯罪),也可能由多人实施(共同犯罪)。单独犯罪的犯罪中止,在认定上相对较为容易。但是,在共同犯罪中,各行为人是否成立犯罪中止,则相对复杂,不能如此简单处理。在预备阶段,教唆行为实施之后,在被教唆人实施犯罪预备的相关行为时,如果教唆犯自己表示放弃犯罪意图,而不将自己放弃犯罪的意图告知被教唆者,并制止被教唆者的与教唆内容相关的行为,就不存在教唆中止。倘若在被教唆者是数人之时,如果教唆犯仅通知个别被教唆人,让其停止实施,或者教唆犯让个别被教唆者通知其他被教唆者停止实施所教唆的犯罪行为的,也不能当然得出教唆犯是"自动放弃犯罪"的结论。在犯罪实行阶段,被教唆人已经着手开始实施犯罪行为，如果教唆者意图中止犯罪，就必须采取有效措施，阻止他人进一步实施犯罪行为，或者在他人实施完犯罪行为但结果尚未发生之时，要采取有效措施防止结果发生，如果教唆者未能积极有效阻止他人进一步实施犯罪行为，或者在他人实施犯罪行为之后，没有有效防止犯罪结果发生的，就不能认为教唆犯成立犯罪中止。

本案中，洪某受黄某某雇用，去组织实施犯罪，是教唆犯。按照上述处理原则，黄某某要成立犯罪中止，无论此刻犯罪处于预备阶段还是实行阶段，仅通知洪某取消犯罪是远远不够的，黄某某还要积极阻止被教唆人实施进一步的行为。如果犯罪处于预备阶段，黄某某必须及时告知自己中止犯罪的意图，并采取有效措施，说服、制止所有被教唆人停止犯罪预备行为，不要再继续进行下去，进而实行犯罪。如果犯罪处于实行阶段，黄某某一方面要及时告知自己中止犯罪的意图；另一方面还要及时有效地制止被教唆人，让其停止犯罪行为。如果被教唆者已经实施完犯罪行为，但结果尚未发生之时，黄某某必须采取有效措施，切实防止犯罪结果发生。

被告人黄某某同意洪某负责组织犯罪行为，教唆行为已实施完毕。为进一步实施犯罪，洪某雇用了林某某，林某某又雇用了其他被告人。这是一个多层次的教唆关系。黄某某要成立犯罪中止，除了自己要放弃伤害计划，还需要采取有效措施，制止其他人实施犯罪行为。反观本案实际情况，黄某某两次电话通知洪某放弃伤人行动，对已支付的部分"犯罪佣金"，一并作出了"清欠债务"的处分，但是，这些行为，是在有效制止犯罪行为的进一步实施，但从本案的最终结果上来看，是远远不够的，不能认为存在中止的有效性，除非黄某某对于洪某再雇用林某某，林某某再雇用他人毫不知情。但是，本案不存在这种情况，因为，对于洪某再雇用林某某，林某某再雇用他人这种多层次的雇用关系，本案证据显示，黄某某应当是知情的，这可以从洪某对黄某某提议"找人打被害人一顿"得到充分证明。因此，最终发生了伤害结果，故不能认定黄某某构成犯罪中止。

第七章 共同犯罪的判例

多数犯罪，可以由一人实施，也可以由多人实施。少数犯罪，只能由二人以上实施。在多人实施的情况下，有三种可能：（1）多人都实施了符合构成要件的行为。（2）教唆他人实施犯罪行为。（3）为他人实行犯罪予以加功，提供帮助，从而使得犯罪变得较为容易。后面这三种情况，就是共同犯罪所要讨论的问题。

我国通说认为，共同犯罪是指二人以上共同故意犯罪。[①] 这种表述，稍显不周延，其实，共同犯罪，就是指二人以上共同实施的犯罪。共同犯罪，根据参与的形式，主要表现为两种：（1）共同实施针对同一对象或者法益的实行行为。（2）故意引起他人犯意，使之因此实施特定的犯罪行为，或者为他人的犯罪行为予以加功，使犯罪行为变得更为容易。共同犯罪中的诸多行为人，均须对法益侵害结果负责。之所以如此，是因为共同犯罪解决的是结果归属问题，至于在共同犯罪中的各个人的罪责如何，则是另一个问题。因此，《刑法》第 25 条，就是在解决共同犯罪的不法问题，而不是责任问题。也即，共同犯罪是不法形态。[②]

共同犯罪是二人以上共同实施犯罪，但是，各个行为人之间到底是什么共同的问题，有部分犯罪共同说[③]与行为共同说[④]的对立。部分犯罪共同

[①] 我国通说认为，成立共同犯罪必须具备三个条件：（1）共同犯罪的主体（必须具备刑事责任能力）。（2）共同的犯罪行为。（3）共同的犯罪故意。

[②] 张明楷：《刑法学》（第 5 版·上），法律出版社 2016 年版，第 381 页。

[③] 在犯罪共同说内部，有完全犯罪共同说和部分犯罪共同说之分。完全犯罪共同说主张，数人共同实施一个或者同一的故意犯罪的场合，才是共同犯罪（同一罪名的共犯）。我国通说是完全犯罪共同说。完全犯罪共同说存在难以克服的问题点。正是看到完全犯罪共同说问题，部分犯罪共同说得以登场。这种学说完全秉持完全犯罪共同说的理念，强调共同犯罪就是数人共同实施具有相同犯罪构成的行为，所不同的是部分犯罪共同说并不要求数人实施的犯罪完全相同，而是只要求有部分一致就足够了。也就是说，只要数人的行为所触犯的罪名之间，在构成要件上有重合就可以了，在重合的范围内，可以成立共同犯罪。

[④] 在行为共同说之中，有"主观主义的行为共同说"和"客观主义的行为共同（转下页）

说强调共同犯罪就是数人共同实施同一犯罪的行为,只要各人的行为所触犯的罪名之间,在构成要件上有重合,则在重合范围内,构成共同犯罪,所以,部分犯罪共同说是"数人一罪"。行为共同说认为,共同犯罪就是指数人根据共同行为来实现各自所追求的犯罪,是实施犯罪的方法类型,完全属于共犯人之间的"个别利用关系",在这个意义上,行为共同说就是"数人数罪"。

在共同犯罪中,有共同正犯与狭义共犯的区分。共同正犯是指二人以上共同实行犯罪的情况。综合考察《刑法》第 25 条,成立共同正犯,须具备:(1)二人以上;(2)共同实行的意思(意思联络);(3)共同实行的事实(行为分担)这三个条件。

狭义的共犯,是指教唆犯与帮助犯。故意唆使并引起他人实施犯罪行为的,是教唆犯。教唆行为的实质是引起他人的犯罪意图。教唆行为,既可以是明示的方式,也可以是默示的方式。教唆行为的内容至少应是相对特定的犯罪。帮助正犯的,是帮助犯。帮助犯通过加功于他人的犯罪行为,使得他人的犯罪变得更为容易。帮助犯有物理性帮助和心理性帮助两种类型。

案例 7-1 乌某某某、吐某某故意伤害案[①]
——无意思联络,不构成共同犯罪

一 事实

某日上午,因同在某餐厅打工的艾某某酒后拿鸡腿让吐某某吃,吐某

(接上页)说"之分。主观主义的行为共同说是新派的观点。该说认为,犯罪行为是行为人恶性的表征,因而成立共犯无须以同一构成要件为前提,只要共同实施了前构成要件的自然行为就能成立共同犯罪。主观主义的行为共同说目的在于避免犯罪共同说的团体责任的嫌疑,彻底贯彻近代刑法所坚持的个人责任原则。客观主义的行为共同说主张,从参与共同犯罪的各个人来看,共同犯罪的本质是共同实施各自的犯罪,各个共犯人之间不要求有罪名的同一性,也不要求有共同的故意,只要有互相利用的意思来遂行自己的犯罪就足够了。在客观主义的行为共同说看来,共同犯罪,并不是因为借用他人的可罚性或者与他人共同负担罪责而受罚,而是为了实现自己的犯罪而利用他人的行为,扩大自己的因果性的影响范围,即相互之间将他人的行为视为自己行为的有机组成部分,从而遂行犯罪的。由此看来,客观主义的行为共同说,是完全不同于主观主义的行为共同说所强调的"自然行为"的共同,而是"实行行为"的共同,因此,客观主义的行为共同说是"符合构成要件的行为的共同",也就是"构成要件的共同"。这里所讲的行为共同说,就是客观主义的行为共同说。

[①] 最高人民法院刑事审判第一、二、三、四、五庭:《中国刑事审判指导案例 1(刑法总则)》,法律出版社 2017 年版,第 121—124 页。

某不满,对艾某某拳打脚踢。当晚,乌某某某和艾某某在暂住处,艾某某硬劝乌某某某喝酒,引起乌某某某的强烈不满,抓住艾某某的头往墙上撞,并用夹煤用的铁夹子、铁锹等殴打艾某某,铁锹柄断裂后继续殴打艾某某致使其瘫倒在地上,后艾某某被人抬到床上。次日8时左右,吐某某来到暂住处,见艾某某未起床,向艾某某身上踹了一脚离开。后他人发现艾某某死亡。经鉴定,艾某某系在醉酒状态下遭受钝器打击,致创伤性休克引发多器官功能不全死亡,醉酒加速其死亡。

法院认为乌某某某和吐某某不构成共同犯罪。被告人乌某某某的行为构成故意伤害罪。吐某某无罪。

二 判旨

二人都对被害人实施了伤害行为,但行为相互分离,也无共同故意,不构成共同犯罪。

三 法条

《刑法》

第二十五条 共同犯罪是指二人以上共同故意犯罪。

二人以上共同过失犯罪,不以共同犯罪论处;应当负刑事责任的,按照他们所犯的罪分别处罚。

第二百三十四条 故意伤害他人身体的,处三年以下有期徒刑、拘役或者管制。

犯前款罪,致人重伤的,处三年以上十年以下有期徒刑;致人死亡或者以特别残忍手段致人重伤造成严重残疾的,处十年以上有期徒刑、无期徒刑或者死刑。本法另有规定的,依照规定。

四 评释

本案争议最大的问题是二被告人是否构成共同犯罪?

法院作出了否定回答,认定被告人乌某某某的行为构成故意伤害罪,吐某某无罪。法院的结论,是正确的。

《刑法》第25条规定,共同犯罪是指两人以上共同故意犯罪。本案中,乌某某某与吐某某的伤害行为,一前一后,相互分离,二被告人没有共同实施伤害行为。从主观上来讲，两被告人虽然都有伤害被害人的故意，并且基于各自的故意心态实施了伤害行为，但二人在事前没有预谋，更无分工，在事中也没有沟通，都是在互不知情之下各自实施了各自的行为。因此，根据通说，能够得出二被告人不是共同犯罪的结论。

共同犯罪是不法形态，在共同犯罪的认定中，要以不法为重心。不法有客观不法与主观不法。在客观不法中，要判断各行为人是否实施了共同的构成要件行为，或者存在教唆或帮助行为。在主观不法中，需要判断各行为人是否有主观上的意思联络，并基于该意思联络，实施了相关行为，从而共同导致了侵害结果的发生。

首先，本案不存在共同的客观不法，行为人没有实施共同的构成要件行为，也不存在教唆或者帮助行为。从本案发生的前后来看，在9月6日上午，吐某某对艾某某有过拳打脚踢。当日晚，被告人乌某某某又殴打艾某某。9月7日8时左右，吐某某在艾某某身上踹了一脚。这三次行为，分别进行，都是二人独自完成，所以，不存在共同对被害人实施侵害行为的可能。此外，从实际情况来看，二人互相也不存在教唆和帮助的狭义的共犯行为。所以，结论就是，二人不存在共同对行为。

其次，本案不存在共同的主观不法。从二人都有伤害被害人的行为来看，二人主观上都有伤害的故意。但是，都是出于各自的故意心态，而实施了各自的伤害行为。成立共同犯罪，需要各行为人在主观上有意思联络，但是，本案中，二被告人在事前没有进行过预谋和分工，在事中更没有沟通，二人都是在互不知情之下，先后独自实施了自己的行为，相互之间根本没有任何配合。显然，二被告人并无共同犯罪的意思联络，当然就没有共同的主观不法。

所以，对于二被告人的行为，只能分别评价。先来看被告人乌某某某的行为。在晚上，艾某某硬逼乌某某某喝酒，违背了乌某某某戒酒的誓言。为了发泄愤恨和不满，乌某某某先抓住艾某某的头往墙上撞，并用铁夹子、铁锨等器物殴打艾某某，艾某某被打得瘫倒在地。结合法医鉴定意见，对照乌某某某所用的工具和击打的部位、力度、时间长短，能够得出艾某某致死的主要原因，是被告人乌某某某殴打所致。

再来看被告人吐某某的行为。艾某某酒后拿鸡腿让吐某某吃，引起吐某某不满，遂对艾某某拳打脚踢。第二天早晨，吐某某对躺在床上的艾某某踹了一脚。被告人吐某某第一次殴打艾某某，从实际情况来看，并没有对艾某某的身体造成多大伤害,因为,在当晚,艾某某又继续与乌某某某一起喝酒。吐某某第二次用脚踹的行为,也没有证据证实该行为造成了艾某某的死亡,从法医鉴定意见来看,醉酒与遭受钝器打击,是被害人艾某某死亡的原因。所以,现有证据,不能证明吐某某的行为与艾某某死亡结果之间具有刑法上的因果关系。

案例 7-2　郭某某等抢劫案[①]
——认识到同案犯有"过限行为",对结果仍应负责

一　事实

某日晚,郭某某、王某、李某某和陈某某在上海一家招待所内合谋,欲行抢劫。王某、李某某各携带一把尖刀。陈某某提出,其认识一名中年男子赵某,身边带有1000多元现金,可供抢劫,诸人均表示赞成。四名被告人当晚商定,用陈某某一张假身份证另租旅馆,然后由陈某某以同乡名义,将赵某诱至旅馆,采用尼龙绳捆绑、封箱胶带封嘴手段实施抢劫。次日上午,郭某某、王某、李某某和陈某某到某旅馆开了一间房,购买了作案工具。陈某某按预谋找赵某,其余三人留在房间内。稍后,赵某随陈某某来到旅馆房间,王某掏出尖刀威胁赵某,不许赵某反抗,李某某、郭某某对赵某捆绑、封嘴,从赵身上劫得人民币50元和一块旅馆财物寄存牌。李某某和陈某某持该寄存牌取财,郭某某、王某负责看管赵某。李某某、陈某某离开后,赵某挣脱捆绑欲逃跑,被郭某某、王某发觉。郭某某抱住赵某,王某用尖刀朝赵某的胸部等处连刺数刀,后郭某某接过尖刀也刺赵某数刀。赵某被制服,郭某某、王某再次捆绑住赵某。李某某、陈某某因没有赵某的身份证,取财不成,返回旅馆,得知赵某因大失血死亡,拿赵某的身份证,再次前去取财,仍未得逞。四被告人遂一起逃逸。

上海市第二中级人民法院认为,被告人郭某某、王某、李某某和陈某某强行劫取财物,致一人死亡,均构成抢劫罪。

一审宣判后,被告人郭某某、王某不服,提出上诉。被告人陈某某、

[①] 最高人民法院刑事审判第一、二、三、四、五庭:《中国刑事审判指导案例1(刑法总则)》,法律出版社2017年版,第115—118页。

李某某服判，未上诉。

上海市高级人民法院裁定驳回上诉，维持原判。

二　判旨

共同犯罪人虽未实施杀人行为，但在主观认识范围内，对其他共同犯罪人致被害人死亡后果有认知，也应对死亡后果负责。

三　法条

《刑法》

第二十五条　共同犯罪是指二人以上共同故意犯罪。

二人以上共同过失犯罪，不以共同犯罪论处；应当负刑事责任的，按照他们所犯的罪分别处罚。

第二百六十三条　以暴力、胁迫或者其他方法抢劫公私财物的，处三年以上十年以下有期徒刑，并处罚金；有下列情形之一的，处十年以上有期徒刑、无期徒刑或者死刑，并处罚金或者没收财产：

（一）入户抢劫的；
（二）在公共交通工具上抢劫的；
（三）抢劫银行或者其他金融机构的；
（四）多次抢劫或者抢劫数额巨大的；
（五）抢劫致人重伤、死亡的；
（六）冒充军警人员抢劫的；
（七）持枪抢劫的；
（八）抢劫军用物资或者抢险、救灾、救济物资的。

《最高人民法院关于抢劫过程中故意杀人案件如何定罪问题的批复》（法释〔2001〕16号）

上海市高级人民法院：

你院沪高法〔2000〕117号《关于抢劫过程中故意杀人案件定性问题的请示》收悉。经研究，答复如下：

行为人为劫取财物而预谋故意杀人，或者在劫取财物过程中，为制服被害人反抗而故意杀人的，以抢劫罪定罪处罚。

行为人实施抢劫后,为灭口而故意杀人的,以抢劫罪和故意杀人罪定罪,实行数罪并罚。

四 评释

本案的争议问题是,在抢劫共同犯罪中,部分行为人致人重伤、死亡后果,未在现场的其余行为人,对此应否负责?

被告人郭某某、王某的行为,是抢劫致人死亡,没有疑问。但被告人李某某、陈某某对致人死亡应否承担刑事责任,则存在较大争议。否定说认为,郭某某等四人在共谋中,仅约定了采取较轻的暴力手段(尼龙绳捆绑、胶带封嘴)实施抢劫行为,但是,并没有商量到在被害人反抗时,应采取何种措施对付,更没有商量到要对被害人行凶的程度。被害人死亡后果,完全超出了四被告人事先预谋的范围。郭某某、王某持刀行凶,超出了不在场的李某某、陈某某的共同故意范围,是实行过限,应由郭某某、王某自己承担刑事责任。肯定说认为,郭某某、王某持刀加害被害人,并没有超出李某某、陈某某的认识范围,郭某某、王某不是实行过限,故而,李某某、陈某某二被告人也应该承担抢劫致人死亡的刑事责任。

所以,被告人李某某、陈某某是否应对被害人死亡后果负责,关键在于郭某某、王某持刀加害被害人,是否为共同犯罪中的实行过限。

共同犯罪中,实行过限,是指部分行为人实施了超出共同犯罪行为之外的行为,其他未参与过限行为的共同犯罪人对过限行为导致的结果,不承担刑事责任。

共同犯罪人之所以对实行过限不负责任,是因为:(1)过限行为独立于共同犯罪行为之外。过限行为与共同犯罪行为是两个不同的行为,应当分别受到刑法评价。(2)过限行为超越了共同犯罪意思联络,属于共同犯罪意思之外的行为。在非共同犯罪意思之内,对于实行过限行为所导致的结果,由实行过限之人负责。

具体到抢劫罪中,由于抢劫罪中的暴力,是最狭义的暴力,在劫取财物时,暴力行为内在地具有造成人身伤害、死亡后果的特质,对于暴力行为所造成的人身伤亡,无论自己是否实施暴力行为,所有的共同犯罪人,都应当承担刑事责任。既然抢劫罪中的暴力行为不是独立的另一个行为,且内在包含了严重后果,所以,不具备适用实行过限的前提条件。抽象来看，这一判断似乎没有问题。但是，具体实务中发生的案件，形形色色，比如，五名行为人用徒手将被害人制服后，被害人表示愿意合作。后来留下三人看管，其他两人在交代了"好好提防，不要出事"之后，出去吃饭。后被害人打算逃走，被其中一人用屋内椅子砸中头部，后死亡。此时，将被害人的死亡也算到不在场的两人的头上，可能值得推敲。此外，也不能绝对否定有的共同犯罪就有"只劫财，不伤人"的铁律，或者只采取胁迫的方式，"能唬住，就唬住；唬不住，放他走"，诸如此类的情形下，如果其中有个别人实行过限，造成被害人伤亡，其他人是否要对死亡结果负责，也不是没有刻意讨论之处。所以，原则上，抢劫罪中不存在实行过限，但是，例外的情形，也是存在的。在主观上，否定抢劫罪中的实行过限也可能有以下理由：即使部分行为人不希望使用暴力，但是，这些行为人对其他共同犯罪人可能使用暴力，应当有预见，只要这些行为人没有强烈表示反对并予以有效制止，就是认可暴力的，数行为人之间在主观上就存在默示的意思联络，所以，要求抢劫犯罪中，对其他共同犯罪人使用暴力造成伤亡后果，未实施暴力行为的共同犯罪人，应当承担责任，也是没有问题的。通常情况下，这个结论是成立的。但是，也不能绝对化。

　　本书认为，对于抢劫罪的共同犯罪之中，是否存在实行过限，不能绝对予以否定。从结果加重犯的角度，也能对此进行补充性论证。

　　结果加重犯是一种特殊形态的结果犯。因为加重结果出现，通常在刑罚上（法定刑）要重于基本犯。在理论上，结果加重犯的基本犯是故意犯，加重结果是过失犯，是经常被讨论的。故意伤害致死是典型的结果加重犯。结果加重犯的共同犯罪中，对于基本行为，各行为人是故意，但是对于加重结果，则是过失。既然各行为人对于加重结果是过失，就欠缺意思联络，所以，对于加重结果这一部分，就可能不成立共同犯罪，只能根据各个行为人自己的行为状况，分别考察各行为人对于结果是否具有预见可能性，如果具有预见可能性，就对加重结果负责，如果没有预见可能性，就不负责。判断是否具有预见可能性，需要结合共同犯罪行为人所采取的行为手段、采用的工具、行为人的个体情况等进行具体判断。

　　在本案中，按照原来的计划，在抢劫被害人时，四被告人预谋约定的犯罪方法，是采用尼龙绳捆绑、用胶带封嘴的暴力手段，这种预谋的手段，确实在致人死亡方面，是小风险的。但是，王某、李某某在抢劫准备活动中,又各自带了一把尖刀,对此,四被告人都是知情并且没有表示反对,所以,可以得出,在主观上,对于郭某某、王某在抢劫过程中可能使用尖刀伤害被害人,李某某、陈某某是有认识的,具备预见可能性。再则,在抢劫行为实施的过程中,用绳子捆绑被害人、用胶条封嘴之后,王某还拿出尖刀对被害人赵某进行了威胁,当时,李某某、陈某某在场目睹了整个过程,也没有明确表示反对并予以制止,所以,在本案中,不存在实行过限,李某某、陈某某对被害人死亡后果也应当负责。所以,法院的裁判理由及结论是妥当的。

案例 7-3 侯某某、匡某某、何某某抢劫案[1]
——事先明知他人抢劫,事中参与的,构成抢劫罪

一 事实

被告人侯某某原曾在无锡个体卖肉摊(摊主周某某)上打过工。2005 年 5 月,侯某某碰到匡某某等人,在谈到如何出去搞钱时,侯某某提出无锡的老板有钱,可以带他们去。5 月下旬,侯某某带匡某某一起到周某某家肉摊上打工,伺机动手。5 月底,经周某某同意,侯某某、匡某某二人住进了被害人夫妇租住的套房,并与同住一室的被告人何某某相识。侯某某、匡某某商议,认为何某某与自己同住,最好拉何入伙,共同抢劫老板。后侯某某、匡某某二人分别对何某某讲,老板对伙计很抠,每天营业额巨大,不如把老板绑起来把钱抢走,要何某某一起参加。何某某认为这样不值得。后侯某某、匡某某继续做何某某的工作,何某某表示:侯某某、匡某某干的事与己无关,最多自己不去报警。6 月 8 日,侯某某、匡某某、何某某三人中午下班回到住处。老板这几日回老家办事,侯某某、匡某某二人认为时机已到,商量对老板娘动手。何某某听后离开,晚上 8 点左右回住处。侯某某、匡某某二人因老板娘当日下午出去有事而未及下手。次日中午,侯某某、匡某某、何某某三人下班回到住处后,侯某某、匡某某二人认为再不动手,就来不及了。午饭后,匡某某拿剔骨

---

[1] 最高人民法院刑事审判第一、二、三、四、五庭:《中国刑事审判指导案例 1(刑法总则)》,法律出版社 2017 年版,第 139—145 页。

刀，准备动手。侯某某在卫生间以窗帘拉不下为由，诱使老板娘（俞某某）走到卫生间门口，匡某某乘机从身后持刀架在俞某某的脖子上，并说："不要动，把钱拿出来"。俞某某大声呼救、反抗，为阻止俞某某呼救，侯某某捂住俞某某的嘴，并将俞某某扑翻在地，后坐在俞某某身上，继续捂嘴并卡住俞某某的喉咙。匡某某用胶带纸捆绑俞某某双腿未果，俞某某仍大声呼救反抗。匡某某持剔骨刀对俞某某胸腹部、背部等处刺戳数刀。侯某某用被子捂住俞某某头部。俞某某当场死亡。何某某听到打斗声渐小后走出房门，问侯某某、匡某某二人："你们把老板娘搞死了？"匡某某叫何某某一起到俞某某房间找钱。三人共找出人民币1000余元。后匡某某叫何某某一起将被害人俞某某的尸体拖拽了一下，三被告人分别将衣服换掉后，携带赃款逃出被害人家。

无锡市中级人民法院认为，被告人侯某某、匡某某、何某某以非法占有为目的，共同抢劫他人财物，并致一人死亡，其行为均已构成抢劫罪。

一审宣判后，侯某某不服，提出上诉。

江苏省高级人民法院二审判决维持对原审被告人匡某某的判决，撤销对原审被告人侯某某、何某某的判决部分并改判。

二 判旨

事先无通谋，但明知他人抢劫，在他人暴力行为致被害人死亡之后，行为人参与共同获取财物的，应以抢劫罪共犯论处，适用一般抢劫罪的规定量刑。

三 法条

《刑法》

第二十五条 共同犯罪是指二人以上共同故意犯罪。

二人以上共同过失犯罪，不以共同犯罪论处；应当负刑事责任的，按照他们所犯的罪分别处罚。

第二百六十三条 以暴力、胁迫或者其他方法抢劫公私财物的，处三年以上十年以下有期徒刑，并处罚金；有下列情形之一的，处十年以上有期徒刑、无期徒刑或者死刑，并处罚金或者没收财产：

（一）入户抢劫的；

（二）在公共交通工具上抢劫的；

（三）抢劫银行或者其他金融机构的；

（四）多次抢劫或者抢劫数额巨大的；

（五）抢劫致人重伤、死亡的；

（六）冒充军警人员抢劫的；

（七）持枪抢劫的；

（八）抢劫军用物资或者抢险、救灾、救济物资的。

《最高人民法院关于抢劫过程中故意杀人案件如何定罪问题的批复》（法释〔2001〕16号）

上海市高级人民法院：

你院沪高法〔2000〕117号《关于抢劫过程中故意杀人案件定性问题的请示》收悉。经研究，答复如下：

行为人为劫取财物而预谋故意杀人，或者在劫取财物过程中，为制服被害人反抗而故意杀人的，以抢劫罪定罪处罚。

行为人实施抢劫后，为灭口而故意杀人的，以抢劫罪和故意杀人罪定罪，实行数罪并罚。

四 评释

本案的核心问题是：

1. 事先无通谋，但明知他人抢劫，在他人暴力行为致被害人死亡之后，行为人参与共同获取财物的，如何定性？

2. 上述行为如定抢劫罪，事先无通谋的行为人对被害人死亡结果应否负责？

侯某某、匡某某的行为，构成抢劫罪（致人死亡），但是，对于何某某的行为，如何定性处理，则需要仔细研究。

无锡市中级人民法院一审认定何某某的行为构成抢劫罪，并且要对被害人的死亡负责。江苏省高级人民法院二审认为何某某的行为构成抢劫罪，但对被害人的死亡不负责，主要理由是：（1）侯某某、匡某某二人多次拉拢何某某共同抢劫，但是，何某某并未明确或者默示地允诺，而且还有躲避侯某某、匡某某二人的行为；（2）抢劫行为实施前，在侯某某、匡某某商量马上动手时，何某某知情，但并未表态应允，并接受分工;(3)在被害人死亡后,何某某应要求参与了翻找财物的行为。因此,没有证据证明何某某与侯某某、匡某某就如何抢劫进行预谋,并共同致被害人俞某某死亡。现有证据能够证明的是,何某某在明知侯某某、匡某某实施抢劫行为,并且已经杀死了被害人俞某某,应匡某某的要求,参与到嗣后共同非法占有被害人财物的行为,属于抢劫罪的帮助行为。

但是,对于被告人何某某如何定罪,法院内部也有两种分歧意见。(1)定盗窃罪。理由是:被害人丧失反抗能力,是他人在先所实施的暴力行为所致,后行为人没有实施暴力,只是参与他人实施侵犯被害人财产权的行为,因事先无通谋,并且,针对被害人的伤亡,行为人并无客观行为和主观故意,因此,行为人事后参与侵害财产的行为,在法的评价上,应与他人不同。何某某事先并未表示同意参与抢劫。在侯某某、匡某某对被害人俞某某实施暴力至死亡前,何某某没有任何帮助行为。俞某某死亡后,何某某参与搜取财物,属秘密窃取,应以盗窃罪定罪。(2)抢劫罪的共同犯罪。理由是:在俞某某死亡,暴力行为结束后,侯某某、匡某某的行为,属于抢劫犯罪行为的延续,何某某明知侯某某、匡某某的行为是抢劫,而参与搜取财物的后续行为,应该属于事中共犯,构成抢劫罪的共同犯罪。

对于被告人何某某的行为如何定性处理,与承继(相续)的共同犯罪理论有关。承继的共犯,是指前行为人实施了部分行为,后行为人以共同实行的意思,参与犯罪实行的情况。犯罪可以分为即成犯、继续犯和状态犯。即成犯一旦既遂,就不可能存在承继的共犯。继续犯则不同,即便既遂,也有承继的共犯的成立可能。状态犯中,可存在承继的共犯,但只能在犯罪既遂之前。对于承继的行为的性质如何确定,实际上就是在解决如下问题:后行为人故意参与部分行为,能否就行为人实施的所有犯罪成立共同犯罪?原则上,后行为人参与的行为性质与前行为人的行为性质相同。因为,先行为所产生的效果在持续,后行为人利用这一状态的,就应当对所利用的状态负责,而对前行为人的行为所产生的实害结果不必负责。但是,在结合犯的场合,后行为人仅成立后一犯罪。至于是共同正犯还是帮助犯,根据具体情况具体对待,判断其是否正犯性地支配了犯罪结果的发生。

再来看何某某的行为,在侯、匡二人杀死被害人之后,被害人的反抗已经被压制住的效果在持续,在事先无通谋的情况下,何某某应要求参与到搜寻被害人财物的行为,属于利用了被害人被压制住这一状态,而实施了此后的犯罪行为。因此,在对状态负责的情况下,移转财物的行为,属于抢劫罪,二审法院认定何某某的行为属于抢劫罪的帮助犯,这一结论是妥当的。

在对何某某行为定性为抢劫罪对情况下,对于被害人死亡的结果,何某某是否负责,一审法院作出了肯定回答,二审法院则持否定意见。可以肯定的是,在事先没有参与谋划,在侯某某、匡某某二人实施杀害被害人俞某某的行为之时,何某某并没有参与,没有任何加功行为,因此,对于被害人死亡,不构成共同犯罪。再来按照前述承继的共同犯罪原理进行论证,先行为人的行为所产生的效果在持续,后行为人利用这一状态的,就应当对所利用的状态负责,而对前行为人的行为所产生的结果不必负责。因此,本案中,被害人死亡的效果和状态是被害人的反抗被压制住了,对于这一状态,何某某要负责,但是,被害人死亡,又是侯、匡二人杀人行为所产生的结果,对于这一结果,按照承继的共同犯罪理论,承继者何某某是不用负责的。所以,二审法院的结论,是妥当的。

案例 7-4 龙某某、吴某某故意杀人、抢劫案[①]
——共同正犯中作用大小的判断

一 事实

某月 28 日 22 时许,龙某某、吴某某经预谋,携带匕首、塑料胶带、尼龙绳等作案工具,租乘被害人李某出租车至某公路边时,持匕首戳刺李某,劫得现金 100 余元和手机 1 部。后在一树林里,二人分别在李某颈、胸、背部连捅数十刀,致李某当场死亡。同月 24 日 22 时 30 分许,龙某某、吴某某经预谋,携带水果刀、塑料胶带等工具,租乘被害人保某某出租车至某招待所门口,持刀威胁并用塑料胶带捆绑保某某,劫得现金 420 元、小灵通手机 1 部、银行卡 2 张,并逼迫保某某说出银行卡密码,后将

[①] 最高人民法院刑事审判第一、二、三、四、五庭:《中国刑事审判指导案例 1(刑法总则)》,法律出版社 2017 年版,第 149—152 页。

保某某捆绑，抛弃在一个废弃的防空洞内。二人将车丢弃，从保某某银行卡上取走 1800 元。

红河哈尼族彝族自治州中级人民法院认为，被告人龙某某、吴某某的行为均构成抢劫罪和故意杀人罪。

一审宣判后，被告人龙某某、吴某某提出上诉。

云南省高级人民法院裁定驳回上诉，维持原判。

最高人民法院复核认为，被告人龙某某、吴某某的行为均构成抢劫罪、故意杀人罪。在共同犯罪中，龙某某作用相对较大。吴某某作用相对较小。

二　判旨

在共同犯罪中，应综合考虑各被告人的具体作用，各自的主观恶性、人身危险性等因素，最终确定罪责的大小。

三　法条

《刑法》

第二十五条　共同犯罪是指二人以上共同故意犯罪。

二人以上共同过失犯罪，不以共同犯罪论处；应当负刑事责任的，按照他们所犯的罪分别处罚。

第二百三十二条　故意杀人的，处死刑、无期徒刑或者十年以上有期徒刑；情节较轻的，处三年以上十年以下有期徒刑。

第二百六十三条　以暴力、胁迫或者其他方法抢劫公私财物的，处三年以上十年以下有期徒刑，并处罚金；有下列情形之一的，处十年以上有期徒刑、无期徒刑或者死刑，并处罚金或者没收财产：

（一）入户抢劫的；

（二）在公共交通工具上抢劫的；

（三）抢劫银行或者其他金融机构的；

（四）多次抢劫或者抢劫数额巨大的；

（五）抢劫致人重伤、死亡的；

（六）冒充军警人员抢劫的；

（七）持枪抢劫的；

（八）抢劫军用物资或者抢险、救灾、救济物资的。

《最高人民法院关于抢劫过程中故意杀人案件如何定罪问题的批复》（法释〔2001〕16号）

上海市高级人民法院：

你院沪高法〔2000〕117号《关于抢劫过程中故意杀人案件定性问题的请示》收悉。经研究，答复如下：

行为人为劫取财物而预谋故意杀人，或者在劫取财物过程中，为制服被害人反抗而故意杀人的，以抢劫罪定罪处罚。

行为人实施抢劫后，为灭口而故意杀人的，以抢劫罪和故意杀人罪定罪，实行数罪并罚。

四 评释

本案的核心问题是：共同抢劫杀人，均为主犯，如何准确区分各自的刑事责任？

在共同犯罪中，将主从犯予以准确区分，则各人罪责大小的确定并不困难。但是，如果各行为人均系主犯，如何进一步准确区分各自的罪责，便相对棘手。在有的抢劫杀人处理上，由于对主犯罪责区分困难，司法实践中对所有主犯均判处死刑，是较为常见的做法。然而，这是不妥当的。

本案中，龙某某、吴某某共同抢劫杀人致一人死亡，表面看来，两人的地位、作用几乎相当。但是，无论考虑刑事政策，还是贯彻罪刑相适应，本案依然需要进一步区分二人罪责大小。应综合考虑以下因素，进行区分：（1）在共同犯罪中，各行为人的具体作用。（2）各行为人的主观恶性。（3）各行为人身危险性。如果这些因素基本相差无几，则需要将眼光放远一些，考察在犯罪预备阶段的具体情况，围绕以下几点进行判断：（1）何人提起犯意。（2）犯罪对象如何选择。（3）犯罪工具如何准备。原则上，提起犯意者的作用相对较大。因为，实践中常见的是：在犯罪实行过程中，预谋过程中提起犯意者，在犯罪的实施过程中，往往相对积极，且对共同犯罪有一定的控制力。

本案中，龙某某、吴某某均系主犯。但是，客观上，二人的作用还是有所区别的。考察犯罪预备阶段二人的作用，对于谁是抢劫杀人犯意的提起者，现有证据无法确定，而龙某某、吴某二人相互推诿，都指称对方是犯意的提出者，在无其他证据辅助补强相关证据的情况下，的确难以区分二人在犯罪预备阶段的具体作用。但是，仔细考察犯罪实行阶段中二人的行为，不难发现，两次作案中，龙某某、吴某某二人的具体行为，并不完全一样。在第一次作案中，针对被害人李某，龙某某、吴某某都实施了暴力行为，也共同实施了杀人行为，但是，首先捅刺被害人的是被告人龙某某，龙某某的行为，有效地压制了被害人反抗，为抢劫罪的完成创造了极为有利的条件，同时，该行为也为故意杀人罪的实施奠定了基础。因此，在针对被害人李某的这次犯罪中，能够得出龙某某的作用要大于吴某某。在第二次作案中，龙某某、吴某某按照事先分工，一起持刀胁迫被害人保某某，并将被害人捆绑，后抛弃于山洞内，综合考察，二人的作用大体相当。将前后两起案件进行综合考虑，能够得出在犯罪过程中，相对而言，龙某某的作用要大于吴某某。再来考察犯罪后续阶段，大部分罪证是龙某某丢弃、毁灭的，并且，龙某某占有赃物相对较多，将这些事实与前面的事实综合在一起进行考察，能够认定龙某某在犯罪过程中，所起到的作用要大于吴某某。综上，最高人民法院复核意见认为龙某某的罪责大于吴某某，这是妥当的。

案例 7-5　王某某、韩某、王某央故意伤害案[①]
——事先未明确禁止，对同案犯"实行过限"仍应负责

一　事实

2003 年，王某某与逄某某分别承包了本村沙地售沙。因逄某某卖沙价格较低，王某某认为逄某某影响了自己沙地经营，即预谋找人来教训逄某某。同年 10 月 8 日 16 时许，王某某得知逄某某与妻子在地里干活，即纠集了韩某、王某央及崔某某、肖某某、冯某某等人。王某某将准备好的 4 根铁管分给王某央等人，并指认了逄某某。韩某、王某央与崔某某、肖

[①] 最高人民法院刑事审判第一、二、三、四、五庭：《中国刑事审判指导案例 2（危害国家安全罪·危害公共安全罪·侵犯公民人身权利、民主权利罪）》，法律出版社 2017 年版，第 549—551 页。

某某、冯某某等人即冲入田地殴打被害人逄某某。其间，韩某掏出尖刀捅刺逄某某腿部数刀，致其失血性休克死亡。王某央见此情形并未制止，后与韩某等人一起逃离现场。

山东省青岛市中级人民法院认为，被告人王某某、韩某、王某央等人的行为均构成故意伤害（致人死亡）罪。

一审宣判后，公诉机关未抗诉，各被告人亦未上诉。

二　判旨

共同犯罪中，事先没有明确禁止使用致命器具，在实施伤害行为时，只要有人使用刀具伤害或者杀人的，其他给他行为人未予以制止，所有被告人均应对被害人的伤亡后果负责。

三　法条

《刑法》

第二十五条　共同犯罪是指二人以上共同故意犯罪。

二人以上共同过失犯罪，不以共同犯罪论处；应当负刑事责任的，按照他们所犯的罪分别处罚。

第二百三十四条　故意伤害他人身体的，处三年以下有期徒刑、拘役或者管制。

犯前款罪，致人重伤的，处三年以上十年以下有期徒刑；致人死亡或者以特别残忍手段致人重伤造成严重残疾的，处十年以上有期徒刑、无期徒刑或者死刑。本法另有规定的，依照规定。

四　评释

本案的焦点问题是：共同故意伤害中，如何判定个别行为是否属于实行过限行为？

被告人王某某及辩护人辩称，韩某持刀捅伤被害人致其死亡，属于实行过限。王某某只是想教训逄某某，对过限部分，不承担刑事责任。

共同犯罪中，一旦认定存在实行过限，就意味着对于最终发生的结果，由实行过限的行为人负责，而其他共同犯罪人则毋庸负责。共同正犯和狭义共犯等不同的犯罪参与形式，对于实行过限的判定原则，有所不同。本案中，王某某是教唆犯，韩某、王某央是共同正犯。所以，这就涉及教唆犯和共同正犯两种情形下，关于实行过限的判定问题。

教唆犯是犯意发起者，被教唆人是否严格将自己的行为局限于教唆者划定的教唆范围之内，是判定实行行为过限所要坚持的基本原则。在教唆内容较为确定时，对于是否存在实行过限，容易判断。但是，倘若教唆内容相对较为概括，则确定是否存在实行过限，就较为困难。对于使用诸如"收拾一顿""弄他""教训"这种盖然性的教唆，则无论轻伤抑或重伤结果，甚至发生被害人死亡，均可在教唆犯的犯意之中。因此，只要最终结果，并没有明显超出教唆范围，都不是实行过限。

如果具体的实行行为明显超出了教唆内容，就存在实行过限的问题。对于教唆故意范围，要围绕以下要素进行判断：（1）教唆内容是否明确。（2）教唆者是否正面明确要求用什么犯罪手段。（3）教唆者明确要求要达到什么后果。如明确要求要不要使用刀具、要不要击打被害人致命部位等。如果根据这些要素，能够得出明确的教唆内容，就可以以教唆内容作为标准，来具体判断实行行为是否过限。否则，就不宜认定为实行过限。

在共同正犯的情形下，判定实行过限的基本原则和方法，主要就是看对个别行为人的"过限行为"，其他共同犯罪人是否知情。如果知情或者有知情的可能性，就不存在实行过限。如果根本不知情，则能够得出存在实行过限的结论。如果其他实行犯知情，且为了防止严重结果，采取了明确、有效的制止行为，但是，该人拒绝同案犯的劝阻，依然决意实施共同预谋之外的行为，追求共同预谋之外的结果，对于其他共同犯罪人而言，对过限的部分，毋庸负责。否则，就不存在实行过限的问题。

本案中，王某某预谋找人"教训"逄某某，让逄某某老老实实。至于怎么教训，教训到什么程度，王某某并没有对韩某、王某央发出明确指令、提出明确要求，同时，在事前，王某某也没有明确禁止使用什么手段，对被害人逄某某的教训，要达到什么程度等提出要求。王某某的教唆，属于盖然性教唆。按照前文的判断方法，韩某的行为就不属于实行过限，作为共同犯罪人，王某某应对逄某某的死亡承担刑事责任。此外，在韩某持刀捅刺逄某某之时，尽管这是韩某个人临时起意而为，王某央对此亲眼所见，但是，却并未采取措施予以及时、有效的制止，所以，韩某的行为，相对于王某央，也不是实行过限。

第八章 竞合论的判例

刑法竞合论，是衔接犯罪论与刑罚论的桥梁。作为规定犯罪行为及其法律效果的法律，刑法要解决两个问题：(1) 确定行为人的行为是否构成犯罪。(2) 对构成犯罪的行为应当予以何种法上的效果的问题。前者是犯罪论所要讨论的问题，后者是刑罚论所要讨论的问题。如何将两者有机衔接，则是刑法竞合论所关注的内容。

对那些非常明显的"一个"犯罪行为，如行为人刺被害人一刀，被害人因此死亡或者受伤，也就是行为人的行为属于"一个且一次"的场合，不会发生"竞合"的问题。而如果行为人的所为，在该当"数个不同或/及数次相同"的构成要件之时，就出现了刑法中的竞合问题。

犯罪竞合论的任务，就是要对犯罪行为，作出充分的评价，既不过度，也不重复。这是指导竞合论的"帝王条款"。"充分而不过度"的评价要求，是宪法比例原则在刑法中的具体体现。

行为的单、复数，是刑法竞合论的逻辑起点，也是第一重心所在。如果是一行为，就需要讨论是想象竞合还是法条竞合。如果是多行为的犯罪竞合，就需要讨论的是共罚的事前或者事后行为，以及真正数罪的问题。

一行为的犯罪竞合，有形式竞合和实质竞合。前者是法条竞合，后者是想象竞合。

法条竞合是指一个行为同时符合刑法分则数个法律条文，但在裁判上只能适用某一法条，排斥其他法条适用的情形。考察我国《刑法》的规定，法条竞合有特别关系、补充关系、吸收关系、择一关系和包容关系这几种类型。① 在这几种类型中，择一关系与大陆法系刑法中的择一关系有

---

① 法条竞合中的特别关系，是指一个行为同时符合一般法条和相关的特别法条，属于普通法条与特别法条的竞合。比如重婚罪与破坏军婚罪。补充关系主要是辅助法条与基本法条的关系。在刑法规范中，某些规范设立的目的就在于当其他刑法规范不能适用时，予以（转下页）

所不同，而包容关系则属于我国《刑法》中特有的法条竞合类型。法条竞合的适用原理是"特别法条优先"。

想象竞合，就是指一行为导致数结果，符合数罪名的情况。这里的数罪名，既可以是同种罪名，也可以是异种罪名。想象竞合的适用原理是"重法优于轻法"。

多行为的犯罪竞合，包括形式竞合和实质竞合。

多行为的形式竞合，就是共罚的事前、事后行为。共罚的事前行为，是指在某一重罪行为之前，有轻罪行为或者预备行为，只按照重罪定罪处罚，对之前的轻罪行为或者预备行为不再单独定罪处罚。共罚的事后行为，是指某些犯罪既遂之后，又会实施一些伴随的行为，比如盗窃行为既遂后，行为人将被盗物品予以藏匿（即掩饰隐瞒犯罪所得），后行为视为共罚的事后行为。对于共罚的事后行为，不再单独定罪。

多行为的实质竞合，就是数罪。包括同种数罪和非同种数罪。

案例 8-1　李某某招摇撞骗、诈骗案[①]
——招摇撞骗罪与诈骗罪的竞合

一　事实

1999 年 4 月，李某某经人介绍认识了郭某某（女），李某某谎称自己是陕西省法院处级审判员，可帮郭某某的两个儿子安排工作，骗取了郭某某的信任，两人非法同居几个月。其间，李某某身着法官制服，将郭某某

（接上页）补充性地加以适用。比如，妨害信用卡管理秩序罪与信用卡诈骗罪。吸收关系，是指一个刑法条文的犯罪构成内容超过其他刑法条文的时候，即存在吸收关系，后者为前者所吸收，因此前者的适用就排除后者的适用。两种类型：（1）行为形态的吸收：既遂吸收未遂、预备。（2）参与上的吸收：正犯行为吸收（狭义的）共犯行为。择一关系是指不同法条对构成要件的描述彼此矛盾、"誓不两立"，适用其中一个法条时，另外的法条就被排斥。这一关系是特别关系对立面。比如，非法拘禁罪和绑架罪。包容关系，是指某一刑法分则规定的甲罪（重罪）和乙罪（轻罪），并不存在规范意义上的普通法条和特别法条的关系。但是，甲罪的构成要件比乙罪的构成要件具有完全性时，完全法排斥、拒绝不完全法的适用。比如，绑架罪包容故意杀人罪、过失致人死亡罪，拐卖妇女罪与组织强迫卖淫罪包容强奸罪。

[①] 最高人民法院刑事审判第一、二、三、四、五庭：《中国刑事审判指导案例 5（妨害社会管理秩序罪）》，法律出版社 2017 年版，第 9—12 页。

带到公、检、法等机关，谎称办案，郭某某对李深信不疑。

1999年7月初，李某某认识了某法院干部的遗孀周某某，李某某谎称自己是陕西省法院刑庭庭长，因吸烟烧毁了法官制服，从周某某处骗取法官制服2件及肩章、帽徽。随后李某某认识了邵某某（女），自称是陕西省法院刑一庭庭长，与陕西省交通厅厅长关系密切，答应将邵某某的女儿调进交通厅，并以疏通为名，骗取了邵某某人民币4000元。

1999年8月，王某某（女）因问路结识了身着法官制服的李某某，李某某自称是陕西省法院刑一庭庭长，可帮王某某的表兄申诉经济案件，骗得王某某的信任，并与王某某非法同居。

1999年9月18日，李某某身着法官制服到某玉器交易中心，因躲雨与该中心经理郭某某闲聊，李某某自称是陕西省法院刑一庭庭长，骗得郭某某的信任，答应可帮郭某某的妹夫申诉经济案件，骗取了郭某某的玉枕一个、项链一条（价值共计240元）。

西安市碑林区人民检察院以被告李某某犯诈骗罪、招摇撞骗罪提起公诉。

其辩护人辩称，李某某的行为属法条竞合，只构成招摇撞骗罪一罪。

西安市碑林区人民法院认为，被告人李某某的行为构成招摇撞骗罪。

二 判旨

被告人李某某假冒国家机关工作人员的身份，构成招摇撞骗罪，骗取他人钱财，又触犯了诈骗罪，属法条竞合，应按照特别法优先原则处理。

三 法条

《刑法》

第二百六十六条 诈骗公私财物，数额较大的，处三年以下有期徒刑、拘役或者管制，并处或者单处罚金；数额巨大或者有其他严重情节的，处三年以上十年以下有期徒刑，并处罚金；数额特别巨大或者有其他特别严重情节的，处十年以上有期徒刑或者无期徒刑，并处罚金或者没收财产。本法另有规定的，依照规定。

第二百七十九条 冒充国家机关工作人员招摇撞骗的，处三年以下有期徒刑、拘役、管制或者剥夺政治权利；情节严重的，处三年以上十年以下有期徒刑。

冒充人民警察招摇撞骗的，依照前款的规定从重处罚。

《最高人民法院、最高人民检察院关于办理诈骗刑事案件具体应用法律若干问题的解释》（法释〔2011〕7号）

第一条　诈骗公私财物价值三千元至一万元以上、三万元至十万元以上、五十万元以上的，应当分别认定为刑法第二百六十六条规定的"数额较大"、"数额巨大"、"数额特别巨大"。

各省、自治区、直辖市高级人民法院、人民检察院可以结合本地区经济社会发展状况，在前款规定的数额幅度内，共同研究确定本地区执行的具体数额标准，报最高人民法院、最高人民检察院备案。

第八条　冒充国家机关工作人员进行诈骗，同时构成诈骗罪和招摇撞骗罪的，依照处罚较重的规定定罪处罚。

四　评释

本案的争议问题是：冒充国家机关工作人员骗取财物的同时又骗取其他非法利益的行为，如何定罪处罚？

对李某某的行为，有两种观点：（1）诈骗罪和招摇撞骗罪数罪并罚。（2）以招摇撞骗罪一罪处罚。

如何处理本案，涉及诈骗罪与敲诈勒索罪的法条竞合问题。

在犯罪手段上，招摇撞骗罪与诈骗罪都有"骗"的特点，但是，两罪在具体的行为特征上，并不相同。冒充国家机关工作人员所实施的招摇撞骗罪中的"骗"，是利用国家机关工作人员身份背后所代表的公信力，来骗取他人信任，使之陷入错误，从而以达到行骗目的。而诈骗罪中的"骗"，并非如此，行为人采取虚构事实、隐瞒真相的方式，使他人陷入错误而处分财物，从而达到非法占有财物的目的。招摇撞骗罪中，行为人的目的，可能众多，主要是获取某些非法利益，诸如爱情、职位、资格、荣誉等，也包括少量财物。诈骗罪则是骗取财物。这样，在骗取财物这一点，两罪存在重合部分。敲诈勒索罪与诈骗罪两罪在"骗"这样一种行为方式上有相似的地方，只不过，诈骗罪中的"骗"包括了所有可能的虚构事实、隐瞒真相的行为方式的情形，只要是能够使被骗人陷入错误的方式，都可为行为人所用。而招摇撞骗中的"骗"的行为范围相对较小，只包括冒充国家机关工作人员以骗取他人信任。这样看来,在"骗"这一行为方式上,两罪是法条竞合关系,诈骗罪是普通法条,招摇撞骗罪是特别法条,根据法条竞合原理,本案适用招摇撞骗罪定性,是妥当的。

需要注意的是,龙某某冒充国家机关工作人员多次行骗,行骗内容较为广泛,既骗财又骗色,还有其他非法利益,对此,就有如下主张:除财产外,其他行骗,属于招摇撞骗,而骗取财产的,是诈骗罪。故应当数罪并罚。这一观点存在问题。李某某连续对多人行骗,既骗财骗物,又骗色,这些行为对象和犯罪目的,均未超出招摇撞骗罪的行骗内容。并且就少量骗取财物的行为,与诈骗罪之间是法条竞合关系,适用招摇撞骗罪,所以,即便是数罪,也是同种数罪,在我国司法实践中,是不并罚的。需要注意的是,《最高人民法院、最高人民检察院关于办理诈骗刑事案件具体应用法律若干问题的解释》第8条规定:"冒充国家机关工作人员进行诈骗,同时构成诈骗罪和招摇撞骗罪的,依照处罚较重的规定定罪处罚。"这就意味着在骗取财物数额较大的情况下,有可能会按照诈骗罪来定性。

因此,对于本案,法院按照招摇撞骗罪一罪定罪处罚,是妥当的。

案例 8-2　冯某某破坏电力设备、盗窃案[①]
——盗割正在使用中的光铝线,构成破坏电力
设备罪与盗窃罪的想象竞合

一　事实

2002年11月至2003年2月,被告人冯某某多次伙同范某某、杨某某、王某某、王某、"羊羔子"等人,雇用康某某的面包车,在北京市、河北省等地,盗剪正在使用中的光铝线6700余米,造成直接经济损失2万余元。

2002年11月至2003年3月,冯某某于多次伙同范某某、杨某某、刘

[①] 最高人民法院刑事审判第一、二、三、四、五庭:《中国刑事审判指导案例2(危害国家安全罪·危害公共安全罪·侵犯公民人身权利、民主权利罪)》,法律出版社2017年版,第94—97页。

某、康某某、杨某强、王某等人，在北京市多地，盗窃电脑、变压器铜芯、铜板等物总价值 29 万余元。

北京市密云县人民法院认为，被告人冯某某的行为，构成破坏电力设备罪和盗窃罪。

一审宣判后，被告人冯某某提出上诉。

北京市第二中级人民法院裁定驳回上诉，维持原判。

二　判旨

盗割正在使用中的光铝线，构成破坏电力设备罪与盗窃罪的想象竞合，按照破坏电力设备罪处罚。

三　法条

《刑法》

第一百一十八条　破坏电力、燃气或者其他易燃易爆设备，危害公共安全，尚未造成严重后果的，处三年以上十年以下有期徒刑。

第一百一十九条　破坏交通工具、交通设施、电力设备、燃气设备、易燃易爆设备，造成严重后果的，处十年以上有期徒刑、无期徒刑或者死刑。

过失犯前款罪的，处三年以上七年以下有期徒刑；情节较轻的，处三年以下有期徒刑或者拘役。

第二百六十四条　盗窃公私财物，数额较大的，或者多次盗窃、入户盗窃、携带凶器盗窃、扒窃的，处三年以下有期徒刑、拘役或者管制，并处或者单处罚金；数额巨大或者有其他严重情节的，处三年以上十年以下有期徒刑，并处罚金；数额特别巨大或者有其他特别严重情节的，处十年以上有期徒刑或者无期徒刑，并处罚金或者没收财产。

《最高人民法院关于审理破坏电力设备刑事案件具体应用法律若干问题的解释》（法释〔2007〕15 号）

第一条　破坏电力设备，具有下列情形之一的，属于刑法第一百一十九条第一款规定的"造成严重后果"，以破坏电力设备罪判处十年以上有期徒刑、无期徒刑或者死刑：

（一）造成一人以上死亡、三人以上重伤或者十人以上轻伤的；

（二）造成一万以上用户电力供应中断六小时以上，致使生产、生活受到严重影响的；

（三）造成直接经济损失一百万元以上的；

（四）造成其他危害公共安全严重后果的。

第三条　盗窃电力设备，危害公共安全，但不构成盗窃罪的，以破坏电力设备罪定罪处罚；同时构成盗窃罪和破坏电力设备罪的，依照刑法处罚较重的规定定罪处罚。

盗窃电力设备，没有危及公共安全，但应当追究刑事责任的，可以根据案件的不同情况，按照盗窃罪等犯罪处理。

第四条　本解释所称电力设备，是指处于运行、应急等使用中的电力设备；已经通电使用，只是由于枯水季节或电力不足等原因暂停使用的电力设备；已经交付使用但尚未通电的电力设备。不包括尚未安装完毕，或者已经安装完毕但尚未交付使用的电力设备。

《最高人民法院、最高人民检察院关于办理盗窃刑事案件适用法律若干问题的解释》（法释〔2013〕8号）

第一条　盗窃公私财物价值一千元至三千元以上、三万元至十万元以上、三十万元至五十万元以上的，应当分别认定为刑法第二百六十四条规定的"数额较大"、"数额巨大"、"数额特别巨大"。

各省、自治区、直辖市高级人民法院、人民检察院可以根据本地区经济发展状况，并考虑社会治安状况，在前款规定的数额幅度内，确定本地区执行的具体数额标准，报最高人民法院、最高人民检察院批准。

在跨地区运行的公共交通工具上盗窃，盗窃地点无法查证的，盗窃数额是否达到"数额较大"、"数额巨大"、"数额特别巨大"，应当根据受理案件所在地省、自治区、直辖市高级人民法院、人民检察院确定的有关数额标准认定。

盗窃毒品等违禁品，应当按照盗窃罪处理的，根据情节轻重量刑。

第二条　盗窃公私财物，具有下列情形之一的，"数额较大"的标准可以按照前条规定标准的百分之五十确定：

（一）曾因盗窃受过刑事处罚的；

（二）一年内曾因盗窃受过行政处罚的；

（三）组织、控制未成年人盗窃的；

（四）自然灾害、事故灾害、社会安全事件等突发事件期间，在事件发生地盗窃的；

（五）盗窃残疾人、孤寡老人、丧失劳动能力人的财物的；

（六）在医院盗窃病人或者其亲友财物的；

（七）盗窃救灾、抢险、防汛、优抚、扶贫、移民、救济款物的；

（八）因盗窃造成严重后果的。

第六条　盗窃公私财物，具有本解释第二条第三项至第八项规定情形之一，或者入户盗窃、携带凶器盗窃，数额达到本解释第一条规定的"数额巨大"、"数额特别巨大"百分之五十的，可以分别认定为刑法第二百六十四条规定的"其他严重情节"或者"其他特别严重情节"。

四　评释

本案的争议问题是：盗割正在使用中的光铝线，应如何定罪？

冯某某等人的行为，既构成破坏电力设备罪，也满足了盗窃罪的构成要件，按照想象竞合犯，"择一重罪处罚"。但是，究竟破坏电力设备罪和盗窃罪哪一个是重罪，不能简单化处理，而应当结合犯罪的具体情节，分别对应不同犯罪的量刑幅度，哪一个罪的对应量刑较重，则该罪为"重罪"，就选择这一罪名定性。

根据《最高人民法院关于审理破坏电力设备刑事案件具体应用法律若干问题的解释》第1条，盗剪正在使用中的光铝线，符合《刑法》第118条破坏电力设备罪的规定，所对应的量刑幅度为"处3年以上10年以下有期徒刑"。同时，该行为也符合《刑法》第264条盗窃罪，根据《最高人民法院、最高人民检察院关于办理盗窃刑事案件适用法律若干问题的解释》第1条，属于"数额较大"，与第264条对应的法定量刑幅度为"处三年以下有期徒刑、拘役或者管制，并处或者单处罚金"。显然，按照想象竞合"从一重罪处断"，应当定破坏电力设备罪。

需要注意的是，就对应的情节，如果不同的罪名主刑的法定量刑幅度一样，比如，都为"3年以上10年以下"，此时，就需要看是否有附加刑，有附加刑的是重罪。如果附加刑一样，则对比两个罪整体的法定刑，然后得出妥当的结论。

这里需要对《最高人民法院关于审理破坏电力设备刑事案件具体应用法律若干问题的解释》第 3 条，稍加讨论。根据本条规定，如果盗窃电力设备，不构成盗窃罪，但是如果是正在使用的电力设备，就具有危害公共安全的特点，以破坏电力设备罪定罪处罚。如果盗窃电力设备，同时构成盗窃罪和破坏电力设备罪，就应当按照处罚较重的犯罪处理。如果盗窃电力设备，没有危害公共安全，应当追究刑事责任的，可以按照盗窃罪处理。

根据该司法解释，犯罪行为是否对公共安全造成威胁，在定罪量刑中，意义重大。如果盗割正在使用中的电力设备，比如高压输电线，通常情况下也会危害公共安全，当然，在检修中或者歇业期（比如冬天暂时不使用的用于水田浇灌的电力设备），尽管在客观上没有危害公共安全，但是，盗窃这些电力设备的，也属于破坏电力设备罪的对象。对于一般生活用电线路，要根据司法解释的规定和精神，视损害的范围及时间、是否造成了严重后果来确定。

案例 8-3　杨某某、马某某盗窃机动车号牌案[①]
——盗窃机动车号牌后敲诈钱财，构成
盗窃罪与敲诈勒索罪的竞合

一　事实

2008 年 3 月 16 日至 3 月 20 日，杨某某以盗取他人汽车号牌后敲诈钱财为目的，组织并伙同马某某及甄某、杜某某、冯某某、孔某某先后多次盗窃汽车号牌。其中，杨某某盗窃作案 13 起，窃得汽车号牌 14 副；马某某盗窃作案 7 起，窃得汽车号牌 8 副。被害人补办车牌所需的费用为人民币 105 元/副，杨某某盗窃机动车号牌补办费用共计人民币 1470 元，马某某盗窃机动车号牌补办费用共计人民币 840 元。

平江区人民法院认为，被告人杨某某、马某某的行为构成盗窃罪。

[①] 最高人民法院刑事审判第一、二、三、四、五庭：《中国刑事审判指导案例 4（侵犯财产罪）》，法律出版社 2017 年版，第 297—300 页。

二 判旨

盗窃机动车号牌后敲诈钱财,不能认定为盗窃国家机关证件罪,根据具体情况,可以盗窃罪定罪处罚。

三 法条

《刑法》

第二百六十四条 盗窃公私财物,数额较大的,或者多次盗窃、入户盗窃、携带凶器盗窃、扒窃的,处三年以下有期徒刑、拘役或者管制,并处或者单处罚金;数额巨大或者有其他严重情节的,处三年以上十年以下有期徒刑,并处罚金;数额特别巨大或者有其他特别严重情节的,处十年以上有期徒刑或者无期徒刑,并处罚金或者没收财产。

第二百七十四条 敲诈勒索公私财物,数额较大或者多次敲诈勒索的,处三年以下有期徒刑、拘役或者管制,并处或者单处罚金;数额巨大或者有其他严重情节的,处三年以上十年以下有期徒刑,并处罚金;数额特别巨大或者有其他特别严重情节的,处十年以上有期徒刑,并处罚金。

第二百八十条第一款 伪造、变造、买卖或者盗窃、抢夺、毁灭国家机关的公文、证件、印章的,处三年以下有期徒刑、拘役、管制或者剥夺政治权利,并处罚金;情节严重的,处三年以上十年以下有期徒刑,并处罚金。

《最高人民法院、最高人民检察院关于办理与盗窃、抢劫、诈骗、抢夺机动车相关刑事案件具体应用法律若干问题的解释》(法释〔2007〕11号)

第二条 伪造、变造、买卖机动车行驶证、登记证书,累计三本以上的,依照刑法第二百八十条第一款的规定,以伪造、变造、买卖国家机关证件罪定罪,处三年以下有期徒刑、拘役、管制或者剥夺政治权利。

伪造、变造、买卖机动车行驶证、登记证书,累计达到第一款规定数量标准五倍以上的,属于刑法第二百八十条第一款规定中的"情节严重",处三年以上十年以下有期徒刑。

《最高人民法院、最高人民检察院、公安部、国家工商行政管理局关于依法查处盗窃、抢劫机动车案件的规定》（公通字〔1998〕31号）

七、伪造、变造、买卖机动车牌证及机动车入户、过户、验证的有关证明文件的，依照《刑法》第二百八十条第一款的规定处罚。

《最高人民法院研究室〈关于伪造、变造、买卖民用机动车号牌行为能否以伪造、变造、买卖国家机关证件罪定罪处罚问题的请示〉的答复》（法研〔2009〕68号）

你院粤高法〔2009〕108号《关于伪造、变造、买卖民用机动车号牌行为能否以伪造、变造、买卖国家机关证件罪定罪处罚问题的请示》收悉。经研究，答复如下：

同意你院审委会讨论中的多数人意见，伪造、变造、买卖民用机动车号牌行为不能以伪造、变造、买卖国家机关证件罪定罪处罚。你院所请示问题的关键在于能否将机动车号牌认定为国家机关证件，从当前我国刑法的规定看，不能将机动车号牌认定为国家机关证件。

《最高人民法院研究室关于〈最高人民法院、最高人民检察院关于办理与盗窃、抢劫、诈骗、抢夺机动车相关刑事案件具体应用法律若干问题的解释〉有关规定如何适用问题的答复》（法研〔2014〕98号）

根据罪责刑相适应刑法基本原则，《最高人民法院、最高人民检察院关于办理与盗窃、抢劫、诈骗、抢夺机动车相关刑事案件具体应用法律若干问题的解释》第一条第二款中规定的"机动车五辆以上"，应当是指机动车数量在五辆以上，且价值总额接近五十万元。

四　评释

本案的争议问题是：盗窃机动车号牌，以勒索钱财，如何定性？

本案检察机关最先起诉的罪名是盗窃国家机关证件罪，后经补充侦查，变更起诉罪名，以盗窃罪提起公诉。人民法院认定被告人杨某某、马某某的行为构成盗窃罪。

综合考量本案被告人的行为，可能用于评价其行为的罪名有盗窃国家机关证件罪、盗窃罪和敲诈勒索罪。

首先，被告人杨某某等人的行为，不构成盗窃国家机关证件罪。因为，机动车号牌的性质，不是国家机关证件，所以，机动车号牌，不是本罪的行为对象。

国家机关证件是一种规范性凭证，制作主体为国家机关。作用是证明身份、权利义务关系或者有关事实，主要包括证件、证书等。与机动车相关的证件、材料，有机动车来历凭证、整车合格证、号牌、行驶证、登记证书以及其他证明和凭证。从性质上来看，机动车号牌只不过是一种标志而已。因为，尽管由公安机关交通管理部门统一制发，但是，机动车号牌所起到的作用无非是识别机动车，而不是用来证明特定身份、特定权利义务关系或者有关特定事实的。机动车号牌有民用号牌、特种号牌。特种号牌有人民警察车辆号牌、武装部队车辆号牌等。对非法生产、买卖人民警察车辆号牌的行为，按照非法买卖警用装备罪定罪处罚。对于伪造、盗窃、买卖武装部队车辆号牌的行为，以伪造、盗窃、买卖武装部队专用标志罪定罪处罚，在这些犯罪中，特种号牌，属于专用标志，而非国家机关证件。民用车辆号牌与特种号牌，都是车辆号牌，本质上用途一样，只不过使用的范围有所不同。既然特种号牌属于组换用标志，从体系解释上来看，民用车辆号牌，也应该是专用标志。尽管曾经有司法解释将机动车号牌认定为证件，但是，新的司法解释又对此进行了纠正。①

其次，被告人的行为，在有些情形下，可构成盗窃罪和敲诈勒索罪的想象竞合犯，"择一重罪处理"。被告人盗窃机动车号牌，意在向号牌所有人勒索钱财。如果敲诈得手后归还车牌，并达到追诉标准的，定敲诈勒

---

① 1998年《关于依法查处盗窃、抢劫机动车案件的规定》第7条规定，伪造、变造、买卖机动车号牌的，依照《刑法》第280条第1款的规定处罚。该条文将机动车号牌规定为国家机关证件，因此，有司法机关据此将盗窃机动车号牌以盗窃国家机关证件定罪。2007年《最高人民法院、最高人民检察院关于办理与盗窃、抢劫、诈骗、抢夺机动车相关刑事案件具体应用法律若干问题的解释》第2条第1款规定了伪造、变造、买卖机动车行驶证、登记证书累计3本以上的，依照《刑法》第280条第1款的规定予以定罪，而将机动车号牌排除在国家机关证件范畴之外。此外，2009年《最高人民法院研究室〈关于伪造、变造、买卖民用机动车号牌行为能否以伪造、变造、买卖国家机关证件罪定罪处罚问题的请示〉的答复》明确指出："从当前我国刑法的规定看，不能将机动车号牌认定为国家机关证件。"

索罪，能够达到充分评价。如果未能敲诈到钱财，将车牌随意丢弃，就同时满足了盗窃罪和敲诈勒索罪（未遂）的犯罪构成，属于想象竞合，相对来说，盗窃罪刑罚较重，就以盗窃罪定罪处罚。如果敲诈到钱财，将车牌随意丢弃，既满足了盗窃罪的要求，也构成了敲诈勒索罪，从法定刑上来看，两罪的法定刑设置完全一样，似乎定任何一个罪都可以，但从充分评价的角度来看，定敲诈勒索罪较为适宜。

本案中，行为人盗窃机动车牌后，未来得及勒索钱财即被抓，属于盗窃罪和敲诈勒索罪（未遂）的想象竞合，择一重罪处理，法院以盗窃罪定罪，是正确的。

案例 8-4　黄某某滥用职权、受贿案[①]
——除有特别规定外，滥用职权又收受贿赂，应当数罪并罚

一　事实

2000—2005 年，黄某某在担任民政局福利中心主任期间，每年到某公司检查。该公司的董事长郑某某明确告诉黄某某，员工人数有假，残疾员工数占比不符合福利企业全额退税的标准。黄某某仍以企业虚报的材料为准检查，致使某公司顺利通过年检年审，享受了退税优惠政策，造成国家税收损失 7513284.9 元。1999 年年底至 2006 年，黄某某利用职务便利，为郑某某设立福利企业、骗取退税优惠提供帮助，6 次收受贿赂共计 10 万元。

洞头县人民法院认为，被告人黄某某的行为分别构成受贿罪和滥用职权罪，数罪并罚。

二　判旨

在实施滥用职权等渎职犯罪行为的同时，又收受贿赂，除刑法有特别规定，应当数罪并罚。

[①] 最高人民法院刑事审判第一、二、三、四、五庭：《中国刑事审判指导案例 6（贪污贿赂罪、渎职罪、军人违反职责罪）》，法律出版社 2017 年版，第 562—565 页。

三 法条

《刑法》

第三百八十五条 国家工作人员利用职务上的便利，索取他人财物的，或者非法收受他人财物，为他人谋取利益的，是受贿罪。

国家工作人员在经济往来中，违反国家规定，收受各种名义的回扣、手续费，归个人所有的，以受贿论处。

第三百九十七条 国家机关工作人员滥用职权或者玩忽职守，致使公共财产、国家和人民利益遭受重大损失的，处三年以下有期徒刑或者拘役；情节特别严重的，处三年以上七年以下有期徒刑。本法另有规定的，依照规定。

国家机关工作人员徇私舞弊，犯前款罪的，处五年以下有期徒刑或者拘役；情节特别严重的，处五年以上十年以下有期徒刑。本法另有规定的，依照规定。

《最高人民法院、最高人民检察院关于办理贪污贿赂刑事案件适用法律若干问题的解释》（法释〔2016〕9号）

第十七条 国家工作人员利用职务上的便利，收受他人财物，为他人谋取利益，同时构成受贿罪和刑法分则第三章第三节、第九章规定的渎职犯罪的，除刑法另有规定外，以受贿罪和渎职犯罪数罪并罚。

《最高人民法院、最高人民检察院关于办理渎职刑事案件适用法律若干问题的解释（一）》（法释〔2012〕18号）

第三条 国家机关工作人员实施渎职犯罪并收受贿赂，同时构成受贿罪的，除刑法另有规定外，以渎职犯罪和受贿罪数罪并罚。

四 评释

本案的争议问题是：在滥用职权的同时，又收受贿赂，是否数罪并罚？

滥用职权罪的实行行为有擅权、弃权和越权三种类型。利用职务之便，为他人谋取非法利益，收取财物的行为，是受贿罪。黄某某在滥用职权的同时，又收受贿赂，分别构成滥用职权罪和受贿罪。被告人及辩护人认为，这是牵连关系，应择一重罪处罚，不能数罪并罚。

但是，牵连犯理论难以有效解决受贿型渎职案件的罪数认定问题。① 对牵连犯，通说认为"从一重处断"。对于牵连犯的理论，现在学界不乏批评之声，这些批评，都有相当的道理。刑法竞合论所要解决的是：对于犯罪行为，要做到充分评价。这包括两层意思，一是禁止过度评价，一是禁止评价不足。牵连犯从一重罪处断，存在评价不足的弊端。

事实上，即便采用牵连犯理论，也因为本案中滥用职权行为与受贿行为之间，没有关联，从而不能适用牵连犯理论。从法律依据上来讲，本案数罪并罚，也能够找到相关司法解释，作为根据。② 因此，法院最终判决，对被告人黄某某按照受贿罪和滥用职权罪，数罪并罚，是妥当的。

---

① 牵连犯，是指行为人基于一个犯罪目的，实施了两个以上相对独立的行为，数行为之间具有手段与目的或原因与结果的牵连关系，从而触犯不同罪名的情形。

② 比如，《最高人民法院、最高人民检察院关于办理渎职刑事案件适用法律若干问题的解释（一）》第3条规定，国家机关工作人员实施渎职犯罪并收受贿赂，同时构成受贿罪的，除刑法另有规定外，以渎职犯罪和受贿罪数罪并罚。《最高人民法院、最高人民检察院关于办理贪污贿赂刑事案件适用法律若干问题的解释》第17条规定，国家工作人员利用职务上的便利，收受他人财物，为他人谋取利益，同时构成受贿罪和刑法分则第三章第三节、第九章规定的渎职犯罪的，除刑法另有规定外，以受贿罪和渎职犯罪数罪并罚。这也进一步对于前述司法解释进行了再次回应。

参考文献

一 著作

陈兴良、张军、胡云腾主编：《人民法院刑事指导案例裁判要旨通纂》（上卷），北京大学出版社2013年版。

陈兴良、张军、胡云腾主编：《人民法院刑事指导案例裁判要旨通纂》（下卷），北京大学出版社2013年版。

陈兴良：《口授刑法学》，中国人民大学出版社2007年版，第765页。

陈兴良主编：《判例刑法教程（总则）》，北京大学出版社2015年版。

陈兴良主编：《案例刑法研究（总论·上卷）》，中国人民大学出版社2020年版。

高铭暄、马克昌主编：《刑法学》（第2版），北京大学出版社、高等教育出版社2005年版。

国家法官学院、中国人民大学法学院：《中国审判案例要览（2007年刑事审判案例卷）》，人民法院出版社、中国人民大学出版社2008年版。

国家法官学院、中国人民大学法学院：《中国审判案例要览（2008年刑事审判案例卷）》，中国人民大学出版社2009年版。

马卫军：《被害人自我答责研究》，中国社会科学出版社2018年版。

王作富、刘树德：《刑法分则专题研究》，中国人民大学出版社2013年版。

许玉秀、陈志辉合编：《不移不惑献身法与正义——许迺曼教授刑事法论文选辑·贺许迺曼教授六秩寿辰》，公益信托春风煦日学术基金2006年版。

许玉秀：《当代刑法思潮》中国法制出版社2005年版。

张明楷:《刑法学》(第 6 版),法律出版社 2021 年版。

张明楷:《刑法学》(第 5 版),法律出版社 2016 年版。

周光权:《刑法总论》,中国人民大学出版社 2021 年版。

最高人民法院刑事审判第一、二、三、四、五庭:《刑事审判参考(第 110 集)》,法律出版社 2018 年版。

最高人民法院刑事审判第一、二、三、四、五庭:《中国刑事审判指导案例 1(刑法总则)》,法律出版社 2017 年版。

最高人民法院刑事审判第一、二、三、四、五庭:《中国刑事审判指导案例 2(危害国家安全罪·危害公共安全罪·侵犯公民人身权利、民主权利罪)》,法律出版社 2017 年版。

最高人民法院刑事审判第一、二、三、四、五庭:《中国刑事审判指导案例 3(破坏社会主义市场经济秩序罪)》,法律出版社 2017 年版,第 63—67 页。

最高人民法院刑事审判第一、二、三、四、五庭:《中国刑事审判指导案例 4(侵犯财产罪)》,法律出版社 2017 年版。

最高人民法院刑事审判第一、二、三、四、五庭:《中国刑事审判指导案例 5(妨害社会管理秩序罪)》,法律出版社 2017 年版。

最高人民法院刑事审判第一、二、三、四五庭:《中国刑事审判指导案例 6(贪污贿赂罪、渎职罪、军人违反职责罪)》,法律出版社 2017 年版。

[日]前田雅英:《刑法总论讲义》(第 6 版),曾文科译,北京大学出版社 2017 年版。

[日]日高義博:《不真正作為犯の理論》,慶応通信株式会社 1978 年版。

二 论文

高艳东:《从盗窃到侵占:许霆案的法理与规范分析》,《中外法学》2008 年第 3 期。

高艳东:《量刑与定罪互动论:为了量刑公正可变换罪名》,《现代法学》2009 年第 5 期。

劳东燕:《刑事政策与刑法解释中的价值判断——兼论解释论上的"以刑制罪"现象》,《政法论坛》2012 年第 4 期。

苏力:《法条主义、民意与难办案件》,《中外法学》2009年第1期。

王莹:《论犯罪行为人的先行行为保证人地位》,《法学家》2013年第2期。

张明楷:《结果与量刑——结果责任、双重评价、间接处罚之禁止》,《清华法学》2004年第6期。

张明楷:《许霆案的刑法学分析》,《中外法学》2009年第1期。

张明楷:《不作为犯中的先前行为》,《法学研究》2011年第6期。